MARIA ANGÉLICA ROMA

TEM CERTEZA DE QUE VOCÊ QUER SER FELIZ?

Literare Books
INTERNATIONAL
BRASIL · EUROPA · USA · JAPÃO

MARIA ANGÉLICA ROMA

TEM CERTEZA DE QUE VOCÊ QUER SER FELIZ?

Copyright© 2017 by Literare Books International.
Todos os direitos desta edição são reservados à Literare Books International.

Presidente:
Mauricio Sita

Capa:
David Guimarães

Projeto gráfico e diagramação:
Douglas Duarte

Revisão:
Bárbara Cabral Parente

Gerente de Projetos:
Gleide Santos

Diretora de Operações:
Alessandra Ksenhuck

Diretora Executiva:
Julyana Rosa

Relacionamento com o cliente:
Claudia Pires

Impressão:
Gráfica Epecê

Dados Internacionais de Catalogação na Publicação (CIP)
(Câmara Brasileira do Livro, SP, Brasil)

```
Roma, Maria Angélica
    Tem certeza de que você quer ser feliz? : encontre
o caminho a ser seguido para conquistar essa tal
felicidade : a história de Calígena irá inspirá-lo /
Maria Angélica Roma. -- São Paulo : Literare Books
International, 2017.

    ISBN 978-85-9455-046-0

    1. Autoajuda 2. Conduta de vida 3. Felicidade
4. Motivação 5. Presença de Deus 6. Sucesso
I. Título.

17-09913                                    CDD-248.4
```

Índices para catálogo sistemático:

1. Felicidade : Vida cristã   248.4

Literare Books
Rua Antônio Augusto Covello, 472 – Vila Mariana – São Paulo, SP.
CEP 01550-060
Fone/fax: (0**11) 2659-0968
site: www.literarebooks.com.br
e-mail: contato@literarebooks.com.br

SUMÁRIO

Dedicatória	7
Introdução	9
1. A criação de um novo ser	13
2. O nascimento de uma nova vida	19
3. A inocência alienada	29
4. A alegria abençoada	37
5. O princípio da disciplina	53
6. A maturidade precoce	69
7. A colheita	103
8. A liberdade ilusória	143
9. A nova vida	179
10. A filha de Deus	209
Epílogo: A sabedoria	257
Bibliografia	285

Maria Angélica Roma

DEDICATÓRIA

Dedico este livro a todos aqueles que tiverem a coragem para reconhecer JESUS CRISTO como Salvador e SENHOR de suas vidas, a fim de conquistarem A Vida Plena que leva à FELICIDADE

*Qualquer semelhança com as personagens
é mera coincidência.*

INTRODUÇÃO

Por que tratar deste tema?

Ahh! Felicidade!!
Palavra doce, envolvente, plena. Será que existe alguém que não queira ser feliz?

Nunca encontrei alguém que não quisesse. Por isso resolvi escrever sobre uma história que conquistou a plenitude da vida e a consequente felicidade. Um tema que atinge a todos, que nesse caso não existe exceção. Todos querem ter essa felicidade tão desejava por cada ser humano.

Mas... espere...

Será que felicidade realmente existe? A partir dessa questão já se pode começar a levar alguma crença comprovada pela história que é contada neste livro.

Sim! Sim! Felicidade existe. E, exatamente, este livro pretende provar que ela existe. Quem quiser, poderá tê-la na forma como ela é, como consequência ao atingir a plenitude da vida.

A felicidade não pode ser um objetivo, ela é consequência de um objetivo na conquista de uma vida plena.

Este livro conta a história de Calígena, a qual levou muitos anos para encontrar o caminho correto. Errou muito, perdeu o foco, pegou muitos atalhos, mas sempre com Deus protegendo-a, direcionando-a, abençoando-a, perdoando-a e colocando-a no caminho do seu destino. A vida de Calígena proporciona aos leitores as respostas concretas aos muitos questionamentos sobre a vida, sobre o sobrenatural, sobre a sabedoria e tantos temas que são de vital importância para a felicidade. A história de Calígena é uma aventura desde o dia em que nasceu até a conquista da felicidade que ela tanto perseguiu.

Na história, é apresentado o diagnóstico dos fatos vivenciados, mostrado o remédio que cura, que não é um paliativo, o remédio que leva o ser ao sucesso do seu objetivo de vida.

O objetivo primordial deste livro é ajudar todos aqueles que quiserem aprender e acertar na vida, aqueles que realmente estão dispostos a abrir mão de suas autossuficiências e soberbas. Para esses, o livro deve ser lido como um aprendizado, a fim de atingir a missão da própria vida.

Tem certeza de que você quer ser feliz?

Este livro vai ensinar ao leitor, através da história de Calígena, a se alimentar de forma correta em cada pilar da vida humana. Vai ensinar qual o alimento adequado para os relacionamentos, para a alma e para o espírito.

A história da vida de Calígena mostra que ela sempre gostou de ajudar as pessoas, realmente nasceu com o amor de Deus dentro dela, cuja prática fez com que ela um dia desejasse morrer. Ajudar é ter que dizer a verdade, mas as pessoas não querem ser contrariadas nem confrontadas, mesmo que seja para a felicidade delas.

Calígena possuía, inicialmente, uma imagem negativa, porque não tinha competência para fazer o que deveria ser feito com o objetivo de ajudar os outros. Ela tentava ajudar ao seu modo, sem a sabedoria competente, necessária para atingir o objetivo. Tinha a coragem de agir, tinha coragem para superar desafios, tinha um coração transbordante de amor para até se prejudicar quando queria ajudar alguém. Porém de "boas intenções o inferno está cheio". Não adianta boa intenção, tem que ter a sabedoria de Deus.

A grande virtude de Calígena era o quanto ela gostava de aprender e praticar o aprendizado. Essas eram suas maiores e mais consistentes qualidades. Através delas, aprendeu a ser humilde, grata e competente naquilo que se propunha a realizar, tinha, na maioria das vezes, sucesso em todos os objetivos.

Qual o caminho a ser seguido para conquistar essa tal felicidade? A história de Calígena vai mostrar e comprovar.

O sonho de Calígena era poder ajudar as pessoas a evitar as consequências desastrosas de suas decisões incompetentes. Porém, enfrentava um grande obstáculo, porque aquelas que não acreditam no sucesso tentam derrubar quem o tem ou aquele que possui coragem para seguir o caminho do sucesso.

Em todas as ideias, crenças, teorias, existem grupos com opiniões divergentes, independentemente de quão sólida seja a base da argumentação. Na história de Calígena existe muita polêmica. Porém, a história é dela, e ela pode defender a própria história, com todo o seu direito e convicção. No mundo, não existe verdade absoluta, sempre existirá alguém que apresentará um argumento que suscite a dúvida. Já na fé existe crença absoluta e, para ela, sua crença era a verdade absoluta. A grande diferença dela em relação ao mundo é que ela respeitava o direito de escolha de cada um e aprendeu a exigir, com sabedoria, que a respeitassem. Ela vivia praticando a fé inteligente, principalmente expondo seus resultados em vez de querer impor algo a alguém. Ela praticava o que aprendia e acreditava, não agia com hipocrisia pelos próprios interesses. A cada vitória, tinha a convicção de que estava no caminho certo. O mundo pode não acreditar que Calígena realmente atingiu uma vida plena e de consequente felicidade, mas não pode negar os fatos que ela viveu.

Apesar de desejar de coração que você leia todo o livro e aprenda com os exemplos da vida de Calígena, é preciso destacar que a história deste livro pode dar um choque em você, dependendo de como a sua vida esteja durante a leitura.

Tudo na vida, cada decisão, cada atitude, cada desejo tem um preço a pagar. Dependendo do tamanho do objetivo, o preço é compatível.

Se você gosta e quer tomar uma latinha de cerveja todos os dias, qual é o preço? Se falar em valor financeiro, esse objetivo é bem acessível à maioria da população. Se falar em riscos prejudiciais, o maior deles, e o único que se pode perceber no momento, é ficar viciado. Poderá com o tempo ir aumentando a dosagem e se tornar um alcoólatra.

> **Se seu objetivo é ganhar uma medalha de ouro nas olimpíadas, aí o "bicho pega".**
> **O preço em relação ao financeiro, em relação ao esforço físico, em relação às abdicações prazerosas, em relação ao tempo, em relação aos conflitos... Caramba!!!, é muito grande.**

É preciso saber o máximo que puder, de bom e de ruim, sobre o que envolve o objetivo, para estar consciente do preço que tem que pagar. Dependendo do objetivo, tem que, às vezes, estar disposto a dar a própria vida para atingi-lo.

Agora, quando se está imbuído do espírito de ser feliz, você começará a ter consciência do tamanho desse objetivo e qual o preço que terá que pagar. O valor é o mesmo que o ser humano dá à própria vida. Qual o valor de uma vida? Pois é, é difícil mensurar, porque cada um dá o valor que quiser. Mas, a vida tem um valor incomensurável e por isso, cada ser, tem sua própria responsabilidade. Aquele que dá valor a vida, tem exatamente toda vida, para perseguir a felicidade e, ao final dela, vai saber que foi feliz toda sua vida ao perseguir a felicidade.

Tem certeza de que você quer ser feliz?

Apesar da certeza desse sucesso, existe uma variante principal no objetivo de ser feliz que pode levar ao fracasso. Cada pessoa é única, ela é constituída através da genética, do meio, de cada segundo de sua vida por experiências diversas, por momentos incríveis, bons e ruins, de forma que ninguém, nem mesmo se for gêmeo univitelino, poderá ser idêntico.

A impressão digital é a descoberta mais perfeita que existe para demonstrar definitivamente o que é o ser humano. Ele é único, não existem dois iguais.

Por que dizer isso agora?

Para levar ao querido leitor a crença na própria vida plena, a crença na conquista da própria felicidade. A coragem para aprender com a história de Calígena a como ter paz, tranquilidade e conquistar sua vida plena alcançando a consequente felicidade. É crer que vale a pena pagar o preço que for para atingir esse sucesso.

A variante condicional nesse fator é exatamente quem é você. O que você quer. Quais são seus pontos fracos e fortes que vão influenciar diretamente nesse objetivo. Até que ponto você está disposto a se libertar de alguns preconceitos, vícios, características negativas, desejos destrutivos, e tudo aquilo que escraviza sua mente e sua vida. É você que decide. É você o responsável pela sua vida. É você que vai sofrer as consequências. Não deixe ninguém ou nada decidir sua vida. Lembre--se! Ela tem um valor incomensurável.

Faça agora um compromisso com a plenitude da sua vida e leia este livro com o objetivo de aprender a conquistar essa plenitude que leva à felicidade.

Que Deus o abençoe, proteja e proporcione a condição de atingir a sabedoria que vem Dele.

Capítulo 1

A CRIAÇÃO DE UM NOVO SER

Imagine, em uma eternidade, Deus criando seres para serem seus filhos. Criando com todo amor, dando plenas condições para essa nova criatura ser feliz, atingindo a plenitude de sua vida. Dando inteligência a essa criatura para poder usufruir de tudo que Ele pode, que Ele tem, que Ele sabe.

Deus cria seres com a liberdade de escolher se querem ser felizes sendo seus filhos ou se querem ser autossuficientes tomando suas decisões sem a sabedoria e proteção plena Dele.

Em cada nova criação Dele, está contido um talento especial que, se desenvolvido, vai proporcionar a essa nova criatura a condição de atingir o objetivo da criação, cumprir a missão de sua vida e deixar um legado, conforme foi designado por Ele.

Se for tentar imaginar quantos animais racionais Deus já criou, vai constatar que não tem condições para ter conhecimento disso. É algo tão divino que está muito além da capacidade humana de entender. A ciência, por mais grandiosa que seja, está aquém da capacidade de um Ser Soberano, Ilimitado com Sua Onisciência, Sua Onipotência, Onipresença, como Ele é.

O tempo... Ahhh! "O tempo". Isso não existe para Ele. É o maior desafio de toda uma vida humana, e para Deus o tempo não existe. A cada nova criação, independentemente de quantas vezes em todo o tempo isso vem acontecendo, Ele sempre cria com o mesmo amor, da mesma forma, com o mesmo objetivo.

Qual o ser humano, por mais gênio que seja, por mais sábio que seja, por mais poderoso que seja, repetiria, indefinida e ilimitadamente, uma criação tão perfeita, mas que está propensa a tentar enganá-lo, frustrá-lo e decepcioná-lo?

Deus sabe tudo. Ele faz o planejamento de cada nova criatura dentro de Seu objetivo com a perfeição contida Nele. Ele traçou um plano de ação para fazer sua maior criação, que é o ser humano. Então, sua criação é perfeita, apesar da criatura estar vulnerável à perdição.

Pode-se constatar tantas criaturas de Deus perdidas, destruídas, frustradas, derrotadas e tantos fins diferentes da criação, que comprovam o fracasso da vida. Por quê? Será que Deus errou em algum ponto e precisa ficar aperfeiçoando cada nova criatura? Com certeza a resposta, peremptoriamente, é não. Deus não erra, Deus não falha, Deus não se engana. Quem erra, quem se desvia, quem trai, quem se corrompe, quem desobedece é a criatura e não o Criador.

Cada ser humano é criado para atingir a plenitude do amor, poder conquistar a felicidade plena e eterna ao lado de seu criador, quando consegue atingir o objetivo de sua vida.

Este livro vai contar a história de uma dessas criações de Deus. Como essa criação viveu cada período de sua vida. Como essa criação foi se desenvolvendo. Como essa criação foi vivendo momentos intensos de aprendizado, de alegrias, de tristezas e situações que têm por meta proporcionar a condição de atingir a plenitude de sua criação.

Imagine Deus criando mais uma criatura com todo seu amor. Tornando perfeito cada traço, cada dom, cada sentimento, cada detalhe. Imagine Deus acariciando, dedicando todo o seu poder, sua magia, na criação desse novo ser.

Não importa se Ele já criou milhares, milhões, bilhões, trilhões de animais racionais, cada nova criatura é como se fosse a única. Ele a cria com todo o Seu Amor, com toda a Sua Soberania, que só Ele possui.

Decidiu dar esse sopro de vida para um ser do sexo feminino. Decidiu que seria bela de acordo com o Seu estereótipo de beleza. Decidiu que seria dotada de um dom de acordo com o planejamento de sua vida. Decidiu que teria uma missão, também de acordo com o planejamento de sua vida. Decidiu que teria longevidade. Decidiu que conquistaria a sabedoria e viveria plenamente estando na dependência de Toda a Sua Onisciência, Toda a Sua Onipotência, Toda a Sua Onipresença.

Deus planejou cada detalhe dessa nova vida, planejou cada oportunidade, planejou cada proteção que faria, planejou cada bênção que seria necessária para mostrar o caminho certo. Planejou mais uma vida de sucesso, com paz, felicidade e o legado de acordo com a missão predestinada. Planejou tudo detalhadamente para ser mais uma vida vitoriosa.

Deus cria cada vida com perfeição, dando todos os requisitos necessários à criatura para enfrentar um mundo de desamor, de maldades, de hipocrisias. Deus cria uma vida com total competência para atingir o objetivo de sua vida. Deus sofre, porque sabe que vai ter que deixar essa criação perfeita num mundo imperfeito e mal. No entanto, será o caminho para o desenvolvimento do seu talento obtido na criação, necessário para levar ao sucesso do objetivo de sua vida. Numa analogia natural, dentro dos sentidos humanos, é como um pai que planeja o nascimento de um filho, conhece todas as fases que ele vai viver, sabe até quando aquele filho vai depender dele para decidir a vida e, então, dá os ensinamentos necessários para sua vida futura. Cuida cotidianamente de suas necessidades e conhecimentos, os quais ele vai precisar para enfrentar o mundo quando for considerado adulto diante da lei, isto é, maior de idade e responsável por seus atos. E, quando esse filho atinge a maioridade, ele terá que tomar decisões para sua vida, e seu pai terreno não poderá mais decidir.

Os planos de Deus são perfeitos, porém eles serão bem-sucedidos dependendo do discernimento, da vontade de aprender e da obediência dessa nova vida ao Criador.

Deus sabe que essa nova vida vai ser colocada num mundo que teima em ser autossuficiente e totalmente autodestrutivo. No entanto, assim como um pai cria seu filho para deixá-lo, a partir da maioridade, tomar suas próprias decisões, Deus também coloca no mundo aquela sua nova criatura, para amadurecer emocional e espiritualmente. Infelizmente, apenas através do sofrimento gerado pelas consequências das atitudes escolhidas por si mesmo é que aprende e gera maturidade. Até nisso o ser humano já arranjou um jeito de dar desculpas e não aprender. Usa sua indolência ou negligência em estudar para dizer que "não sabia" o que estava fazendo ou culpar tudo e todos, menos parar para pensar: "Onde foi que eu errei?"

Deus vem se mostrando de forma espiritual há milhares de anos, e há quase dois mil anos deu de presente uma coleção de livros àquelas criaturas que quiserem reconhecer à dependência Dele. Nessa coleção de livros, Ele mostra quem é. Do que é capaz. E o quanto quer proteger, ensinar e abençoar suas criaturas. Ele quer que suas criaturas encontrem o caminho para atingir a plenitude no objetivo de sua vida à qual foi criada e, por isso, proporciona todas as condições necessárias para atender esse objetivo. Ele quer que suas criaturas já sejam felizes neste mundo, independentemente de todo o mal que o mundo criou. Ele mostra que é o Amor já na sua criação do animal racional, porque podia impor o que quisesse, mas preferiu dar a opção de escolha às suas criaturas.

Será que essa nova vida atingirá a plenitude de sua criação conforme o planejamento de Deus, ou será mais uma vida que vai decepcionar a Deus em Seus planos?

Capítulo 2

O NASCIMENTO DE UMA NOVA VIDA

O primeiro aninho

> E aí aconteceu mais uma fecundação.
> Um guerreiro espermatozoide conseguiu
> ser vitorioso e penetrou num óvulo
> soberbo, resistente a objetos
> voadores não identificados – óvnis.

Uma nova vida já se criou? Já existe um ser com alma e espírito? A ciência está bastante dividida a respeito dessa questão. Existem várias correntes científicas, cada uma defendendo sua tese. No entanto, todas elas se limitam ao aspecto material, genético, físico. A ciência não pode ultrapassar seu limite do natural. Então, é plausível refletir sobre o lado sobrenatural e crer numa tese própria de que a vida surge no momento do sopro de Deus. Em que momento é esse sopro? Como a fé é sobrenatural e não precisa provar nada, então não importa aqui nesta história qual é esse momento, e o que importa é que essa vida venceu as circunstâncias.

Essa fecundação se consolidou e, ao ser conhecida dos envolvidos, não foi bem-vinda. Ela aconteceu como algo errado, no momento errado e da forma errada. Feriu os três princípios do objetivo de acertar: ser a coisa certa, acontecer na hora certa e realizar da forma certa. Esse novo ser, que poderia vir ao mundo, já começou com tudo errado. Uma família desequilibrada, com um pai ninfomaníaco, uma mãe extremamente jovem, já com o primeiro filho de três anos, numa época carregada de estigmas sociais em que a sociedade era extremamente machista. A mãe sanguínea estava se preparando para separar-se do pai sanguíneo porque não aguentava mais suas traições. Então a mãe desejou, e até planejou, acabar com essa gravidez indevida. No entanto, uma avó religiosa impediu o propenso aborto e os nove meses aconteceram. É de se especular que quando Deus determina nada pode impedir Seus planos. Essa vida tinha que acontecer e aconteceu.

Além de superar o risco de essa vida ser exterminada antes de nascer, no tempo de seu nascimento a situação ficou complexa. A

Tem certeza de que você quer ser feliz?

mãe entrou em trabalho de parto e foi para o hospital trazer ao mundo mais uma criatura de Deus. E a hora e o dia do nascimento resultaram num conflito de duas realidades diferentes. A mãe alega que o bebê nasceu um minuto antes da meia-noite do dia 18. A avó alega que o bebê nasceu depois da meia-noite, já no dia 19. E para piorar a questão, a mãe resolve registrar o bebê no dia 20, porque o irmão tinha nascido no dia 20 do mesmo mês. Dessa forma, os dois fariam aniversário no mesmo dia. Essa pequena e boba atitude da mãe gerou uma complicação nessa vida por muitos e muitos anos quando ela já era adulta e tinha que dar satisfações ao seu meio relacional.

Na maioria dos casos uma gravidez é bem-vinda. A hora do nascimento é comemorada. Os nomes masculino ou feminino já estão escolhidos. Atualmente o registro é extremamente rigoroso com hora e dia exatos. Enfim, tudo é alegria e satisfação. Essa nova vida que surgiu contrariou todas as estatísticas favoráveis sobre cada ponto de todo o sistema do nascimento de uma vida. Foi uma exceção às regras existentes sobre a alegria e prazer no nascimento de um filho.

Como foi tudo indesejado, logicamente, quando o bebê nasceu ainda não tinha um nome planejado. Foi outro ponto de conflitos e discussões. Finalmente, foi estabelecido e foi registrado como Calígena. Estava consolidada a vida de um novo ser, reconhecida como a Calígena.

Como nasceu num período de transição do casamento dos pais, viveu no seu primeiro ano num meio externo de conflitos e grandes desavenças. Foi submetida a um habitual e terrível sofrimento que criou uma mácula em sua vida por muitos e muitos anos. Esse sofrimento causou um trauma que gerou características negativas na formação de sua personalidade, prejudicando sua performance favorável por muito tempo.

Ao final de seu primeiro aninho, seus pais se separaram. Contam que o avô de Calígena entrou no processo de separação do casamento e teve um diálogo interessante com o pseudo-marido:

— Seu cafajeste, safado, malandro, ninfomaníaco, suma da vida de minha filha, senão eu te mato. Nunca mais apareça na vida dela ou na minha frente. Você é um covarde e sabe que eu costumo cumprir o que prometo. Você será um homem morto se aparecer por essas bandas em qualquer dia — disse o avô, um homem de 1,60 m, nordestino brabo, para um homem de 1,80 m, covarde e idiota.

O lar dessa pseudo-família foi desfeito e a mãe, Macerai, e os filhos, Sejo, de

4 anos, e Calígena, de 1 aninho, foram morar com os avós, Dolavos e Mareju.

Será que a família, as situações, os exemplos que Calígena estava vivendo nesse primeiro aninho de sua vida poderia influenciar, afetar ou definir a personalidade dela? Quais eram os valores, crenças, objetivos que estavam sendo ensinados a Calígena?

De que é constituído o ser humano?

O ser humano é um ser tricotômico, isto é, constituído de corpo, alma e espírito.

> A tricotomia do homem. O termo tricotomia significa "aquilo que é dividido em três", ou "que se divide em três tomos". Em relação ao homem, refere-se às três partes do seu ser: corpo, alma e espírito. Há divergência nesse ponto daqueles que entendem o homem como apenas um ser dicótomo, ou seja, que se divide em duas partes: corpo, alma ou espírito.
>
> Os defensores da dicotomia do homem unem alma e espírito como uma só parte e, às vezes, como se fossem uma só coisa. Entretanto, parece-nos mais aceitável o ponto de vista da tricotomia. Esse conceito crê que o homem é uma triunidade composta e inseparável. Só a morte física é capaz de separar o corpo de sua parte imaterial.
>
> a) O corpo. É a parte inferior do homem, que se constitui de elementos químicos da terra, como oxigênio, carbono, hidrogênio, nitrogênio, cálcio, fósforo, potássio, enxofre, sódio, cloro, iodo, ferro, cobre, zinco, e outros elementos em proporções menores. Porém, o corpo, com todos esses produtos, sem a bênção divina é de ínfimo valor.
>
> b) A alma. É preciso saber que o corpo sem a alma é inerte. Ela precisa dele para expressar sua vida funcional e racional. É identificada, no hebraico do Antigo Testamento, por "NEPHESH" e, no grego do Novo Testamento, por "PSIQUE".
>
> c) O espírito. No hebraico é "RUACH" e no grego é "PNEUMA". O espírito do homem não é um simples sopro ou fôlego, mas também vida imortal. Ele é o princípio ativo de nossa vida espiritual, religiosa e imortal. É o elemento de comunicação entre DEUS e o homem. Certo autor cristão escreveu que "o corpo, a alma e o espírito constituem a base real dos três elementos do homem: consciência do mundo externo, consciência própria e consciência de DEUS".
>
> http://www.cpadnews.com.br/blog/elienaicabral/
> fe-e-razao/22/a-tricotomia-do-homem.html)

Tem certeza de que você quer ser feliz?

Para cuidar do corpo é preciso realizar três ações fundamentais objetivando alimentá-lo com aquilo que vai proporcionar uma saúde saudável: alimentá-lo diariamente com refeições contendo seis nutrientes. Exercitá-lo pelo menos três vezes por semana com o mínimo de trinta minutos e ter um sono diário de 6 horas, no mínimo.

A alma é constituída da mente e do coração.

Quais os alimentos corretos para a alma? É a competência na administração das emoções e o gerenciamento dos pensamentos que vão moldar a personalidade do indivíduo. Como entender o que é personalidade? Como se forma? A partir de que idade?

> A personalidade é o conjunto de características psicológicas, de certa forma estáveis, que determinam a maneira como o indivíduo interage com o seu ambiente. Também podemos definir "personalidade" como "a organização integral e dinâmica do contexto formado pelos atributos físicos, mentais e morais do indivíduo, compreendendo as características hereditárias e as adquiridas durante a vida: hábitos, interesses, inclinações, complexos, sentimentos e aspirações."
>
> A formação da personalidade tem início a partir do nascimento. Assim, os primeiros anos de vida de uma pessoa são decisivos para a gênese de sua futura personalidade. Neste período são delineadas as principais características psíquicas, a partir da relação da criança com os pais, pessoas próximas, objetos e meio ambiente. Por isso, essas relações devem suprir todas as necessidades físicas e psicológicas da criança. A não satisfação destas pode causar sérios prejuízos à formação da personalidade. É fundamental ensinar e dar o exemplo de uma ampla gama de virtudes desde os primeiros anos de vida, em especial a temperança, que propicia a conquista de um sentido de equilíbrio, evitando a exacerbação de necessidades por um lado e, por outro, a insatisfação de outras consideradas essenciais.
>
> A qualidade das relações entre pais e filhos exerce uma influência determinante na formação psicológica destes. A partir dos primeiros meses de vida, os pais e responsáveis pela criação e educação das crianças devem dedicar toda a atenção ao desenvolvimento de sua autoestima. É imprescindível oferecer muito afeto e carinho, estimular, elogiar, motivar, para que as crianças construam sua personalidade com base em elevado amor-próprio.
>
> De acordo com Fernanda Nogueira, no seu artigo "A Formação da Personalidade da Criança" no site: http://www.psicobh.com.br/

E, em relação ao alimento saudável para o espírito, é preciso alimentar com o conhecimento da Palavra de Deus, especificamente a Bíblia. É primordial conhecer essa Palavra e obedecê-la. A crença e obediência Naquele que foi o Criador dessa vida é a essência primordial para a criatura.

Apesar de existirem milhares de crenças espirituais, é impossível encontrar uma base tão sólida como a Bíblia. A Bíblia, que é uma coleção de pequenos livros, fornece à criatura a condição de conhecer o Criador exatamente como Ele se apresenta.

DA Bíblia é formada por livros históricos, poéticos, proféticos, sapienciais e doutrinários, escritos por aproximadamente quarenta escritores diferentes, em diferentes épocas, em diferentes locais.

A Bíblia de uma forma simplificada é bastante objetiva, pode ser considerada a mais primorosa obra literária de toda história e de todo o mundo. Ela acumula em suas páginas relatos épicos que narram episódios sem precedentes para seu tempo, todos reputados como verídicos pela fé e por evidências arqueológicas, documentais e históricas.

Esses mesmos episódios corroboram para a formação de um maravilhoso emaranhado de normas de conduta que atingem o homem diretamente em seu caráter, detendo então a capacidade de moldar o comportamento das pessoas, fenômeno jamais observado em qualquer outro volume escrito em qualquer tempo e por qualquer pessoa.

De acordo com a apostila das Doutrinas das Escrituras — Faculdade de Teologia Saber e Fé — Prof. Paulo Ribeiro

Para tudo existe um padrão ideal de normas que levam ao sucesso. Nesse caso, o padrão ideal para o estabelecimento de uma nova vida é cumprir os requisitos apresentados para alimentar a tricotomia do ser, proporcionando a condição dele de encontrar o equilíbrio entre os três componentes constituintes. É básico nascer numa família que contém esse equilíbrio, cuja prática tempestiva é suprir as necessidades de cada lado do ser com os alimentos respectivos e saudáveis.

O bebê nasce dotado de uma mente que se compara com um arquivo de uma capacidade diversa tão magnífica que a ciência ainda não pode mensurar com exatidão um valor específico. O bebê nasce com essa mente completamente zerada e totalmente preparada para receber aprendizados ilimitados que serão absorvidos e formarão o ser no futuro indivíduo adulto e maduro.

Tem certeza de que você quer ser feliz?

Esse bebê precisa aprender tudo, não sabe nada. Por isso, é necessário que a mãe, vivendo dentro de uma família estruturada, esteja ao dispor desse novo ser por todas as 24 horas do dia. Precisa ensinar tudo em relação ao corpo, em relação à alma e principalmente ao espírito, que é a mola mestra da criação do ser.

Ao comparar o padrão ideal de família em que Calígena deveria nascer e o aprendizado que deveria receber a partir de seu nascimento, surge um sentimento de compaixão, tristeza e até revolta. Calígena não era bem-vinda, seu nascimento já foi marcado por dúvidas em relação ao momento exato do parto, recebeu um pai desnaturado e, ainda, teve maculado o princípio de sua primeira infância. Diante desse quadro é passível até se questionar:

— Por que será que Deus autorizou o nascimento dessa nova vida Dele, criada com todos os detalhes e cuidados, numa pseudo-família tão terrível? Será que Deus se enganou?

Se eu fosse Deus e ouvisse, como Ele escuta muitas vezes, as acusações, reclamações, injustiças que algumas criaturas suas colocam Nele, acredito que só daria mais uma oportunidade de arrependimento e depois, diante do Poder Dele, exterminaria imediatamente essa criação que se autodestruiu, porque "fruta podre" deve ser jogada fora.

É nessa perspectiva que reconheço a misericórdia e onisciência de Deus. Ele vem se apresentando em todo o tempo, deixou até sua Palavra para o ser humano reconhecer o quanto é limitado e dependente Dele, mas a maioria é soberba e não quer ter um encontro verdadeiro com Ele.

A Bíblia é um manual de conduta, de sentimentos e ações para cada situação. Porém, desde o pecado original, o ser humano vem agindo com "achismos" em vez de praticar a fé em Deus e usufruir da vitória de Deus em todas as necessidades de sua vida.

O mundo está na condição de maldição, por isso a maioria das famílias está em desgraça conforme essa família de Calígena. No entanto, Deus dá a oportunidade de cada membro dela se voltar para Ele e, não só ser direcionado, protegido, abençoado, como também eliminar a maldição das gerações ascendentes que culminaram na vida desse novo ser.

Em relação ao nascimento de um novo ser, Deus deixou registrado em Sua Palavra "Como Celebrar o Nascimento de uma Criança".

"Celebrai com júbilo ao SENHOR, todos os moradores da terra. Servi ao SENHOR com alegria e apresentai-vos a ele com canto. Sabei que o SENHOR é Deus; foi Ele, e não nós, que nos fez povo seu e ovelhas do seu pasto.
Entrai pelas portas Dele com louvor e em seus átrios, com hinos; louvai-o e bendizei o seu nome.
Porque o SENHOR é bom, e eterna a sua misericórdia; e a sua verdade estende-se de geração a geração."

Deus é o nosso Criador; não nos criamos a nós mesmos. Muitos vivem como se fossem o Criador e o centro de seu pequeno mundo. Esse pensamento e o modo de ser só levam à cobiça. Tais pessoas não têm esperança nos momentos de dificuldade. Mas quando percebemos que Deus nos criou e nos deu tudo o que temos, dispomo-nos a ajudar os outros do mesmo modo que Deus nos tem ajudado. Então, mesmo que tudo seja perdido, ainda temos Deus e tudo o que Ele faz por nós e nos dá.

Somente Deus é digno de ser adorado. Qual é a sua atitude em relação à adoração? Você vai à presença de Deus de boa vontade e alegremente ou está apenas seguindo um ritual, reluta para ir à Igreja? Este salmo atesta que devemos lembrar-nos da bondade de Deus e da dependência que temos dele, que devemos adorá-lo com ações de graças e louvor!

Bíblia de Estudo — Aplicação Pessoal — Salmo 100

"Instrui o menino no caminho em que deve andar, e, até quando envelhecer, não se desviará dele".

No processo de ajudar nossos filhos a escolher o caminho correto, devemos pedir discernimento para que orientemos cada um no que lhe seja adequado. É natural educar todos os filhos de modo semelhante e fundamental ensinar-lhes o temor do Senhor. Mas esse versículo aponta também para o fato de que os pais devem discernir a subjetividade e os talentos que Deus deu a cada um. Embora não devamos tolerar a obstinação, cada criança tem potenciais que devem ser percebidos e estimulados pelos pais. Conversando com professores, pais e avós, é possível compreender e ajudar a desenvolver melhor a capacidade de cada criança.

Muitos pais querem fazer todas as escolhas por seus filhos, porém, em longo prazo, tal atitude causará danos a estes. Quando os pais ensinam a criança a tomar decisões, não precisam assistir a todos os passos que ela dará. Bastam saber que seus filhos permanecerão no caminho certo, porque eles mesmos fizeram a escolha. Treine seus filhos a escolher o caminho correto.

Bíblia de Estudo — Aplicação Pessoal — Provérbios 22: 6

"E traziam-lhe também crianças, para que Ele as tocasse; e os discípulos, vendo isso, repreendiam-nos.

Mas Jesus, chamando-as para si, disse: Deixa vir a mim os pequeninos e não impeçais, porque dos tais é o Reino de Deus.

Em verdade vos digo que qualquer que não receber o Reino de Deus como uma criança não entrará nele."

As mães costumavam levar seus filhos aos mestres, para que estes os abençoassem. Por essa razão, as mães aqui mencionadas reuniram-se ao redor de Jesus. Os discípulos, porém, pensaram que as crianças não fossem merecedoras do tempo Dele; consideraram esse encontro menos importante. Mas Jesus recebeu bem as crianças, porque elas têm o tipo de fé e confiança necessário para entrar no Reino de Deus. É importante que apresentemos nossos filhos a Jesus e que nós mesmos nos aproximemos Dele como crianças, com atitudes de aceitação, fé e confiança.

Bíblia de Estudo — Aplicação Pessoal — Lucas 18: 15-17

"Assim também vós, agora, na verdade, tendes tristeza; mas outra vez vos verei, e o vosso coração se alegrará, e a vossa alegria, ninguém vo-la tirará.

E, naquele dia, nada me perguntareis. Na verdade, na verdade vos digo que tudo quanto pedirdes a meu Pai, em meu nome, ele vo-lo há de dar."

Jesus falava sobre um novo relacionamento entre o crente e Deus. No antigo pacto, as pessoas se aproximavam de Deus por intermédio dos sacerdotes. Depois da ressurreição de Jesus, qualquer crente poderia aproximar-se de Deus diretamente. Um novo dia amanheceu, e todos os crentes são sacerdotes, podem falar com Deus pessoalmente e diretamente. Aproximamo-nos de Deus não por causa de nossos méritos, mas porque Jesus, nosso grande Sumo Sacerdote, tornou-nos aceitáveis a Deus.

Bíblia de Estudo — Aplicação Pessoal — João 16: 22-23

Capítulo 3

A INOCÊNCIA ALIENADA

De 1 a 4 anos

Nesse período da vida de Calígena é possível dizer que, talvez, tenha sido o mais tranquilo e superficial de sua vida.

Apesar da ausência de carinho, ausência de momentos infantis respectivos a sua idade, apesar da situação financeira precária, apesar de tudo, Calígena teve nesse período uma tranquilidade e alegria gerada pela ausência de maus-tratos e a libertação do sofrimento que lhe era imputado intempestivamente.

Seus avós viviam em uma casa que estava localizada nos fundos da casa de uma das tias maternas. A casa dessa tia era rica, bonita e até oponente, naquela rua. A família dessa tia era constituída do pai, mãe e um casal de filhos. Calígena tinha dois primos, Laramen e Tari, que foram presentes habitualmente em sua vida durante seus primeiros 14 anos.

Os avós de Calígena eram pobres e, consequentemente, supriam seus netos apenas com o básico, porque o pai realmente tinha sumido, morrendo de medo, e a mãe foi trabalhar naquela época, no final da década de 50, em uma farmácia para ter pelo menos seu sustento.

Calígena, nessa fase, não tinha ainda noção de que era um ser humano. Muito inocente e já contendo um peso emocional, sem qualquer noção cognitiva ou de sua existência. Era bem alienada e boba.

Nessa fase viveu três situações marcantes, as quais quando adulta intitulou como: "O corte profundo no pé de meu irmão", "o fogo no banheiro da tia" e "o anel de pérolas de presente no aniversário".

Na primeira ocorrência foi que, um dia, chegando em casa, viu uma situação com seu irmão que a abalou fortemente.

— Ai, ai, vovó, olha o meu pé — disse Sejo pulando com um pé só, porque o outro estava suspenso, pois escorria muito sangue.

— Ai, Meu Deus! Dolavos corre aqui e me ajude com esse menino — pediu a avó.

Então, veio o avô, pegou o menino, lavou o pé dele no tanque e o levou para o hospital. Calígena ficou em transe sem saber o que estava acontecendo e sofrendo muito porque era muita ligada ao irmão.

Algumas horas depois, o avô voltou com Sejo. Ele tinha levado vários pontos e estava com o pé enfaixado. Calígena só se lembra da avó proibindo Sejo de comer carne de porco porque iria impedir a cicatrização do corte. Naquele momento, teve noção do que tinha acontecido. Seu irmão tinha pisado num caco de vidro que fez um corte grande e profundo no pé dele.

Que Calígena se lembre, esse foi o primeiro e muito marcante fato de registro em seu subconsciente.

Os outros dois fatos que aconteceram não foram tão marcantes, mas tiveram seus registros privilegiados em seus arquivos mentais.

Com aproximadamente quatro anos, Calígena descobriu a magia do fogo e começou a cometer pequenos roubos de caixas de fósforos para ficar brincando de acender os palitos. Um dia, foi ao banheiro da casa da frente de sua tia e acendeu um fósforo. Sabia que não devia fazer aquilo e ficou tão envolta na sensação do medo de descobrirem que não conseguiu apagar o palito que tinha acendido. Por fim, no desespero, jogou o palito aceso no cesto de papel higiênico, saiu do banheiro, fechou a porta e deixou o "circo" pegar fogo. Alguns minutos depois, quando já estava na rua, escutou um tumulto na casa.

— Socorro, socorro! A casa está pegando fogo! — Era sua tia gritando. Calígena ouviu, mas ficou quietinha na rua tentando se esconder do desastre e da surra iminente.

Sua tia saiu correndo pela casa procurando o foco do incêndio, e atrás dela foi seu marido.

— É aqui no banheiro, veja... Está começando a queimar tudo, veja... — falou a tia para o marido mostrando a cesta de papel higiênico.

Seu tio não falou nada e começou a apagar o fogo e acabar com o incêndio junto com a esposa. Como o fogo ainda não tinha se alastrado muito, logo, logo, ele foi debelado.

Nesse ponto, depois do incêndio literal ter sido controlado, começam as investigações para saber como aquilo começou e quem foi o autor de tão tamanha proeza.

Aí a situação ficou crítica para Calígena. Seus primos não estavam em casa, seus tios, os únicos presentes, não iriam realizar algo tão desbaratado. Só podia ser quem? Chame a Calígena, cadê ela?

— Calígena, Calígena, venha já aqui... — chamou a tia no portão da casa.

Trêmula, Calígena atendeu ao chamado. Estava morrendo de medo de apanhar. Sabia que tinha feito algo muito errado e feio. Já foi introduzida na casa puxada pela orelha. Sua tia a puxava tanto que só faltou levantá-la pendurada pela orelha. Levaram-na para o banheiro e perguntaram:

— Está vendo essa catástrofe? O que foi isso? Foi você que fez isso ou não foi? — sua tia fez as perguntas todas de uma vez só, com muita raiva.

— Ahhhh, tia, não me bate! — Calígena só falou isso e começou a chorar copiosamente.

Naturalmente, tão pequenina que era e tão novinha com seus quatro aninhos, não saberia explicar o que acontecera. Só sabia que realmente tinha sido ela.

Como ela estava aterrorizada com medo de apanhar e chorou muito, sua tia abrandou a raiva e acabou não batendo nela.

Que alívio. Foi um incidente bastante marcante que ficou no registro mental de Calígena por toda a vida.

Desses três fatos, pelo menos um foi algo realmente bom que proporcionou muita alegria a Calígena. No dia que completou seus quatro anos, estava triste sentada no meio-fio da calçada da casa da tia, quando no início da noite sua mãe chegou do trabalho com um presente. Calígena abriu a caixinha pequenina, e era um anel de ouro lindo com uma pérola, o qual ela colocou imediatamente no dedo e curtiu intensamente por muitos anos. Foi o momento mais especial de sua vida nesse período e que a fez muito feliz.

A primeira perda emocional

Foi nesse período que Calígena sofreu uma grande perda. Seu irmão, ao qual ela era muito ligada, estava sendo coroinha na Igreja Católica local. Como o padre lhe dava muita atenção e até mesmo o carinho que todo ser precisa, principalmente uma criança, acabou por implantar no coração de Sejo o desejo de também ser padre. Então esse padre arranjou uma vaga para Sejo num colégio interno de padre em outro estado. No dia de sua partida, Calígena foi levada para se despedir dele e seu coração se despedaçou, gerando uma dor tão intensa que ela não sabia definir. Ela estava sofrendo sua primeira perda na vida, mas não tinha idade suficiente para entender e saber lidar com isso. Era mais um arquivo Killer registrado no subconsciente de Calígena.

Uma cena angustiante

Foi a partir dos quatro anos, também, que Calígena tomou alguma consciência, pela primeira vez, de uma imagem em sua cabeça que a perturbou muito e a deixou numa angústia enorme. Viu um cômodo, que era uma sala com tacos muito encerados e brilhantes, com uma porta, que era o acesso para a cozinha. Na própria sala, na parede onde fica a porta da cozinha, tinha um móvel baixo, como se fosse a parte baixa de uma estante. Calígena sentiu que estava fixada em algo num sofá em frente a essa porta, e algo a fazia sentir uma dor forte. Ela ficava olhando fixo para essa porta numa angústia enigmática. A imagem apareceu por pouquíssimos segundos e logo se apagou, ficando, no entanto, a sensação causticante da angústia por ainda algum tempo.

Nesse período, seus avós moravam num bairro do subúrbio com moradores, em sua maioria, de classe bem baixa e cultura bem precária.

Ao final de seus quatro anos, seus avós compraram uma casa, também num bairro do subúrbio, mas com melhor reputação. Mudaram-se para lá quase que imediatamente, e a casa era bem grande e simpática. Aos olhos infantis e inocentes de Calígena, era como se fosse uma mansão. Calígena estava na categoria do "Id".

De acordo com a teoria da psicanálise de Freud, a criança nasce num estado classificado como o "Id", isto é, não sabe nada, não tem limites e toda ação é comandada pelo instinto.

> Id designa, na teoria psicanalítica, uma das três estruturas do modelo triádico do aparelho psíquico. O id seria a fonte da energia psíquica (libido). É formado pelas pulsões — instintos, impulsos orgânicos e desejos inconscientes. Funciona segundo o princípio do prazer, ou seja, busca sempre o que produz prazer e evita o que é aversivo.
>
> O id não faz planos, não espera, busca uma solução imediata para as tensões, não aceita frustrações e não conhece inibição. Ele não tem contato com a realidade, e uma satisfação na fantasia pode ter o mesmo efeito de atingir o objetivo através de uma ação concreta. O id desconhece juízo, lógica, valores, ética ou moral, sendo exigente, impulsivo, cego, irracional, antissocial, egoísta e dirigido ao prazer. De acordo com os autores, o id seria completamente inconsciente.
>
> www.wikipedia.org/wiki/id

Dessa forma, o bebê precisa aprender tudo. Precisa aprender a falar, a comer, a andar, a cuidar da higiene do corpo, aprender como se comportar em cada situação, tudo respectivo ao cotidiano do ser.

Calígena nunca teve o aprendizado obrigatório desses aspectos da vida. Realizava todas as ações, necessárias a cada questão, de forma precária, induzida pela necessidade e sem qualquer noção da melhor forma de realizar cada ação. Como não teve os ensinos básicos para atender a higiene, a alimentação, a comunicação, a locomoção, tudo que o ser humano precisa fazer para viver, realizava tudo arbitrariamente, tendo como consequência muita ineficácia seguida de muita repressão.

Desde a separação de seus pais, Calígena dormia na mesma cama da sua mãe, na casa dos avós e tinha uma mania. Ela enrolava a língua e ficava como que mamando a língua. Ao mesmo tempo tinha o hábito de ficar mexendo na axila de sua mãe. Era como se fosse um ritual para dormir diariamente.

Puxa!! Será que Calígena era uma desventurada? Será que era digna de compaixão? Por que tinha que nascer numa condição tão ruim como a enfrentada em seus primeiros quatro aninhos? Por que tinha que sofrer um trauma tão marcante no seu primeiro ano de vida?

Nessa questão, Jesus orienta para que não julguemos aquilo que não temos entendimento ou conhecimento dos fatos. O ser humano tem o hábito de julgar, criticar, zombar e até condenar aquilo, cujo teor competente lhe é desconhecido, ou mesmo inacessível.

> "Por isso, vos digo: não andeis cuidadosos quanto à vossa vida, pelo que haveis de comer ou pelo que haveis de beber; nem quanto ao vosso corpo, pelo que haveis de vestir. Não é a vida mais do que o mantimento, e o corpo, mais do que a vestimenta?"

Por causa dos efeitos maléficos da preocupação, Jesus recomendou que não fiquemos ansiosos por causa das necessidades que Deus promete prover.

A preocupação pode: (1) prejudicar nossa saúde; (2) reduzir nossa produtividade: (3) afetar negativamente o modo como tratamos os outros; (4) diminuir nossa confiança em Deus. Quantos desses efeitos maléficos você está experimentando? Aqui está a diferença entre a preocupação e o interesse genuíno; a preocupação nos mobiliza, mas o interesse nos leva à ação.

Bíblia de Estudo — Aplicação Pessoal — Mateus 6: 25

"Não andeis, pois, inquietos, dizendo: Que comeremos ou que beberemos ou com que nos vestiremos?

(Porque todas essas coisas os gentios procuram) Decerto vosso Pai celestial bem sabe que necessitais de todas essas coisas;

Mas buscai primeiro o Reino de Deus, e a sua justiça, e todas as coisas vos serão apresentadas.

Tem certeza de que você quer ser feliz?

Não vos inquieteis, pois, pelo dia de amanhã, porque o dia de amanhã cuidará de si mesmo. Basta a cada dia o seu mal."

Buscar em primeiro lugar o Reino de Deus e a sua justiça significa priorizar Deus em nossa vida, de modo que nossos pensamentos estejam voltados para sua vontade, nosso caráter seja semelhante ao do Senhor, sirvamos e obedeçamos a Deus em tudo.

O que é realmente importante para você? Pessoas, metas, desejos e até objetos disputam lugar em nossa vida e, se não formos firmes e escolhermos dar ao Senhor o primeiro lugar em cada área de nossa vida, qualquer um desses interesses pode ocupar rapidamente o lugar de Deus.

Bíblia de Estudo — Aplicação Pessoal — Mateus 6:31-34

Capítulo 4

A ALEGRIA ABENÇOADA

Dos 5 aos 10 anos

Calígena tinha uma alegria que vinha do seu coração, impulsionada pela fé, esperança e amor.

Na nova casa de seus avós, morava o avô Dolavos, a avó Mareju, a mãe Macerai, a tia caçula solteira Zarete, o tio caçula de todos, o Rabi e a bisavó Adeta, além de Calígena, depois que seu irmão foi para o internato. No entanto, o almoço era só com a avó, a bisavó e sua neta.

Calígena, já com seus cinco anos, ia à rua constantemente comprar coisas na padaria, quitanda, mercearia para sua avó. Sua avó não tinha qualquer planejamento mensal ou semanal da culinária diária e só resolvia o que fazer depois do café da manhã. Depois de decidido qual seria o menu do dia, ela descobria sempre que faltavam alguns itens.

Todo dia, de segunda-feira a sexta-feira, era sempre a mesma coisa. Sua avó acordava muito cedo, preparava o café da manhã para todos da casa e, um a um, ia saindo para o trabalho. Só ficavam as três.

Depois do café da manhã começava a parte dos preparativos para o almoço.

— Calígena, vá à quitanda e compre um pedaço de abóbora, alface e tomate — ordenava sua avó. — Toma o dinheiro e cuidado para não perder. É só entregar na mão do seu Antônio e ele resolve tudo — explicava.

Calígena já estava acostumada com esse cotidiano. Todo dia tinha que comprar algo que faltava para as refeições. Sua avó a mandava ir à rua umas duas ou três vezes por dia porque sempre esquecia algo. Conforme ia tendo necessidade de algum ingrediente e constatava que não tinha na despensa, Calígena tinha que ir correndo comprar.

Conforme foi ficando mais velha, aprendeu a andar de bicicleta e, então, ia às compras pedalando, o que era um grande prazer para ela.

Um tombo interessante

Calígena era bem distraída e desastrada. Um dia, estava voltando da mercearia com as compras penduradas no guidom da bicicleta e, ao atravessar uma avenida movimentada, caiu da bicicleta. Foi Calígena para um lado e a bicicleta para o outro. Espalhou-se em plena avenida um "montão" de tomates, e ela, depois que levantou, começou a catá-los sem nem se importar com os carros. Parecia uma cena de filme de comédia. Os carros parando dos dois lados, porque a avenida era de mão dupla, e Calígena catando os tomates que caíram da sacola. Impressionante como nenhum desastre aconteceu. Literalmente, "o trânsito parou para Calígena passar..."

Depois do almoço, habitualmente sua avó dormia a sesta da tarde. Acordava quase sempre perto das 16 horas e já chamava sua neta:

— Calígena, já está na hora de sair aquele pão quentinho na padaria. Toma o dinheiro e vá lá comprar. Compre três bisnagas que eu vou fazer nosso cafezinho.

Calígena já estava até viciada nesse pãozinho com manteiga. Chegava a comer uma bisnaga e estava ficando bem gordinha por conta disso. Esse momento era o maior prazer cotidiano de Calígena. Ahhh! Como ela gostava de comer aquele pão quentinho com manteiga. Que delícia! Ela ainda nem sabia qual o significado do verbo prazer, mas sentia que era muito bom e, na sua ignorância, isso é o que importava.

Aos sábados, a rotina era diferente. Calígena tinha um tio que estava preso e sua avó ia visitá-lo religiosamente todos os sábados à tarde, levando almoço e alimentos para a semana dele. Calígena ia junto, até ajudando sua avó com o peso.

Calígena gostava muito do domingo. Era diferente de todos os outros dias da semana. Aprendeu até uma musiquinha que adorava cantar para curtir o domingo. A musiquinha era:

> **Hoje é domingo, pede cachimbo.**
> **O cachimbo é de barro e bate no jarro.**
> **O jarro é de ouro, bate no touro.**
> **O touro é valente, machuca a gente.**
> **A gente é fraca, cai no buraco.**
> **O buraco é fundo, acabou-se o mundo.**

Calígena cantava sempre essa musiquinha, mas cantava quase tudo errado.

— Hoje é domingo, "pé" de cachimbo. O cachimbo é fraco e cai no buraco. O buraco é fundo... — Daí ela não sabia mais nada e voltava ao início, repetindo várias vezes e pulando amarelinha.

O abandono da mãe

Com seus cinco anos, aconteceu o maior sentimento de perda da sua vida. Já tinha sofrido a despedida de seu irmão que fora para longe, e ela sentiu a dorzinha emocional de uma criança de quatro anos que não entende nada. Nessa idade veio a pior.

Um dia, de repente, viu sua mãe arrumando tralhas para casa num caminhão que estava parado na calçada da casa da sua avó. No caminhão eram colocados: cadeiras, cama, todas as coisas pessoais de sua mãe e muitos objetos que ela não saberia especificar. Ficou olhando aquela movimentação toda, mas não entendia o que estava acontecendo. Depois do caminhão carregado, sua mãe a chamou e disse:

— Calígena, você vai ficar aqui morando com sua avó enquanto eu vou me adaptar a morar numa casa nova com um companheiro que é o namorado novo da mamãe. Fique boazinha para sua avó e faça tudo direitinho que ela mandar. Está bem?

Calígena não disse nada, aliás pouco falava, já estava ficando bem tímida e começando a viver num mundo imaginário que criava em sua cabecinha. Porém, não gostou daquela conversa, apesar de não entender.

Quando o caminhão foi embora com sua mãe dentro é que descobriu, pela dor que estava sentindo, o que estava acontecendo. Sua mãe também estava indo embora. Não saberia explicar isso, mas sabia que era muito ruim pelo sofrimento que a estava dilacerando.

Começou a chorar intensamente de acordo com sua dor emocional. Sua avó ficou procurando um jeito de consolá-la, mas não conseguia de forma alguma. Até que se lembrou do quanto Calígena gostava de ir à casa de seus primos, que ficava a uns dez quarteirões de distância. Então, mandou-a para lá. Essa decisão até abrandou o choro de Calígena, mas não a fez esquecer. Foi para casa dos primos, brincou e, às vezes, quando a dor voltava, ela chorava mais um pouco até uma nova distração. Por fim, Calígena venceu esse dia tão fatídico para ela.

No entanto, quando chegou a hora de dormir foi que o "bicho pegou"... Calígena não sabia dormir sem ficar mexendo na axila da mãe, por isso foi um transtorno fazê-la dormir aquela noite. Porém, como tudo na vida passa, ela dormiu e teve que se acostumar com a nova situação. O "mexer na axila" da mãe era sincronizado com a língua enrolada, que ficava realizando a função de uma chupeta. Então, ela teve que aprender a ficar só com o vício de chupar a língua e perdeu, "por livre e espontânea pressão das circunstâncias", o hábito da axila da mãe.

Esse foi o maior momento de dor de sua vida, o qual ficou marcado definitivamente e por muitos anos na vida de Calígena, influenciando e traçando a sua personalidade de forma poderosa.

Logicamente, a vida continua. A partir dessa ocorrência, Calígena via sua mãe muito raramente, quando esta vinha visitá-la. Ela sofria com isso... ficava imaginando a mãe chegando e cuidando dela, porém, isso quase não acontecia, e Calígena foi se interiorizando cada vez mais e mais. Uma questão interessante é que sua avó ficava ameaçando Calígena de chamar sua mãe para castigá-la quando ela fazia algo que sua avó não gostava. Até sua mãe foi chamada para castigá-la algumas vezes e, dessa forma, ela associou a visita da mãe ao castigo.

Apesar disso, Calígena vivia sonhando com a mãe e desejando imensamente que ela estivesse por perto. Por duas vezes aproximadamente, nesse período de sua vida, viu o caminhão voltar com as tralhas da mãe. Ficava feliz porque entendia que ela estava voltando. Porém, um pequeno tempo depois, lá ia o caminhão novamente, até que lá pela terceira vez o caminhão trouxe sua mãe de vez e ela não saiu mais.

O troféu do twist

Um dia, aos seis anos, Calígena e seu primo de cinco anos, Laramen, foram a uma festinha de aniversário na rua da casa da avó. Na verdade, não sabiam nem o porquê da festa, mas começaram a dançar twist, que era a dança do momento, e passaram a noite toda juntos se divertindo intensamente naquela dança, sem pausa. Ao final, foram premiados com um troféu, improvisado pelos donos da festa, porque ficaram encantados com as duas crianças dançarinas. Esse dia e o divertimento ficaram registrados privilegiadamente no subconsciente de Calígena.

Rejeição à crença religiosa da família

À medida que crescia, Calígena, apesar de muito inocente e distraída, foi sendo infiltrada na religião de sua avó, que era o espiritismo umbandista. Sua avó tinha nos fundos do terreno da casa três quartos. Um, à direita, era de seu tio caçula, o outro, à esquerda, era de sua bisavó, e o do meio era um quarto de imagens onde sua avó fazia as sessões espíritas. Sua avó era babá de santo.

Calígena ia recebendo essa educação religiosa e atendia prontamente porque era muito obediente e boazinha, mas não gostava muito, via situações que lhe causavam medo.

Nos seus dez primeiros anos, sua avó foi ensinando e incutindo nela aquela religião, mas quando Calígena já tinha algum discernimento, se afastou daquilo e nunca mais quis saber. Não gostava do que via e, mais tarde, através dessa prática religiosa de sua mãe, tomaria conhecimento de um fato com risco catastrófico que a faria ter a certeza de que não era um bom caminho. No entanto, nem tudo é perdido, porque sempre tem algo de positivo. Sua avó praticava a fé com muita coragem, também sua mãe sempre foi extremamente corajosa praticando essa fé, então Calígena aprendeu e absorveu uma fé tão poderosa que, por toda sua vida, levou-a a atingir a maioria de seus objetivos. Apesar de sua ignorância em Teologia, rezava com muita fé sempre que se sentia perdida para um Deus desconhecido, mas que ela sentia muito forte em seu coração.

Nesse tempo, depois que sua mãe foi embora a primeira vez, sua avó colocou Calígena para dormir no quarto com sua bisavó, porque ela já tinha muita idade e não era bom ficar dormindo sem alguém bem perto para cuidar dela. O que mais Calígena detestava nessa situação era que acabava derrubando o pinico de xixi toda manhã ao acordar.

A distraída

Quando já estava próxima de completar seus seis anos, começou um período de perder dinheiro na rua. Sua avó lhe dava o dinheiro para as compras e muitas vezes o perdia, porque estava sempre no "mundo da lua". Entrava na loja para comprar o que tinha sido solicitado e na hora de pagar... Xiiii! Cadê o dinheiro? Perdeu... sabia que ia entrar numa surra quando chegasse em casa e contasse para a avó. Voltava para casa morrendo de medo, mas tinha que enfrentar. Apanhava e começou a criar o hábito de se jogar debaixo da cama para ficar chorando e adormecer depois.

Finalmente, Calígena completou sete anos, idade para ser matriculada na escola pública. Sua mãe veio um dia à casa de sua avó e começou a arrumar Calígena para ir junto fazer a matrícula do primário. Calígena se lembra desse momento com alegria. Sua mãe a colocou em pé em cima de uma cadeira e começou a arrumá-la. Como ela não tinha esses cuidados normalmente, se sentiu a própria rainha naquele momento. Toda serelepe, lá foi ela com sua mãe para ser matriculada. Começou a frequentar a escola no primeiro ano do primário, que naquele tempo era quando começava a alfabetização.

Apesar das circunstâncias, Calígena gostou muito da escola. O lado negativo é que estava aprendendo o que é comparar situações e constatar que ela estava do lado ruim. Começou a conhecer muitas situações que nunca tinha presenciado antes. Infelizmente ela começou a ver situações normais de crianças bem cuidadas pelos pais, crianças que os pais levavam à escola todos os dias, crianças que tinham uma mãe presente e atuante. Tudo que ela nunca teve e não sabia que existia.

O friozinho gostoso

A maior diferença que constatou foi um acontecimento com uma coleguinha da escola. Os pais dessa colega eram portugueses e extremamente dedicados a ela, que era filha única. Um dia a mãe dela convidou Calígena para dormir na casa dela junto com a filha.

— Calígena, eu vou pedir a sua avó para deixar você dormir com a Aninha lá em casa, você quer? — perguntou a mãe de sua colega da escola.

— Eu quero, sim — respondeu Calígena.

A avó de Calígena autorizou e ela foi para uma casa muito bonita, grande e com um quarto só da Aninha, todo enfeitado e com móveis que Calígena não saberia explicar o porquê do sentimento que teve de enorme admiração.

— Calígena, vou fazer uma caminha para você aqui ao lado da Aninha, espere — disse a mãe de Aninha.

Montou uma cama com um lençol lindo de florzinha rosa, também botou um travesseiro muito fofinho e gostoso, com um cheirinho tão bom que ela se deliciou.

— Deite aqui, Calígena, que eu vou te cobrir — disse a mãe de Aninha.

Calígena deitou se sentindo uma rainha toda cuidada de forma muito especial. Depois de deitada, a mãe de Aninha, que já a tinha colocado em sua cama com todos os cuidados amorosos de uma mãe, cobriu Calígena, a beijou, ligou o ar-condicionado, apagou a luz e saiu do quarto.

Calígena estava em êxtase com tudo aquilo que estava vivendo. O maior destaque foi o ar-condicionado. Não sabia o que era aquilo, nunca tinha visto antes e nem sabia que existia, mas o quarto ficou geladinho e ela se entregou ao prazer daquela noite tão especial.

O engraçado é que muitas vezes desejava muitas situações que via das outras crianças, mas não mudava seu estado de espírito de estar de bem com a vida. Não sentia raiva, não sentia revolta, só via e começava a perceber as diferenças existentes no mundo. Já estava bastante condicionada a viver no mundo interior que criou. Calígena não tinha consciência que tinha criado um mundo interior, o qual era uma fuga da realidade de sua vida.

Seu cotidiano teve uma pequena alteração depois que foi para a escola. A parte da manhã era dedicada à escola e, à tarde, depois do almoço, foi ensinada a lavar banheiros, lavar louças, cuidar do quintal e algumas tarefas caseiras, no objetivo de ajudar sua avó com todo o trabalho de casa.

Esquisitice de criança

Aos sábados pela manhã, sua tia solteira fazia limpeza na casa. Na sala havia algumas cadeiras com assento de plástico cheio de buraquinhos onde se fixavam "cocô" de mosca. Eram aqueles pontinhos brancos e duros que sua tia obrigava a tirar todos de todas as cadeiras. Ela colocava as cadeiras na varanda da casa e botava Calígena para ficar limpando. Como Calígena detestava limpar aquilo! Era um verdadeiro momento de terror ter que limpar aquelas cadeiras. Para superar, ela conversava com cada cadeira.

— Cadeirinha querida, eu gosto muito de você. Eu vou fechar os olhos, e quando abrir você já acabou com todos esses "cocôs de moscas" que estão em você... um, dois, três... pronto, está limpa. —— Calígena abria os olhos, mas os "cocôs" ainda estavam lá.

— Vou te beijar e sei que você vai ficar tão feliz que vai me ajudar... — insistia Calígena beijando a cadeira.

Um dia, sua tia a pegou beijando a cadeira e foi um escândalo.

— Garota!!! Você é maluca? Que negócio é esse de ficar beijando a cadeira? — berrou sua tia horrorizada.

Calígena ficou apatetada sem saber o que fazer. Olhava para a tia totalmente envergonhada. Porém, como tudo na vida... o momento passou.

A primeira viagem maravilhosa

Intempestivamente, Calígena tinha algum presente tão especial, o qual se pode dizer que funcionava como um combustível para seu jeito otimista e alegre.

Às vezes, os pais de seus primos, que moravam próximos da casa de sua avó, a levavam para passear com eles em algum lugar. Normalmente na casa dos avós paternos de seus primos. Um dia, quando foi com eles até lá, ficou observando seus tios se despedirem dos parentes porque iam a uma viagem de férias em uma cidade distante. Despedida daqui, despedida dali, e quando Calígena absorveu que seria um grande passeio desejou em seu coraçãozinho ir também, mas não falou nada.

Voltaram, e sua tia foi deixá-la na casa da avó. Logo que saltou da Rural de seu tio, a tia foi falando para sua avó:

— Mamãe, eu estou com vontade de levar a Calígena na viagem conosco. O que você acha?

A avó de Calígena pensou alguns instantes e disse que não tinha qualquer problema. E quando Calígena ouviu isso, ficou numa alegria tão grande que não podia se conter. Pulava, ria e estava muito feliz.

Foi a primeira viagem de sua vida, aos oito anos. Foi para uma cidade serrana, nas Instâncias Hidrominerais de Minas Gerais, e curtiu imensamente com seu primo, ao qual era mais ligada do que sua prima. Andava a cavalo todos os dias, tomava aqueles cafés da manhã que são servidos em hotéis. Era preparada para dormir toda noite, recebia os mesmos cuidados de seus primos. Era cuidada para tomar banho, se vestir, se alimentar, passear, brincar, tudo, tudo... que felicidade!

A fada madrinha

Sua tia, a mãe de seus primos próximos, foi a "fada madrinha" que Deus instituiu na vida de Calígena. Outro fato de grande alegria, também marcante, que aconteceu na vida dela foi proporcionado por essa tia.

Naquele tempo, as escolas públicas é que eram consideradas boas. As escolas particulares não eram consideradas colégios confiáveis. Diziam que, porque cobravam, todos os alunos eram aprovados. "Pagou, passou", era assim que diziam. A educação naquela época era constituída de seis anos de primário, quatro anos de ginásio e três anos de científico. Quando chegava à quinta série do primário, era habitual colocar a criança num curso que se chamava "admissão", para a criança ser preparada e poder realizar o concurso, objetivando fazer o ginásio num bom colégio público. Esses cursos de admissão eram caros, e Calígena já sabia que não poderia participar.

A tia de Calígena colocou seus filhos nesse curso de admissão e se prontificou a também pagar para sua sobrinha fazer o curso junto com os filhos. Na matrícula, foi dada uma lista imensa do material que precisava ser comprado. A mãe de Calígena chamou-a e disse:

— Sua tia vai pagar a mensalidade de seu curso de admissão e você vai poder participar. Seus primos terão todo o material solicitado, mas eu não posso pagar e você não vai ter. Entendeu? Não posso comprar, e por isso você vai ter que se virar para poder estudar com o que tiver. Estamos entendidas? —— Calígena balançou a cabeça positivamente e não falou nada.

Então, um dia, quando Calígena estava na copa-cozinha da casa da avó, sua tia abriu na mesa todo o material que tinha comprado, mostrando para a avó de Calígena quanto material tinha sido solicitado. Calígena viu aquilo e ficou com um ar triste, porque também gostaria de ter.

Sua tia, vendo sua tristeza, disse para ela:

— Calígena, não precisa ficar triste porque todo esse material está em três. Tem para o Laramen, para a Tari e para você.

Calígena ficou tão feliz que teve vontade de pular no pescoço da tia e beijá-la até não poder mais. No entanto, não sabia expressar seus sentimentos, e muito menos abraçar ou beijar as pessoas.

Cascudo providencial

O investimento da tia não foi em vão. A menina começou a estudar com toda disciplina e dedicação, sem qualquer cobrança ou ajuda. No entanto, Calígena tinha uma dificuldade muito grande com o aprendizado da matemática, assim como a maioria dos estudantes. Um dia, ela pediu ao seu tio caçula, o Rabi, para ajudá-la com os exercícios de matemática. Foi outra comédia em sua vida.

— Calígena, senta direito na cadeira junto à mesa e estica a coluna para estudar — seu tio ordenou.

Calígena fez o que ele mandava e ficou aguardando a próxima ordem. Ele começou a investigar o que ela sabia e constatou que ela estava, realmente, muito mal na matéria.

Começou a ensinar e tentou por várias vezes fazer com que ela raciocinasse. Que dificuldade! Ela não conseguia entender ou raciocinar como ele queria. Ele repetiu diversas vezes a mesma questão e, quando perguntava, ela não sabia responder.

Por fim, ele perdeu a paciência e resolveu apelar:

— Quem sabe se eu abrir essa cabecinha a matemática entre nela? — falou seu tio dando um cascudo com vigor na testa de Calígena.

E... não é que funcionou! Surpreendentemente, naquele momento Calígena ficou baratinada olhando para ele, mas não se incomodou com a dor.

Calígena não estava raciocinando porque não sabia se concentrar. Sem concentração é impossível aprender algo. É preciso estar atento, concentrar-se e raciocinar para aprender a matemática.

A partir daquele dia, Calígena mudou e passou a adorar a matemática. Nunca mais teve problemas com a matéria, que passou a ser a sua disciplina predileta.

Estudou com afinco naquele ano, e no final do ano foi aprovada no concurso para cursar o ginásio num colégio estadual local.

Começou a cursar o primeiro ano ginasial e, a partir dessa conquista, começou sua reputação de sucesso em seus objetivos.

Foi nesse período que se intensificou intempestivamente aquela visão, em sua cabeça, sobre uma porta que tanto a angustiava e que tinha acontecido pela primeira vez aos quatro anos. Por diversas vezes, abruptamente, vinha a sua cabeça aquela cena, a qual ela não conseguia entender.

O acalento divino

O fato mais importante desse período foi quando ela viveu um momento sobrenatural, ao qual não tinha consciência, mas que é uma prova da proteção e consolo de Deus às suas criancinhas tão inocentes e indefesas.

Um dia, após tomar uma surra, porque mais uma vez tinha perdido dinheiro, em vez de ir para debaixo da cama como de costume, trancou-se no banheiro, sentou-se embaixo da pia e começou a chorar se achando a pessoa mais infeliz do mundo. Chorava e estava muito triste. Talvez tenha sido um momento de depressão profunda, emoção que Calígena não tinha. Estava chorando, quando ouviu uma voz sem som, mas que ela podia escutar, que dizia:

— Por que você está chorando? Você não tem motivos para isso. Você tem uma avó que te ama... Lembra quando ela manda você comprar pão todo dia e vocês comem e ficam tão felizes? Pare de chorar, você está sendo ingrata... — dizia a voz sem som que ela não sabia identificar.

— É verdade — Calígena falou em voz alta. — Minha avó é tão legal, ela me ama, eu como pãozinho todo dia, eu tenho tudo... realmente, vou parar de chorar à toa.

Lavou o rosto, saiu do banheiro e voltou ao seu estado de espírito normalmente tranquilo e alegre, apesar da grande introspecção que estava adquirindo.

O Espírito Santo de Deus acabara de consolar sua criatura indefesa, inocente e muito crédula.

Reflexões

Num momento de forte depressão, sem probabilidade de qualquer auxílio natural, Deus manda seus anjos para consolar e abençoar suas criaturas ou Ele mesmo se manifesta através do Espírito Santo. Calígena estava completamente perdida, triste e desconsolada, ainda era uma criança inocente, sem entendimento e muito pura. São nesses momentos, da necessidade de milagres, que Deus prova sua existência e como Ele está presente sempre, agindo quando existe a dependência Dele. É a certeza de que Ele está no comando de cada vida Dele, quando suas criaturas são obedientes e clamam a Ele. No caso de Calígena, ela dependia de Deus por ainda ser muito infantil e não saber o que é clamar ao Senhor, mas ela era muito crédula e, na sua pureza, ela rezava de todo o seu coração a um Deus que era mesmo desconhecido dela.

A alegria de Calígena era abençoada por Deus diante de tanta inocência e obediência plena.

Na Palavra de Deus, encontramos uma passagem que mostra como Deus mandou ajuda a um homem que era temente ao Deus de Israel, que apesar de ter um cargo de alto valor romano, era humilde em seu coração e cria, mesmo sem entender ou conhecer.

(Atos 10:1-8)
"Havia em Cesárea um homem chamado Cornélio, centurião do regimento militar conhecido como italiano.

Esse homem era piedoso e temente a Deus, assim como toda a sua família. Ele era generoso em ajudas financeiras aos pobres e buscava continuamente a Deus em oração.

Certo dia, por volta das três horas da tarde, ele recebeu uma visão. De forma clara, viu um anjo de Deus que se aproximando dele o chamou pelo nome: Cornélio!

Estarrecido e com os olhos fitos no anjo, indagou: Que é, Senhor? Ao que o anjo lhe comunica: Tuas orações e esmolas aos necessitados subiram como oferta memorial à presença de Deus.

Agora envia alguns homens a Jope e manda chamar Simão, também conhecido pelo segundo nome, Pedro.

Ele está hospedado com Simão, o curtidor de couro, cuja casa fica à beira-mar.

Assim que o anjo que lhe falava se retirou, chamou dois dos seus servos e um soldado piedoso dentre todos que estavam a seu

Tem certeza de que você quer ser feliz?

serviço e, compartilhando com eles tudo quanto havia se passado, os enviou a Jope."

(Atos 10:25-38)

Aconteceu que, quando Pedro ia caminhando para dentro da casa, Cornélio saiu ao seu encontro e, prostrando-se a seus pés, o reverenciou.

Pedro, no entanto, imediatamente o fez aprumar-se ponderando-lhe: "Levanta-te pois, sou tão humano como tu és.

Então, conversando com ele, Pedro entrou na casa e encontrou ali reunidas muitas pessoas e lhes explicou: Vós bem sabeis que é contra a nossa lei um judeu associar-se a qualquer gentio, nem mesmo por uma breve visita. Contudo, Deus revelou-me que a nenhuma pessoa devo considerar impura ou imunda.

Por essa razão, assim que fui procurado, vim sem qualquer objeção. Agora, pois, vos indago: Por qual motivo me mandastes chamar?

Ao que Cornélio lhe declarou: Faz hoje quatro dias que eu estava em jejum, orando em minha casa, por volta desta hora, às três horas da tarde. Subitamente, apresentou-se diante de mim um homem com roupas resplandecentes

E ordenou-me: Cornélio, Deus ouviu tua oração e lembrou-se de tuas ajudas aos pobres.

Portanto, manda buscar em Jope a Simão, também chamado Pedro. Ele está hospedado na casa de Simão, o curtidor de couro, que mora próximo ao mar.

Então, sem demora, mandei chamar-te, e fizeste bem em vir. Agora, pois, estamos todos aqui na presença de Deus, com o propósito de ouvir tudo quanto o Senhor te ordenou dizer-nos.

Diante disso, Pedro começou a compartilhar: Agora sim, percebo verdadeiramente que Deus não trata as pessoas com qualquer tipo de parcialidade, antes, porém, de todas as nacionalidades, recebe todo aquele que o teme e pratica a justiça.

Esta é a Palavra que Deus mandou aos filhos de Israel, anunciando-lhes o evangelho da paz, por intermédio de Jesus Cristo. Este, portanto, é o Senhor de todos.

Esta Palavra, vós muito bem conheceis, foi proclamada por toda a Judeia, começando pela Galileia, depois do batismo pregado por João, e se refere a Jesus de Nazaré, de como Deus o ungiu com o Espírito Santo e poder, e como ele caminhou por toda a parte realizando o bem e salvando todos os oprimidos pelo Diabo, porquanto Deus era com Ele."

Em Cesárea era, às vezes, chamada de Cesareia da Palestina, estava localizada na costa do mar Mediterrâneo, aproximadamente a 51 km ao norte de Jope. Era a maior e mais importante cidade portuária palestina no Mediterrâneo; e serviu como capital da província romana da Judeia. Foi a primeira cidade a ter cristãos gentios e uma igreja não judaica.

Esse oficial romano era um comandante de cem soldados. Embora estivesse em Cesareia, Cornélio provavelmente retornaria em breve a Roma. Deste modo, sua conversão foi um passo importante para a divulgação das Boas Novas na capital do império.

O que acontecerá ao pagão que nunca ouviu falar a respeito de Cristo? Essa pergunta frequentemente remete à justiça de Deus. Cornélio não era um crente em Cristo, mas buscava a Deus, e era reverente e generoso. Sendo assim, Deus enviou Pedro para que falasse com ele sobre Cristo. Isso mostra que Deus é galardoador dos que o buscam. Aqueles que buscam sinceramente a Deus, conseguirão encontrá-lo! Deus revelou-se completamente a Cornélio.

Deus viu a fé sincera de Cornélio. Suas orações e suas generosas doações não passaram despercebidas a Deus. Ele responde as orações sinceras daqueles que o buscam, enviando a pessoa ou as informações certas, no momento certo. (Atos 10:1-8).

Esse ato de adoração poderia ter feito com que Pedro se tornasse arrogante, afinal um oficial romano curvara-se diante dele. Mas, pelo contrário, Pedro levou Cornélio a Cristo. Também devemos nos lembrar de nossa mortalidade sempre que formos lisonjeados ou honrados; e usar a oportunidade para glorificar a Deus.

Talvez a maior barreira para a expansão das Boas Novas no primeiro século fosse o conflito entre gentios e judeus. Os primeiros cristãos, em sua maioria, eram judeus; para eles, era um escândalo até pensar em associar-se com os gentios. Mas Deus disse a Pedro que anunciasse as Boas Novas a um romano, e o apóstolo obedeceu apesar de sua formação religiosa e de seus sentimentos. Deus tornava claro que as Boas Novas de Cristo são para todos! Não devemos permitir que barreiras culturais, geográficas, econômicas, idiomáticas e preconceitos nos impeçam de falar a respeito de Cristo a outras pessoas. (Atos 10:25-38).

Bíblia de Estudo — Aplicação Pessoal / Bíblia King James Atualizada

> **ATENÇÃO!**
> SE DEUS MANDOU UM ANJO, PARA UM LÍDER PODEROSO DIANTE DOS HOMENS, COMO ESSA PASSAGEM NARRA, SERÁ QUE AINDA EXISTE ALGUMA DÚVIDA DE QUE ELE CUIDA DAS CRIANÇAS INDEFESAS E DOS ADOLESCENTES IMATUROS, MAS HUMILDES?

Capítulo 5

O PRINCÍPIO DA DISCIPLINA

Dos 11 aos 15 anos

> **A disciplina é a mãe do sucesso.**
> (Ésquilo)

Normalmente, na transição da infância para a pré-adolescência, principalmente na época atual, a criatura de Deus experimenta uma considerável mudança. A mais importante transição, independentemente das mudanças do corpo, deve ser na assunção de alguma responsabilidade. Pela competência psicológica, a partir dos dez anos, o(a) pré-adolescente já tem algum entendimento e deve discernir entre as escolhas que precisa fazer.

Nessa fase costuma acontecer o grande conflito da "crise existencial". Quem sou, de onde vim, para onde vou? O jovem compreende que é um ser que tem vontades, desejos, questionamentos, vida...

Crise existencial é um momento no qual um indivíduo questiona os próprios fundamentos de sua vida: se esta vida possui algum sentido, propósito ou valor. [1] Esta questão sobre o sentido e propósito da existência é o tema da escola filosófica do existencialismo.

Uma crise existencial pode resultar de:

. Depressão Nervosa
. Privação do Sono
. Isolamento prolongado
. Insatisfação com a própria vida
. Grande trauma psicológico
. O sentimento de solidão e isolação no mundo
. Uma nova compreensão ou apreciação da própria moralidade, talvez após o diagnóstico de um importante problema de saúde, tal como uma doença terminal
. Crença de que a vida não possui um propósito ou sentido externo
. Procura pelo sentido da vida
. Quebra do sentido da realidade ou de como o mundo é.

Uma experiência extremamente desagradável ou prejudicial

https://pt.wikipedia.org/wiki/Crise_existencial

Mais uma vez, diferentemente do habitual, para Calígena isso não ocorreu. Não teve uma infância normal e também não teve pré-adolescência ou a própria adolescência no padrão da maioria dos seus contemporâneos. Viveu no auge da ditadura militar e nem sabia que isso existia. A televisão ainda era extremamente precária para gerar alguma informação e interesse para ela, assim, sua vida era o mesmo cotidiano desde pequena. Já com tantas responsabilidades desde pequena, não tinha tempo nem condições de sentir ou viver qualquer crise que fosse.

Apesar de ser aprovada num concurso, em que muito pouco de seus colegas do curso de admissão foram aprovados, ela continuava a menina pura, inocente, moleca, muito desastrada, a maioria das vezes "fora de órbita" e andando de bicicleta na rua. A maior diferença entre seus colegas da mesma idade era que já tinha algumas responsabilidades que começaram desde muito pequena.

O choque do avô

Logo no início dessa fase, um fato que vivenciou até intensamente foi o casamento de sua tia caçula. Ela casou com um comerciante português que preparou uma grande festa, tipo classe baixa, como se classificava naquela época, com muita comida e chopp na própria casa da noiva. No dia da festa, seu avô, que não gostava muito de reuniões, colocou todos os convidados para fora da casa às 22 horas, revoltando todos os presentes, menos os noivos que já tinham ido para a lua de mel.

Sobrou comida e bebida em abundância. Então, no dia seguinte, como sua avó não gostava que estragasse nada, distribuiu boa parte para a vizinhança da rua. Muito da carne de porco que sobrou foi consumida nos dias seguintes.

Num dia, talvez o terceiro ou quarto depois do casamento, estava à mesa para o jantar Calígena, seu avô, sua bisavó; sua avó estava servindo. Calígena estava ao lado do avô e, de repente, ao olhar para a carne no prato dele, viu larvas andando. Disse inocentemente para o avô:

— Vovô, tem uns negocinhos branquinhos andando na sua carne...

Seu avô olhou espantado para ela e perguntou:

— O que você está dizendo, menina?

— Vovô, tem uns negocinhos branquinhos andando na sua carne — repetiu.

Seu avô pegou os óculos e, quando enxergou as larvas na carne, quase morreu de susto e raiva. Pegou o prato de comida e atirou no chão gritando impropérios. Calígena ficou espantada olhando e pensando se tinha dito algo errado. Não entendeu nada. Mais uma vez, sua inocência a livrou de sentimentos negativos.

Depois que seu irmão foi para o seminário, Calígena só o via alguns dias no final do ano quando ele vinha para casa passar dias de férias. Ela ficava feliz com a presença dele e até rezava para ele não voltar para o seminário e ficar perto dela. Um dia aconteceu o que desejava. Seu irmão estava ficando rapazinho e, quando vinha de férias e via todas aquelas garotas que podia namorar, começou a desistir da ideia de ser padre. Dessa forma, em uma de suas férias, desistiu do seminário e não voltou mais. A partir daí se entregou compulsivamente ao prazer das namoradas.

A puberdade

Um dia, aos onze anos, Calígena estava andando de bicicleta na rua, quando de repente sentiu que sujou toda sua calcinha. Pensou: "Xiiii, fiz cocô nas calças..." Ficou em transe e pedalou com toda vontade para casa. Quando chegou em casa e foi ao banheiro olhar a calcinha, constatou que não era cocô e sim muito sangue. Pensou, então: "Será que me machuquei em algum lugar." Ficou procurando algum machucado, mas não achou nada e, então, resolveu contar para sua avó.

Ao mostrar apavorada para a avó a calcinha toda suja de sangue, esta mandou-a se sentar na cadeira e explicou:

— Minha neta, você não se machucou, agora você é diferente, não é mais a menininha de antes. Está grandinha. Não pode mais sentar no colo de seu avô. Não pode mais deixar a calcinha no banheiro e deve se cuidar.

Mais uma vez, Calígena ficou olhando para a avó sem entender nada. Ninguém tinha comentado com ela sobre "ficar moça". Por fim, alguns dias depois, comentou com uma colega o ocorrido e ela explicou de forma compreensível para Calígena, que finalmente entendeu.

Um castigo marcante

Nessa época, Calígena já era bem tímida e gostava muito de estudar, apesar de não saber estudar com eficácia. No ginásio, não tinha colegas mais próximos. Tinha algumas fraquezas que não conseguia superar, mas também não tinha vergonha. Uma delas porque, principalmente, tinha nojo do banheiro da escola, não urinava em qualquer lugar e, normalmente, esperava para quando chegasse em casa. Por causa disso, muitas vezes, quando já estava pertinho de casa ou na porta, a urina escorria pelas calças, mesmo na rua, e chegava em casa bem molhada. Sua avó já sabia e a repreendia sempre.

Na sua turma do segundo ano ginasial tinha um garoto ruivo que a perturbava muito. Vivia implicando com ela e a perseguindo. Ela não sabia o porquê daquilo já que nunca tinha feito nada para o garoto ou mesmo conversado com ele. O vestuário da escola para a aula de educação física estava em obras e, então, era preciso trocar de roupas na sala de aula antes da aula de ginástica. As meninas saíam da sala, os meninos trocavam de roupa primeiro e iam para o pátio de recreação. Depois era a vez das meninas trocarem de roupa e também irem para o pátio do lado feminino para essa aula.

Em certa ocasião, em duas aulas antes da aula de educação física, os meninos estavam circulando pela sala um caderno, o qual liam, olhavam para as meninas e começavam a rir. Aquilo foi deixando várias meninas encafifadas. O que será que estava escrito naquele caderno que estava causando tanto burburinho? Algumas meninas ficaram muito curiosas.

Então, quando chegou a hora da aula de educação física, os meninos trocaram a roupa e desceram para o pátio, como de costume. Um grupo de meninas, inclusive Calígena, começou a dialogar sobre o "danado" do caderno.

— Vamos pegar o caderno e ver o que tem lá? — algumas diziam, mas outras achavam que não deviam mexer.

E discute daqui, discute dali, a maioria que queria ler o caderno ganhou e, por incrível que pareça, Calígena foi a incumbida da tarefa. Ela foi até a pasta, que era exatamente do menino ruivo que a perseguia, abriu-a e pegou o caderno. Quando as meninas começaram a ler o que estava escrito, ficaram horrorizadas.

Cada folha perguntava sobre algo de alguma menina da sala, e cada menino escrevia impropérios sobre ela. Eram insultos, ofensas, xingamentos os mais diversos, sem qualquer lógica ou verdade. Calígena e mais um pequeno grupo ficaram muito aborrecidas e decidiram entregar o caderno na secretaria para os meninos serem punidos. O caderno chegou às mãos do diretor, que ao terminar a aula de ginástica chamou os meninos que tinham os nomes nos cadernos e mais Calígena. O diretor passou um sermão nos meninos e os suspendeu das aulas por cinco dias. Depois chegou a vez de Calígena. Ela nem imaginava porque tinha sido chamada também. Daí o diretor explicou:

— Calígena, você vai ser suspensa por três dias porque mexeu na pasta de um colega. Ninguém pode mexer nos pertences de outro sem autorização, entendeu?

Calígena ficou em transe porque nem imaginava que estava fazendo algo errado ao pegar o caderno. Saiu da escola e foi para casa mais cedo muito amedrontada.

Ao chegar em casa, sua avó perguntou porque tinha chegado mais cedo. Ela respondeu que os dois últimos professores não deram aula e dispensaram a turma; mentiu porque estava cheia de medo. Inclusive nesse dia já chegou em casa toda urinada e, depois de almoço, enquanto lavava a louça, a urina escorria pelas pernas sem parar por causa da situação. Nos outros dois dias, foi para escola normalmente, ficou sentada na rua no período das aulas e depois voltou para casa um pouco mais cedo como se as aulas tivessem acabado antes do horário. Depois do terceiro dia, voltou às aulas normalmente e pensou que o incidente já tinha terminado. Pura ilusão!

Alguns dias depois, quando voltava da escola, alguns quarteirões antes da casa da avó, encontrou sua prima que estava estudando em outro colégio particular porque não tinha passado no concurso. Ela disse para Calígena:

— Prima, estou indo na casa da vovó para contar algo espetacular...

Calígena gelou.

— O que é prima? — disse Calígena.

— Só vou contar para vovó.

Calígena seguiu-a com muito medo daquilo, já imaginando que ia ser uma catástrofe...

Quando chegou em casa, a prima contou para a avó que sua prima tinha sido suspensa, mas explicou o porquê com uma história confusa que pouco tinha a ver com a realidade. Então sua avó perguntou se isso era verdade:

— Menina, o que é isso que sua prima está contando? Aliás... é verdade que você andou voltando da escola mais cedo alguns dias... Então é verdade. O que aconteceu, afinal?

Calígena não conseguia falar, estava em transe. Tremia dos pés à cabeça. O que será que aconteceria com ela? Sua avó mandou chamar a mãe de Calígena e contou o ocorrido. A mãe de Calígena foi à escola saber o que realmente tinha acontecido e soube da história verdadeira. Quando chegou em casa deu uma surra em Calígena que ela jamais esqueceu. Não sabia por que sua mãe a tinha surrado, mas tinha aprendido a lição do diretor e nunca mais mexeria em algo de alguém. Aprendeu a lição de forma bastante penosa.

O passeio desastroso

Calígena gostava muito de ler. E, infelizmente, começou sua odisseia de leitura por fotonovelas, as quais existiam muitas na época. Eram umas revistas em quadrinhos que sempre tinham histórias de romance altamente apaixonadas. O infelizmente é porque essas fotonovelas não serviam para levar cultura às pessoas que as liam. Pelo contrário, gerava nos leitores contumazes, como Calígena, uma ideia sonhadora de paraíso como um conto de Cinderela. Calígena se esquecia da vida lendo aquelas revistas. Transportava-se para aquele mundo e era como se fosse a personagem que lia. Aquelas fotonovelas não ensinavam nada verdadeiro sobre a vida, somente fazia as pessoas acreditarem no mundo do faz de conta.

Como ela não tinha amigas e gostava muito de ler, seu tempo livre era todo dedicado exatamente às revistas. Não saía, não passeava, não jogava os jogos dos adolescentes como seus primos. Vivia enclausurada em casa, quando não estava fazendo compras para a avó ou indo à escola.

Quando estava com treze anos, estreou no cinema o filme Romeu e Julieta. Estava passando num cinema, em um bairro perto, onde havia uma grande igreja, em que naquele final de semana da estreia do filme também aconteceria a festa da padroeira.

Sua prima a convidou para ir ver o filme porque sua mãe não estava querendo que ela fosse sozinha. Calígena não estava muito a fim de sair, mas acabou indo porque foi convencida por conta do grande romance do filme.

Então, sua avó a deixou ir com a prima e determinou que as duas deveriam estar em casa, no máximo, às 19 horas. Foram ao cinema e depois de assistirem ao filme foram para a fila do ônibus a fim de voltar para casa. Mas sua prima queria dar um passeio pela festa, que tinha muitas barraquinhas. Calígena ainda avisou que tinha que obedecer, mas não adiantava, sua prima nem ligava para as ordens dadas. Ficaram passeando algum tempo e depois foram para a fila. Acontece que já era um pouco tarde e a fila do ônibus, por causa da festa, estava enorme. Moral da história: quando estavam chegando em casa já eram quase 21 horas. Xiiii! Numa esquina da rua estava a avó esperando Calígena e, na outra esquina, estava sua tia esperando sua prima.

Calígena já veio levando beliscão desde o encontro na esquina e levou uma boa surra quando chegou em casa. Porém, sua prima começou a chorar muito alto, e a mãe dela acabou não fazendo nada. Só Calígena apanhou e ficou por isso mesmo. Essa história marcou Calígena e a deixou magoada com a prima. Sentiu no seu coração que deveria se afastar dela, porém sem entender suas emoções.

Mais tarde, em sua vida, Calígena entendeu como Deus age e por que permite determinadas situações. Quem está sob a proteção Dele terá livramentos, direção, proteção e muitas bênçãos. Nessa segunda aflição, em que sua prima foi a precursora de males e sofrimentos mais uma vez na vida de Calígena, Deus já estava usando essa situação para protegê-la de se envolver num caminho destrutivo, ao qual seus primos estavam começando a trilhar. A direção de Deus é perfeita, o que ocorre é que a maioria das pessoas não tem capacidade de entender no momento do acontecimento dos fatos, porque são imediatistas, não aceitam contrariedades e são muito rebeldes.

O contato com a morte

Nesse período, sua mãe estava com um novo namorado e ia, novamente, morar com ele. Só que dessa vez iria levar Calígena junto e o irmão dela, que tinha desistido do seminário. Foi o que fez, montou um apartamento perto da casa de sua avó e levou Calígena e Sejo para morar com ela. Seu padrasto era comerciante e tinha uma papelaria num bairro um pouco distante daquele onde moravam.

Já aos catorze anos, aos sábados, o padrasto levava Calígena para aprender a vender e tomar conta da loja, até que a partir de um determinado sábado, ela passou realmente a ir sozinha. Abria a loja às 8 horas e fechava ao meio-dia. Calígena teve sua primeira experiência com o trabalho fora de casa. Começou a ganhar uns trocadinhos que a entusiasmaram a ganhar seu próprio dinheiro.

Um sábado, quando voltava da loja e estava indo para casa da avó, andando pela rua toda sapeca, reparou que os vizinhos a encaravam com uma cara esquisita, não entendeu nada, mas, como sempre, nem ligou. Quando chegou à casa da avó teve uma surpresa desagradável.

A porta dos fundos da casa estava trancada e não tinha ninguém, nem mesmo sua bisavó, que nunca saía, e aquela situação nunca ocorrera antes. Sentiu-se esquisita e saiu de casa, indo ao vizinho do lado, para perguntar se ele sabia o que tinha acontecido. A vizinha explicou que sua bisavó tinha morrido e estava na capela do cemitério. Calígena ficou meio desnorteada e pensou em que iria fazer. Então a vizinha falou para ela ir até a capela.

Calígena apareceu na capela e encontrou a família toda lá. Ficou junto com eles sem entender muito bem o que estava ocorrendo e começou a ficar nervosa. Ela nunca foi muito ligada à bisavó e, por isso, não estava sentindo muito aquela perda. Na realidade nem ligava, apesar de nervosa porque ainda não entendia a morte. Quando ficava nervosa, além da urina solta, também dava de ficar rindo sem nexo. Foi o que aconteceu no enterro quando começou a rir indiscriminadamente e todos acharam que ela fosse maluca.

O primeiro amor

Depois daquele segundo incidente com sua prima, ao qual levou uma boa surra, resolveu que não sairia mais com ela, porque a maioria das vezes acabava se dando mal. Acontece que, depois de um tempo, sua prima foi procurá-la para que fossem juntas a uma festa junina numa escola local. Calígena não queria ir de forma alguma, mas sua prima insistiu tanto que ela acabou aceitando. Até sua mãe, que já estava preocupada com ela porque nunca saía, deu uma força para ela ir. Então ela resolveu ir, mas foi com todo cuidado para não entrar nas "frias" de sua prima. Ao chegar à festa, viu que lá estava todo o grupo de amigos dos seus primos. Ela reconheceu alguns de vista porque algumas vezes visitava seus primos na casa deles e os via jogando pingue-pongue lá. Ao chegar perto deles, falou com alguns poucos e foi andar sozinha como costumava ser. Estava num determinado cômodo da escola quando apareceu um amigo do seu primo que se chamava Corimeado. Esse momento foi a grande magia de sua vida. Ia vivenciar sua primeira experiência romântica.

— Oi, Calígena, o que você está fazendo aqui sozinha? — perguntou Corimeado.

Ela gostou do jeito dele e da forma como falava carinhoso com ela. Riu e ficou olhando para ele, tentando entender o que estava acontecendo.

— Eu pedi a sua prima para convidar você para a festa porque eu queria conhecer você melhor — revelou ele.

Calígena ainda estava sem palavras, só rindo e gostando demais daquilo.

Ela estava de pé, encostada numa pilastra, e conforme ia falando Corimeado foi chegando bem perto dela e já se preparando para abraçá-la. Ela deixou e foi seu primeiro abraço romântico, seguido de um beijo inocente. Ela viu a lua, viu o sol, viu estrelas, enfim... todos os astros. Ahhh! Que delícia! Estava vivendo literalmente todos os romances que já tinha lido. Ficou logo apaixonada. Foi maravilhoso e muito prazeroso.

Naquela festa, namoraram um pouco e depois foram embora para casa. Naquela noite, Calígena não conseguiu dormir devido ao estado de êxtase que se encontrava. Foi seu primeiro amor.

Ficou de namoro com esse rapaz algum tempo, mas se encontravam muito pouco. No entanto, ele era cobiçado por outra menina, e Calígena era muito inocente para poder competir. Acabou o namoro e ela ficou muito triste, sofrendo bastante. Essas perdas estavam gerando em Calígena uma carência afetiva muito grande.

Algum tempo depois, sua mãe se mudou com seu padrasto para um bairro distante de classe média alta, e Calígena perdeu o contato com essa parte de sua vida.

A diferença de escola

Sua mãe a transferiu para um colégio estadual no bairro onde moravam a fim de cursar a última série do ginásio. Esse colégio era bem mais arrojado do que o outro, onde ela cursou da primeira à terceira série. Calígena teve dificuldades de se adaptar. No terceiro trimestre estava precisando de notas muito altas para ser aprovada em desenho e inglês. Estava apavorada por correr o risco de repetir a série. Então, em setembro, falou para a mãe:

— Mãe, eu preciso tirar 8 em inglês e 9 em desenho para poder passar de ano, o que eu faço?

Sua mãe não tinha o hábito de ajudar, então disse para ela:

— Menina, faz o que der, se repetir de ano não tem problema.

No entanto, Calígena não admitia repetir qualquer série.

Resolveu se dedicar integralmente àquelas duas matérias. Trancava-se no quarto todo dia quando chegava da escola e ficava estudando incansavelmente durante dois meses. Quando fez as provas tirou notas superiores àquelas de que precisava, nas duas matérias. Passou com honra e se sentiu muito bem, estava alimentando de forma saudável a sua autoestima, mesmo sem consciência disso.

Foi aprovada para cursar o científico, atualmente o ensino médio. No entanto, naquela escola, não teria mais o curso científico e, por isso, Calígena foi transferida para outro colégio estadual perto dali.

No seu primeiro ano científico, a vida de Calígena deu um salto para a maturidade.

Uma questão que sempre a deixava angustiada, e nessa fase vivia extremamente curiosa para saber o porquê daquilo, era a cena da porta que vinha habitualmente em sua cabeça. Acontecia sem mais nem menos, e um dia descreveu a cena para sua mãe e perguntou:

— Mãe, a casa onde eu morava com você antes do meu primeiro aninho era assim? — Explicou o que via e a mãe de Calígena confirmou. Ela, então, ficou muito impressionada, mas como sempre esquecia por um tempo.

Com seus quinze anos, Calígena que já tinha sentido o gostinho de ganhar o seu dinheiro com seu próprio suor, e disse para a mãe:

— Quero trabalhar fora para poder ganhar meu próprio dinheiro.

Sua mãe a olhou e perguntou:

— Vai trabalhar em quê? Você não tem qualquer especialização. Está querendo trabalhar de balconista? Isso eu não vou deixar. Se quiser trabalhar vai procurar algum curso técnico para fazer e poder arranjar um emprego melhorzinho.

Nessa história de Calígena, pode-se constatar que a mãe dela era terrivelmente egocêntrica e muito omissa. Porém, se Calígena deslanchou para um futuro de disciplina, coragem, ousadia e, consequentemente, conquistas foi porque sua mãe um dia a jogou no precipício e ela teve que se virar. É na dificuldade que as pessoas crescem ou morrem. São nos desafios superados que as pessoas se realizam e conquistam uma autoestima equilibrada.

Aos quinze anos, Calígena era uma adolescente pura, rotulada como boba, obediente, tímida, muito carente afetivamente, otimista, disciplinada, corajosa e muito bonachona. Adorava ajudar as pessoas e se compadecia daqueles que sofriam. Não tinha malícia e, por isso, já tinham pessoas que a exploravam, mas ela não enxergava.

Verdadeiramente, a mãe de Calígena, com seu jeito omisso, estava proporcionando a Calígena a oportunidade de se tornar uma mulher de fibra e vitoriosa.

Existe uma historinha que tem o objetivo de mostrar como fazer as pessoas saírem da zona de conforto e ter coragem de arriscar para mudar algo que não está bom.

Conta a história que existia um monge sábio num mosteiro, o qual já estava ficando velho, e precisava treinar um outro monge para ocupar o seu lugar. Chamou o melhor de seus discípulos e disse:

— Vamos fazer uma viagem a pé e praticar a vida.

O discípulo imediatamente se preparou, e os dois saíram juntos pela estrada afora...

Andaram um dia inteiro conhecendo lugares, ajudando pessoas, vendo situações em geral, até que anoiteceu. Disse o monge sábio:

— Vamos procurar algum lugar para descansar até o amanhecer.

Acontece que eles estavam muito longe de qualquer povoado e no meio de um grande vale bastante árido. Andaram mais e avistaram ao longe uma cabaninha. Quando chegaram perto, viram que tinha a cabaninha e lá fora uma vaquinha. Somente isso.

Bateram na porta, e quando ela abriu apareceu uma moça de idade média com duas crianças entre seis e oito anos. Eles explicaram quem eram e pediram se poderiam passar a noite na cabana até o amanhecer, quando iriam embora. A senhora concordou, deu uma xícara de leite para eles e foram dormir.

Na manhã seguinte, novamente, tomaram uma xícara de leite e perguntaram:

— Senhora, como vocês conseguem viver aqui nesse lugar tão ermo, tão longe de alguma aldeia?

A mãe respondeu que não tinham outra opção e, graças a Deus, tinham aquela vaquinha que lhes dava o pouco alimento que podiam ter.

O monge sábio e seu discípulo se despediram e saíram da cabana. Quando estavam um pouco mais distantes viram um precipício e, perto dele, estava a vaquinha. Ao chegarem perto da vaquinha, o monge sábio disse para seu discípulo:

— Empurre a vaquinha para o buraco.

O discípulo riu pensando que ele estava brincando. Porém, o monge insistiu com firmeza:

— Vamos, joga ela no precipício.

O discípulo viu que o monge sábio estava dando uma ordem séria e ficou apavorado. Pensou: "Como ele pode fazer isso com o único sustento daquela pobre família?"

Independentemente de seu receio e pensamentos, o discípulo teve que obedecer e empurrou a vaquinha precipício abaixo. Não olharam para trás e não sabiam o que tinha acontecido. Porém, o discípulo ficou com aquele sentimento de culpa por muito tempo, por anos, pensando como seu mestre poderia dar tal ordem.

O monge sábio morreu e o discípulo ficou no seu lugar. Também chegou o dia da preparação para sua substituição e, da mesma forma, ele foi pela estrada treinar alguém.

Acabaram andando no mesmo caminho e chegando, da mesma forma, no lugar onde havia a cabaninha com a vaquinha. Porém, qual não foi a surpresa do monge ao ver a prosperidade do local. Era uma vasta área com plantações, animais e uma grande construção bonita e aconchegante. Tinha virado uma fazenda muito grande e próspera. Quando tocaram a campainha da casa, atendeu uma moça jovem, simpática e bem bonita. Eles explicaram quem eram e o que estavam fazendo. Pediram se podiam passar a noite até o amanhecer, quando iriam embora. Ela concordou e eles sentaram à mesa para jantar.

No jantar, o monge não se conteve e perguntou:

— Você sempre morou aqui?

— Sim — ela respondeu.

— Essa fazenda é muito antiga, você herdou de alguém?

— Não — ela respondeu novamente. — Na verdade, o senhor nem imagina como tudo isso aconteceu. Quando eu era pequena, isso aqui era muito árido, e eu, minha mãe e meu irmão só tínhamos uma cabaninha e uma vaquinha. A vaquinha era que nos dava o alimento mínimo diário. Um dia aconteceu um desastre. A vaquinha caiu no precipício e morreu. Minha mãe ficou muito preocupada e começou a pensar em que fazer. Então teve uma ideia. Ela desossou a vaquinha, fez uma cesta com muitas das carnes dela e foi a pé, com muita coragem, para a aldeia mais próxima vender e ganhar algum dinheiro. Conseguiu vender tudo, comprou os ingredientes para fazer salgados e começou um negócio de venda de salgados. No início foi muito difícil e até desanimador, mas minha mãe foi perseverante e começou a ter muitas encomendas, até que abriu uma pequena empresa. Mais tarde, montou uma fábrica na cidade e hoje somos ricos conforme o senhor pode ver em nossa fazenda.

O monge não falou mais nada. Ficou pensando e, nessa hora, foi quando aprendeu a grande lição dessa ordem que lhe foi dada há muitos anos.

Quando a necessidade é fatal e existe a fé inteligente agregada à coragem heroica, com certeza em algum tempo o sucesso acontecerá. Se o monge não tivesse obedecido ao seu mestre, não teria dado a chance de aquela família chegar onde estavam naquele momento.

Esse período foi muito importante para a vida de Calígena, porque corroborou preponderantemente para que ela fosse uma pessoa ativa, batalhadora e corajosa, a fim de atingir seus objetivos.

Calígena não teve uma infância e adolescência considerada normal. Seus únicos prazeres e divertimentos eram suas leituras e cinema. Era apaixonada pelos filmes do Jerry Lewis e Barbra Streisand.

Mais uma vez na história de Calígena se pode constatar como Deus sempre estava no comando da vida dela, direcionando, abrindo portas, protegendo, mesmo sem ela ter qualquer noção disso. Independentemente de sua ignorância, ela tinha a coragem e atitude para perceber as oportunidades e fazer a parte dela. Calígena vivia cada dia, cada circunstância, cada momento, independentemente de bom ou ruim, com intensidade. Num futuro, ela entendeu que todas as circunstâncias que passava, ou mesmo suas atitudes contrárias à vontade de Deus, estava sob a direção e controle Dele, para ela encontrar o caminho da verdade e a plenitude de sua vida.

Capítulo 6

A MATURIDADE PRECOCE

Dos 16 aos 20 anos

> **Porque Deus é bom, nos deixa plantar o que quisermos.**
>
> **E porque Deus é justo, nós colhemos o que plantamos.**

Com dezesseis anos, Calígena já era bem confiável por tamanha responsabilidade que possuía em tudo e principalmente com sua palavra, diferente da maioria das pessoas ao seu redor. Era responsável, porém não tinha qualquer sabedoria para se relacionar com as pessoas. Era ainda bem inocente, rotulada como boba diante de seus parentes por acreditar em tudo e em todos, ou era rotulada de radical quando contrariava a imposição deles.

Formação do secretariado

Depois que sua mãe disse que ela precisava fazer um curso técnico, ela começou a procurar opções para cumprir essa direção. Pesquisa daqui, pesquisa dali... descobriu um curso de secretariado no SENAC que era de graça, e ela desejou fazer. Naquela época, secretária era uma função muito prestigiada. Então, Calígena procurou saber o que precisava fazer para poder realizar o curso. Descobriu que só tinha que fazer um teste psicotécnico, e caso atingisse a pontuação mínima estaria aprovada. Ela fez o teste, foi aprovada e começou a estudar imediatamente no Curso de Iniciação ao Secretariado. O curso era composto de duas fases com cinco meses cada. A primeira era a iniciação e, sendo aprovada, iria cursar a segunda fase do desenvolvimento.

Novamente se pode constatar a Mão de Deus, em todo o tempo, protegendo, cuidando e abrindo portas para as suas criaturas inocentes e dependentes Dele. Calígena tinha que se virar durante todo o tempo e não contar com alguém desse mundo, mas Deus estava com ela abençoando com Todo o Seu Poder.

No curso em que Calígena fora aprovada e já estava cursando, surgiu um fato que era um obstáculo para ela cursar naquela idade. Só pode fazer o teste, porque Deus abriu a porta fazendo-a superar um requisito de limitação à entrada no curso.

Um dos requisitos para inscrição no curso e realização do teste de seleção era possuir dezessete anos completos. Na época, quando se inscreveu, Calígena ainda tinha quinze anos e completaria dezesseis anos dois meses depois. Calígena não sabia disso e o responsável por avaliar a ficha dela, de alguma forma, foi desatento e não reparou em sua idade. Somente três meses depois de já estar realizando o curso foi que descobriram a falha:

— Calígena, você realmente está com dezesseis anos? — perguntou a responsável pela secretaria quando solicitou a presença dela lá.

— Sim, eu tenho dezesseis anos, por que vocês estão perguntando? — Com essa resposta, ela demonstrou que não sabia da limitação existente. Então a secretária explicou a ela que não poderia ter sido aprovada para o curso antes dos dezessete anos. — Olha, senhora, eu não sabia disso e estou sabendo agora. Como vai ficar minha situação, eu vou ser cortada? — perguntou Calígena muito triste.

— Eu vou fazer uma ocorrência e levar sua situação à diretoria para análise e decisão da situação. Você pode voltar para a aula e aguarde o veredito final — falou a secretária.

Calígena voltou para a sala de aula cabisbaixa, mas é impressionante como nunca ficava preocupada ou se sentindo derrotada. Continuou suas aulas por alguns dias normalmente até o dia em que a chamaram para informar a decisão.

— Calígena, houve uma falha na análise de sua ficha em que testemunhei que você não tinha qualquer culpa, porque não tentou enganar o sistema ou alguém. Eles verificaram sua ficha atual e constataram que você é uma aluna muito dedicada, não atrasa, não falta, estuda com afinco a cada teste e é muito disciplinada. Por isso, a diretoria resolveu abrir uma exceção e você poderá concluir seu curso e ter seu certificado — disse a secretária.

Calígena ficou muito contente com a decisão, agradeceu e saiu. O grande exemplo de fé sem consciência é que ela não aparentava, durante a expectativa, qualquer ansiedade, preocupação ou medo. Era muito otimista e, principalmente, vivia praticando a fé intuitiva.

Ela curtia intensamente o curso e estava muito satisfeita com o aprendizado que estava adquirindo. Era muito respeitada pelos colegas, porque agia com alegria e recato. Acabavam as aulas, ela ia direto para casa e não ficava participando de conversas superficiais, não implicava com qualquer pessoa, não tinha atitudes que pudessem causar transtornos. Era, realmente, muito correta e obediente. Foi aprovada na primeira parte e seguiu para a segunda, se formando ao final daquele ano com mérito.

O vício maldito

Infelizmente, desse período de curso técnico muito favorável na vida de Calígena, ficou uma sequela. Ela sentava ao lado de uma coleguinha que passou a ser uma companhia diária. Não chegaram a ser amigas, mas se relacionavam bem. Essa colega já tinha adquirido o vício de fumar, o que naquela época era até um charme, mas só a partir da maioridade. Por influência negativa, Calígena começou a tentar fumar, o que foi até difícil para ela aprender e se viciar. No entanto, considerou de forma inconsequente o cigarro um prazer confortante e ficou forçando a aceitação de seu organismo até estar totalmente adaptada.

Essa sequela prejudicou a vida de Calígena por muitos e muitos anos. Talvez tenha sido o maior desafio de sua vida superar a dependência e ser livre de um vício que encarcera o ser física, emocional e espiritualmente.

Aquele ano para Calígena foi o ápice dos estudos. Frequentava das 7 às 12 horas durante toda a semana o curso de secretariado, duas vezes por semana, à tarde, tinha conseguido um curso de inglês também no SENAC, e à noite estava cursando o primeiro ano de científico.

Tudo isso era de graça porque sua mãe não tinha condições de pagar algo para ela. Ela se empenhava em conseguir gratuitamente tudo que queria e, sempre, era vitoriosa.

O futuro marido

Na sua classe do primeiro ano científico havia um rapaz muito esquisito que não falava com quase ninguém, não se levantava em cumprimento à diretora quando ela entrava na sala, não respondia a chamada e parecia sempre estar alheio ao momento. Um dia esse rapaz se aproximou de Calígena e começou a conversar com ela sem mais nem menos:

— Oiiii! Eu sou o Onitano, tudo bem? — falou ele.

Talvez qualquer outra pessoa se surpreendesse com a abordagem dele, afinal ele não falava com ninguém. Mas Calígena era muito desligada e só percebeu como ele era depois dessa conversa, mesmo porque ele chamou a atenção dela para a pessoa dele.

— Oiii! Eu sou a Calígena. Você já era dessa escola ou também veio do Orsina da Fonseca?

Ele respondeu que não era transferido e que fez todo o ginásio nesse mesmo colégio. Eles ficaram conversando sobre coisas sem importância e logo se despediram para ir embora.

No dia seguinte, logo que Calígena chegou à escola, Onitano aproximou-se dela e foi falando coisas sem importância até chegarem à sala de aula, quando cada um ia sentar no seu respectivo lugar. Ela sentava na primeira fila das carteiras e ele sentava na última fila. Ela era reconhecida como uma CDF, termo pejorativo usado naquela época para àqueles alunos que estudavam muito. A partir desse dia ela começou a reparar nele e viu que ele era bem diferente dos outros alunos, mas não formou nenhuma opinião, conforme era o normal dela.

A partir daquele primeiro dia de apresentação, todos os dias seguintes de escola, Onitano abordava Calígena na entrada e a acompanhava até a sala de aula.

Já estava muito perto das férias escolares de julho, e quando chegou o último dia de aula Onitano disse para ela:

— Eu posso conversar com você na sua casa?

Calígena disse que sim sem perguntar como ele sabia onde ela morava, sem perguntar qualquer coisa, porque não era curiosa. Vivia os momentos presentes de forma plena sem questionamentos ou especulações.

E assim aconteceu por todos os dias das férias escolares. Onitano ia de bicicleta ao prédio onde Calígena morava, ficavam conversando por um tempo no estacionamento, que também era a entrada do prédio e depois se despediam.

Teve até uma festa junina, no prédio onde Calígena residia, que Onitano participou e agiu como se fosse o namorado de Calígena. Ela estranhou, mas não se manifestou ou ficou questionando, agiu como se tudo fosse normal. No fundo de seu íntimo estava gostando de toda a atenção e cuidados que ele estava dando a ela, porque era muito carente e não costumava ter aquilo.

Quando as férias escolares acabaram, no primeiro dia em que deveriam começar as aulas, eles foram para a escola, juntos e a pé, conversando. Quando chegaram à escola, foram informados de que as obras de manutenção não tinham acabado e, talvez, as aulas só reiniciassem no dia seguinte.

Nesse dia, quando voltaram da escola, pelo caminho, Onitano deu o seu primeiro beijo em Calígena. Ela já tinha sido beijada antes pelo seu primeiro amor, quando tinha visto todo tipo de astros... Desta vez, não sentiu a mesma coisa, mas gostou e aquilo era muito bom.

Uma desgraça familiar

Ficaram indo à escola por alguns dias, e os responsáveis mandavam voltar no dia seguinte. Um dia, quando voltaram, no meio do caminho, Onitano disse:

— Estou com um pressentimento ruim, mas estou confuso e mesmo com medo.

Calígena ficou olhando para ele sem entender nada. Não estava ligada em perigos, em mortes, em coisas ruins. Não pensava nessas coisas e vivia sua vida dia após dia, alienada ao mundo, e contente por todos o aprendizado que estava tendo.

Depois dessa declaração, Onitano sumiu. Ficou sumido por algum tempo e, num sábado, sem mais nem menos, apareceu e chamou Calígena para conversar:

— Eu estou em estado de choque.

Calígena ficou olhando para ele. Ele estava tentando dizer algo muito sério que lhe acontecera, querendo ter um diálogo entre pessoas experientes e adultas, porém com uma adolescente que era muito ignorante sobre os males do mundo, apesar de responsável.

— Olha, eu estou sofrendo muito. Aconteceu uma desgraça. Meu pai matou minha mãe e se matou. Quando eu cheguei em casa naquele dia, a rua estava cheia de gente, tinha também polícia e tudo o mais.

Ele falou tudo de uma vez só, num truncamento de informações bastante ininteligível. Logicamente que Calígena não conseguia absorver aquilo que estava sendo dito. Ficou sem falar, como a maioria das vezes, olhando para ele meia perdida.

Calígena não saberia dizer o que estava sentindo, como estava seu estado de espírito em relação àquilo que estava acontecendo, porque ela não sabia nada a respeito desse lado emocional. Talvez ele tenha percebido que ela não tinha capacidade de entender o que lhe tinha ocorrido e foi embora, deixando-a sozinha.

Na segunda-feira seguinte a esse episódio, as aulas realmente reiniciaram e, apesar das circunstâncias, Onitano foi à aula. Estava mais rebelde do que o normal e muito afastado dos colegas, com exceção de Calígena. A partir desse retorno, ele começou a ficar ao lado dela de uma forma bem opressiva. No entanto, Calígena não percebia isso e, devido à carência afetiva, até gostava.

Com o tempo, mais calmamente, Onitano explicou o ocorrido:

— Sabe aquele último dia que voltamos a pé da escola antes das aulas começarem? — Ela respondeu que sim e ele continuou. — Pois é, eu até disse que estava com um pressentimento ruim, lembra? — Ela balançou a cabeça positivamente e ele continuou: — Depois que deixei você em casa, ao chegar na esquina da minha rua, vi que ela estava cheia de gente, tinha muita polícia, vizinhos e eu nem conseguia passar no tumulto. Então perguntei ao dono de um botequim que tem na esquina o que estava acontecendo ali. Ele me olhou e disse que tinha acontecido uma tragédia no número 45 da rua. O pai tinha matado a mãe e se matado. Eu fiquei olhando para ele tentando concatenar as ideias e, então, num reflexo de desespero, levantei-o pelo colarinho e perguntei o que ele estava dizendo. Ele repetiu e então eu caí sentado totalmente alucinado, entendendo que era minha casa, meu pai e minha mãe.

"Meu pai era alcoólatra, e até já via bichos na parede. Ele batia demais na minha mãe e tentou até me matar com uma faca numa luta em casa. Nessa situação, foi minha mãe que me salvou porque gritou para os vizinhos chamarem a polícia. Se eu entrasse nessa luta estaria perdido. Você está vendo, tenho 1,87m, com 60 quilos, e meu pai tinha 1,90m com mais de cem quilos. Eu consegui que minha mãe entrasse na justiça para pedir a separação e o processo estava rolando no sentido de que ela poderia sair de casa comigo o mais rápido possível. Se ela saísse sem autorização judicial, ele poderia acusá-la de abandono de lar. Naquele casarão só moravam eu e meus pais porque ele já tinha colocado minhas irmãs para fora de casa. Meus pais eram portugueses e minhas irmãs também são, somente eu sou brasileiro" — completou o relato de sua história para ela.

Com o passar dos dias, depois da tragédia na vida de Onitano, ele explicou que não tinha onde morar porque estava sem coragem de entrar em casa, devido à cena trágica que ele tinha na cabeça constantemente. A partir desse dia foi que Calígena começou a se envolver emocionalmente de forma mais profunda com Onitano. Antes ela vivia um namoro sem maiores comprometimentos ou paixão. Nesse dia ele disse:

— Eu tenho uma irmã bem mais velha que está sendo nomeada minha tutora até meus dezoito anos. Acontece que eu não posso morar na casa dela pelos motivos dela e também não consigo entrar na casa de meus pais. Não sei o que fazer.

Calígena ouviu aquilo e seu coração bondoso já ficou pensando numa forma de ajudá-lo.

Quando chegou em casa, contou para a mãe os fatos ocorridos e pediu se não poderia deixá-lo ficar lá até uma solução melhor. A mãe dela respondeu:

— Está maluca, menina! Como vou deixar um rapaz estranho, cheio de problemas, ficar aqui em casa? Mas nem pensar nisso, pode desistir dessa ideia e fazer de conta que nem existiu.

Calígena ficou triste, mas não tinha o hábito de insistir ou ter qualquer ideia de retaliação por contrariedades.

Onitano tinha um único colega que conversava eventualmente e que até já tinha feito amizade com Calígena. Yen tinha uma mãe muito solidária, e quando contou a situação do colega ela se prontificou a recebê-lo em sua casa e ajudá-lo, até uma outra solução. Foi o que aconteceu, Onitano foi morar na casa do colega de classe e foi muito bem recebido pela mãe dele.

Nos meses seguintes até o final daquele ano, Calígena ajudou bastante Onitano com seu sentimento muito grande de solidariedade. Respondia chamada dos professores para ele, ajudava com os estudos, dava força dia após dia para ele seguir a vida, apesar da tragédia que vivenciou.

Os conflitos familiares

Nesse segundo semestre do ano, relativo aos dezesseis anos de Calígena, a situação em casa com sua mãe começou a se deteriorar. Calígena estava vivenciando situações conflitantes com a mãe.

A causa desses conflitos era o jeito intransigente e opressor da mãe, que ordenava que a filha só podia namorar aos sábados e deveria estar em casa às 19 horas. Calígena não gostava de alguns temperos, como pele de tomate e pimentão. Muitas vezes sua mãe a deixava separar para a beira do prato, e depois que Calígena acabava de comer a comida, ela exigia que comesse depois tudo aquilo de que não gostava, dizendo que era para aprender, e isso dava muita raiva na garota. O que mais a revoltava era que todos os dias saía de casa às 6h30 da manhã para ir ao curso do secretariado, voltava às 13 horas, saía novamente para o curso de inglês, nesse caso em dois dias da semana e, à noite, ia para escola, só chegando em casa entre às 22 e 23 horas.

Sentia a incoerência da mãe ao ter que chegar em casa num sábado às 19 horas, e durante toda a semana, por causa dos estudos, chegava muito tarde. Naquela idade, Calígena não sabia definir exatamente as circunstâncias, apenas sofria com elas.

A questão mais forte que estava frustrando Calígena era que existia um clube esportivo no bairro, o qual dava fundos para o apartamento que ela residia com a mãe. Nesse clube, todos as sextas e sábados, a partir das 22 horas, tinha um baile. Calígena ficava vendo da janela do seu quarto as pessoas dançarem e desejava ardentemente estar lá. Desde pequena amava dança, gostava imensamente quando tinha oportunidade de ver um evento de balé clássico. Ela gostava de qualquer tipo de dança que existia daquela época, principalmente o twist porque ela tinha àquela recordação de seus seis anos.

Começou a sentir uma revolta como nunca tinha sentido antes. A incoerência de sua mãe junto com a frustração pela impossibilidade de dançar estava causando um sentimento de revolta muito prejudicial nela. Muitas vezes, numa tentativa de descobrir um ponto de conciliação entre a mãe e ela nessa questão do clube, pedia que a mãe a levasse em pelo menos um baile por mês, só para ela extravasar o desejo. Porém, a cada circunstância, percebia como sua mãe era egoísta e radical. Ela a enclausurava e a deixava terrivelmente frustrada e infeliz. O irmão de Calígena não sofria desses conflitos, porque, além de ser homem e maior de idade, era muito independente e estava vivendo intensamente sua juventude. Para piorar, a mãe de Calígena tinha uma preferência por ele.

Assim passou aquele restante do ano e, no ano seguinte, Onitano foi também fazer um curso técnico para poder entrar no mercado de trabalho. Ele tinha muita aptidão para desenho. Desenhava que era uma maravilha, mas só gostava de desenho técnico. Por isso, foi fazer um curso no SENAI de Desenho Industrial. Era o dia todo; na parte da manhã era a parte teórica e na parte da tarde, a parte prática. A partir desse ponto em sua vida, Onitano se jogou nesse curso com toda dedicação e negligenciou consideravelmente o segundo ano científico que estava cursando. Para essa série, Calígena tinha sido transferida novamente para outro colégio estadual mais perto de sua morada, e os dois estavam estudando em colégios diferentes.

A grande amiga

Nesse novo colégio, Calígena conheceu e aprofundou uma grande amizade e foi a única verdadeira amiga que Calígena teve em toda sua vida. Arigeana se tornou sua amiga especial e, mais tarde, Calígena teve consciência de que ela foi colocada por Deus em sua vida para proporcionar a maior bênção que Calígena estava para receber.

O primeiro emprego

Enquanto Onitano iniciava seu curso técnico, Calígena já tinha sua formação em secretária e foi para o mercado de trabalho conseguir seu primeiro emprego de carteira assinada. Naquela época, a oferta de emprego era maior do que a demanda. No entanto, apesar disso, ela teve dificuldades de encontrar um emprego, porque não tinha experiência e era muito nova, ainda, nos seus dezesseis anos. Só completaria dezessete anos alguns meses depois do início do ano. Principalmente na função de secretária nenhuma empresa daria emprego para ela. Percebendo essa situação, ela começou a procurar emprego como datilógrafa. Aí foi imediato. O normal das datilógrafas eram 180 toques por minuto, mas Calígena terminou seu curso com 230 toques por minuto. Quando fez um teste numa Administradora de Condomínio foi contratada imediatamente, percebendo um salário mínimo mensal.

Começou a trabalhar e, com sua inocência, começaram alguns pesadelos em sua vida. No primeiro mês de trabalho foi uma delícia. Tinha uma colega, datilógrafa também, que estava ensinando o trabalho a ela e parecia muito amigável. Calígena, que confiava em tudo e em todos, se entregava às pessoas de todo o seu coração com seu jeito transparente e sincero. Mas já no segundo mês a situação começou a ficar crítica. Um dia, quando Calígena tinha que se trocar, porque estava naquele período específico do sexo feminino, levantou do seu lugar, que era ao lado do chefe e em frente a outra colega datilógrafa, pegou sua bolsa e desceu uma escada para ir ao banheiro. Trocou-se e voltou para seu lugar. Passados alguns minutos, seu chefe sem mais nem menos soltou uma bomba para Calígena:

— Xiii! Hoje é dia tal, a Calígena está de chico...

Calígena levou um susto, olhou para ele perplexa e, tendo consciência de que era verdade, ficou estatelada alguns minutos e depois, surpreendentemente, abriu o "berreiro". Começou a chorar de modo desenfreado como uma criança. O chefe não sabia o que fazer. Jamais tinha visto uma reação daquela. Estava acostumado a brincar, até de forma bastante desrespeitosa, e ninguém o censurava. Seu chefe, depois que se recuperou da surpresa, olhou para a outra datilógrafa e disse:

— Leve-a para a sala de reunião e tente acalmá-la e ajudá-la.

Foi o que fez sua colega. Quando Calígena se acalmou, perguntou para a colega como ele sabia da circunstância dela. A colega explicou:

— No mês passado, você saiu com a bolsa e ele perguntou para mim se você tinha ido embora. Eu disse que talvez tivesse ido ao banheiro trocar o "Modess", porque você não sabia como as outras mulheres agiam nessas circunstâncias. Daí ele entendeu, registrou a data e esse mês resolveu "tirar um sarro com você".

Aquele fato por mais insignificante que pareça marcou Calígena. Ele atingiu a inocência, a pureza, a ignorância e a timidez dela. Mas, como sempre, logo, logo ela superou o fato e seguiu em frente.

Calígena se destacava em tudo que fazia porque era muita dedicada e realizava todas as suas atitudes com todo o seu coração. Assim era a nova datilógrafa desde o primeiro dia. Fazia além do que deveria, fazia com muita competência todo o serviço que lhe davam. Então, no segundo mês de trabalho, seu chefe já lhe deu um aumento de quinze por cento. Calígena sempre acreditou que aquele aumento tinha sido devido a sua competência, mas, muito tempo depois, ficou especulando mentalmente se não era um pedido de desculpas pelo fato ocorrido por causa de seu período menstrual.

No quarto mês de trabalho, sua colega datilógrafa começou a mudar o comportamento com Calígena. Começou a ser indelicada com ela, respondendo de forma agressiva aos seus questionamentos e, também, ignorando-lhe qualquer pedido. Calígena ficou perdida sem saber o que estava acontecendo. Não sabia como agir nessas circunstâncias, não perguntava nada e ficava sofrendo a aflição em seu estado introspectivo, sem saber o que fazer.

Logo, bem rápido, apareceu a causa daquela situação. Num outro setor, tinha surgido uma vaga de secretária. A vez da promoção para o cargo era exatamente da colega datilógrafa de Calígena. Acontece que o chefe do setor, ao qual seria promovida a nova secretária, tinha ficado impressionado com a eficiência e eficácia de Calígena e a queria como sua secretária. Pronto, ele criou um conflito desastroso para todos os envolvidos.

Calígena não estava conseguindo suportar o conflito e resolveu sair do emprego. Antes mesmo de pedir demissão, foi procurar outro e, como a oferta era grande, no primeiro dia que foi procurar já encontrou.

Quando voltou no seu primeiro emprego, pediu demissão e, apesar de tentarem dissuadi-la da decisão, ela foi categórica e não voltou atrás na decisão.

Calígena estava se configurando numa pessoa de palavra, honesta, comprometida, altamente competente no que se propunha a fazer. Cada situação era mais um alimento para possuir um caráter ilibado e muito altruísta.

O engodo do segundo emprego

O ponto negativo dessa mudança de emprego é que Calígena não tinha noção da "fria" que estava entrando ao ir para a nova empresa. Era uma empresa de Consultoria Jurídica que atuava na malandragem. Naquela época, as grandes lojas que vendiam a prazo tinham suas cobranças através de carnês. Ainda não existia a opção da tecnologia. Em todas as lojas, naturalmente, existiam inadimplentes, pessoas que compravam a prazo e não conseguiam pagar as prestações. Desistindo da prerrogativa de protestar os inadimplentes porque ficava muito caro diante do valor em jogo, as lojas jogavam esses carnês numa gaveta e desistiam de cobrar depois de algum tempo.

A empresa onde Calígena começou a trabalhar atuava na recuperação desses créditos. Os advogados iam à loja, ofereciam o serviço de cobrança dos inadimplentes sem qualquer ônus para a empresa, e ela poderia ter o ressarcimento do capital, já considerado como perdido. A empresa não tinha nada a perder e dava aos advogados um número considerável de notas promissórias com saldos totais ou parciais a receber.

No escritório, os empregados eram ensinados a colocar aproximadamente duzentos por cento de juros e multas em cima do saldo devedor e enviar uma correspondência altamente ameaçadora ao devedor para se apresentar à empresa de cobrança. Os advogados colocavam o percentual de encargos de quanto bem entendesse, considerando que não existia uma lei que regulasse essa situação.

Logo que começou a trabalhar naquele escritório, Calígena apresentou sua carteira de trabalho para ser assinada. Os advogados ficaram enrolando, dizendo que só poderiam assinar a partir do segundo mês, e ela começou a trabalhar sem carteira assinada. No segundo mês, alegaram algumas dificuldades e prometeram assinar no mês seguinte. Nesses dois meses em que trabalhou na empresa, Calígena viu como as pessoas que compareciam ao chamado eram pobres e ignorantes. A maioria deixou de pagar por falhas nos atendimentos, defeito no produto, entrega não efetuada e muitas ocorrências que causavam a ineficácia da venda e insatisfação do cliente. Os inadimplentes explicavam seus motivos para falta de pagamento aos advogados, mas eles eram implacáveis. Não queriam saber, tinham a lei do lado deles que decretava a obrigação de pagamento através da conformidade do comprador no canhoto de recebimento da nota fiscal.

Naquela época também não existia muita concorrência e, principalmente, o PROCON, Serviço de Proteção ao Consumidor, que foi criado bem posteriormente. Devido à falta de regulamentação, as empresas não atentavam para a eficácia no atendimento e a total satisfação dos clientes. A inflação era alta e muitos empresários se beneficiavam dela e da falta de muitas opções de mercado.

Calígena viu nesses dois meses como os advogados oprimiam pessoas humildes e/ou pobres, fazendo muita chantagem emocional com elas. Ameaçavam sujar seus nomes e até mentiam, dizendo que elas poderiam ir para a cadeia. Eles diziam que se elas assinaram o canhoto da nota fiscal não tinham mais saída, tinham que pagar tendo o produto ou não, sendo utilizado ou não. Calígena começou a detestar aquele ambiente e a se sentir enojada pela forma com que os advogados "171" atuavam.

No terceiro mês, eles até assinaram a carteira de trabalho de Calígena, mas ela já estava se preparando para arrumar outro emprego e dar o fora daquele lugar maldito.

Foi o que fez logo que teve condições. Procurou outro emprego antes de se demitir dessa pseudoempresa e, novamente, logo na primeira entrevista já foi contratada. Como estava se candidatando a uma função de datilógrafa e estava muito acima da média, os avaliadores ficaram impressionados com ela.

O terceiro emprego

O novo emprego era no prédio ao lado do emprego anterior. Era uma empresa de consultoria de engenharia, ainda com pouco tempo de atividade, e era composta por dois sócios que eram engenheiros de construção, uma secretária e uma datilógrafa.

Começou nesse novo emprego sendo muito bem tratada e considerada pela secretária e por um dos sócios. Esse sócio estava na meia-idade e era muito paciente e atencioso. Gostou muito de Calígena desde o começo e a tratava com muito respeito e admiração pela competência dela.

Em casa, com sua mãe, os conflitos durante todo esse tempo só aumentaram e ainda atingiram seu padrasto. Para Calígena, depois que começou a trabalhar, sua mãe exigia que ela desse todo o seu pagamento na mão dela para que controlasse, e Calígena obedecia sem qualquer pronunciamento.

As loucuras da mãe

Em relação ao conflito entre sua mãe e seu padrasto, a situação era periclitante. Sua mãe e sua avó frequentavam um centro espírita umbandista, e era a única filha que participava ativamente da religião da mãe. Nesse centro, a mãe de Calígena conheceu um homem que virou seu amante, e logo seu padrasto descobriu. Ele ficou tão desesperado que resolveu matar os dois. Num dia, pegou sua arma e ficou à noite no estacionamento do prédio esperando o carro do amante chegar com a mãe de Calígena. Ele esperou até muito tarde, mas eles não chegaram. Nesse tempo de espera, o padrasto esfriou a cabeça e resolveu desistir de sua intenção. Subiu e esperou o dia seguinte para tomar medidas legais sobre o assunto. Nessa situação é certo que houve a providência de Deus para não acontecer aquela tragédia, porque Deus tinha planos para a vida da mãe de Calígena.

No dia seguinte, seu padrasto conversou com sua mãe e um relacionamento de alguns anos foi destruído. Seu padrasto saiu do apartamento, que ele mesmo comprara, e deixou a mãe de Calígena nele com seus dois filhos.

Ao tomar conhecimento desse fato, Calígena teve a certeza de que sua mãe não era confiável e estava num estado de total desequilíbrio emocional e espiritual, porque estava destruindo a vida dela e de todos ao redor. Esse acontecimento do padrasto veio corroborar com todos os conflitos que Calígena estava enfrentando com sua mãe.

Depois que o seu padrasto foi embora, a mãe de Calígena deu-lhe algumas explicações "fajutas" para ela e seu irmão, e esperava não ser contrariada nem confrontada. Porém, Calígena, sabendo do amante, disse para ela:

— Tudo bem, você decide sua vida do jeito que quiser, mas não quero outro homem aqui dentro de casa. Você promete?

Ela respondeu que sim e tudo bem.

Acidente por desequilíbrio emocional

Calígena estava vivendo um período de tantos conflitos que piorava terrivelmente seu lado desastrado, do mundo da lua e da fuga à realidade. Pegava ônibus errado, às vezes, para o lado contrário ao que tinha que ir. Falava muitas coisas sem nexo. Caía a todo instante, principalmente andando na rua. Se nunca foi atropelada ou aconteceu algum desastre físico com ela, aqui temos mais uma prova dos livramentos de Deus. É de se acreditar que Calígena deu muito trabalho aos anjos que a protegiam e livravam de acidentes fatais.

Para piorar a crise que estava vivendo em casa, começaram os conflitos no trabalho. Sua chefe, que era a secretária da empresa, começou a persegui-la. Mais uma vez, ela não sabia o que estava acontecendo e nem tinha capacidade de enxergar as circunstâncias ao seu redor. O sócio, que gostava muito dela, vivia a elogiando. Começou a ajudá-la nos trabalhos que tinham prazo apertado, sentando ao lado dela e ditando os textos para ir mais rápido. A secretária começou a ficar com ciúmes e, por isso, mudou com Calígena.

Por conta de todos esses acontecimentos ao mesmo tempo na vida dela, Calígena, ao chegar do trabalho um dia, puxou a cadeira e sentou no chão, batendo o cóccix com toda força na beirada da cadeira. Pegou licença de acidente de trabalho e ficou uma semana deitada na cama, de bruços, com a bunda para cima. Por incrível que pareça, esse acidente foi um "refresco" nos seus problemas. Ela já tinha melhorado sua preferência na leitura de seus livros e passou esse tempo de recuperação curtindo leituras que muito a agradavam e a tiravam da realidade. Nessa fase, curtia Agatha Christie, Sidney Sheldon, Daniele Steel, e alguns outros menos famosos.

Sua mãe não tinha jeito mesmo. Não tinha palavra e era terrivelmente egocêntrica. Um dia, durante a noite, teve dor e foi procurar a mãe para lhe dar um remédio. Quando abriu a porta do quarto da mãe, ela não estava sozinha. O "famigerado cidadão" estava dormindo ao lado dela. Fechou a porta, saiu e ficou com muita desilusão e raiva.

Desejo de fuga de casa

Na manhã seguinte, cobrou de sua mãe a situação, mas ela não deu qualquer importância, e ainda exigiu que a filha entrasse no carro do canalha para ir ao médico. Aquele dia foi degradante e terrivelmente prejudicial à Calígena.

Estava tão aborrecida e desgostosa que desejou e se preparou para sair de casa. Fez uma malinha e, quando ia sair, algo aconteceu. Sentou na cama e, novamente, veio a "dita razão" pela ciência e o Espírito Santo pela crença. O Espírito Santo começou a inspirar juízo no sentido de não deixá-la fazer o que estava prestes a fazer. Ouviu aquela voz sem som fazendo discurso racional para ela:

— Calígena, você está com raiva e vai fazer besteira. Para onde você vai? Com quem vai se meter? Não tem experiência de vida e não sabe se defender. Pense... Como vai poder se virar nesse mundão aí fora?

Ela ouviu tudo isso e começou a se acalmar. Começou a pensar com racionalidade e ver que aquela opção não era uma boa coisa. Por fim, desistiu e desarrumou a mala.

No caso do canalha, a situação não demorou muito a se resolver. Em pouquíssimo tempo aquele relacionamento acabou. Na época Calígena não teve informações a respeito e não saberia dizer por que chegou ao fim. Só ficou satisfeita com a conclusão e deu graças ao seu Deus interior por não ter se precipitado e fugido.

A conversão da mãe

Um tempo depois do relacionamento da sua mãe acabar, Calígena a viu mudando tudo dentro de casa. Sua mãe tinha um altar no quarto de Calígena, com uma quantidade de imagens que era bem sinistra. Ela retirou aquilo tudo e acabou com tudo que fosse idolatria dentro de casa. Por causa disso, aconteceu um conflito poderoso entre sua mãe e sua avó. Sua mãe havia se convertido a Jesus Cristo e não queria mais saber daquela religião espírita da avó. Considerando que ela era a única filha que acompanhava a avó de Calígena naquela religião espírita, a situação entre as duas ficou muito crítica. A mãe de Calígena começou a dar testemunho, alegando que quando acabou seu relacionamento com aquele canalha se viu amaldiçoada e tinha resolvido se matar. Ia se jogar da janela do sexto andar onde morava. Porém, antes que pudesse fazer isso, caiu num sono profundo e sonhou que deveria aceitar Jesus como Salvador de sua vida, porque Ele iria restaurar tudo que foi destruído na vida dela. Por isso, quando acordou, era outra pessoa e mudou radicalmente de crença. Essa teia de aranha tinha sido dissipada.

Algum tempo mais tarde, o padrasto de Calígena perdoou a mãe dela, se reconciliaram e eles voltaram a viver juntos.

No seu retorno ao trabalho, depois da recuperação do acidente, constatou que a situação lá tinha se complicado por demais. A secretária a tratava com muita rispidez, com impaciência e mesmo com raiva. Diante dessa situação, mais uma vez, Calígena resolveu procurar outro emprego.

O que a perturbava é que sua carteira de trabalho ia ficar um verdadeiro "lixo" na questão de tempo de permanência em cada emprego. No primeiro foram seis meses, no segundo, um mês, e no terceiro, nove meses. Será que isso iria prejudicar sua performance profissional? Logo, logo ela iria ter essa resposta.

O melhor emprego

Independentemente de sua preocupação, Calígena foi procurar outro emprego da mesma forma que das anteriores. Antes de pedir demissão do atual, iria arrumar outro. Novamente, tão logo foi fazer entrevistas, foi aprovada em dois lugares considerados muito bons. Um era um banco do Noroeste e o outro, uma empresa também de consultoria que estava com um projeto junto ao DNER–Departamento Nacional de Estrada de Rodagem. Calígena avaliou qual seria o melhor para ela e escolheu a empresa de consultoria de engenharia. Seu receio sobre o pouco tempo de trabalho nas empresas, constante em sua carteira, não fez a menor diferença. Isso nem foi considerado.

Pediu demissão da empresa em que estava e foi, imediatamente, começar na nova empresa, mas num setor do DNER, que era estabelecido no centro da cidade do Rio de Janeiro. Essa nova empresa era um modelo de empresa com sua organização, excelente gestão administrativa e de pessoal, de poderoso sucesso com seu quadro de profissionais de engenharia e economia. A sede da empresa era num bairro de classe alta na zona sul da cidade. Mais uma vez, Calígena foi contratada para o quadro de datilógrafas da empresa.

Como sempre, era tremendamente dedicada, realizava seus serviços com toda competência e era muito bem reconhecida pelos seus superiores. Ela sabia que, nessa empresa, teria oportunidade para ser promovida à secretária porque surgia vaga com frequência. Toda vez que surgia uma vaga para secretária, eles verificavam de qual datilógrafa era a vez e faziam uma avaliação da ficha de registro dela para ver se merecia ser promovida. Era uma empresa com promoção por meritocracia, a qual configurava uma administração altamente justa e eficaz.

Todo dia, Calígena chegava no horário e já ia para sua mesa cumprir com mais um cotidiano profissional. Havia uma colega que pediu a Calígena para ensinar a ela datilografia porque queria ser promovida a datilógrafa. Ela era recepcionista, que na escala de hierarquia, era inferior às datilógrafas. Era também uma empegada muito competente na sua função e estava disposta a fazer o que fosse necessário para subir de função. Então, Calígena combinou com ela das duas chegarem todo dia uma hora antes e ficarem praticando. Assim foi feito, e em pouco tempo a colega já estava apta a ser promovida na primeira vaga que tivesse, o que era bem habitual, porque o quadro de datilógrafas era bem grande.

No entanto, passados nove meses na empresa, Calígena estava muito satisfeita, porém o contrato terminou porque o projeto estava concluído. Como a empresa não tinha ganhado um novo projeto naquele DNER, o setor iria ser encerrado e todo o pessoal seria despedido, já que quem pagava os salários daquele pessoal era o próprio projeto.

Outra vez, na vida de Calígena, a Mão de Deus foi poderosa e ela recebeu mais uma bênção. Todos os empregados foram demitidos, com exceção de Calígena e de sua colega ex-recepcionista, que já tinha sido promovida a datilógrafa. Foram convidadas a ir trabalhar na sede, até o fechamento de um novo projeto com uma empresa pública. Elas aceitaram o convite e se estabeleceram numa contratação bastante estável por suas performances. Calígena fazia sua parte, tinha muita coragem para realizar o que fosse necessário, era dedicada, obediente, humilde, solidária e muito competente. Dessa forma, ela fazia a parte dela e Deus realizava a parte Dele, fazendo os milagres que fossem necessários ou abençoando em alguma necessidade.

A decepção da promoção

Lá na sede, surgiu uma oportunidade de Calígena ser promovida a secretária. Tinha chegado a sua vez, e ela começou a ser avaliada. Já estava contando com a promoção, sabia o quanto era competente e já se considerava promovida. Mas que ilusão! Na hora do resultado, o chefe do seu setor a chamou e disse:

— Calígena, infelizmente não poderemos promover você.

Ela ficou estarrecida e ficou olhando para ele por um momento, tentando absorver a informação. Quando se recuperou, perguntou:

— Mas por quê? Sei que vocês gostam do meu trabalho, sou pontual, não falto, o que me reprovou?

O chefe olhou para ela até com pena e explicou:

— Aqui é uma empresa de consultoria, dependendo do prazo de entrega de um contrato, as datilógrafas e secretárias precisam fazer horas extras. Em algumas situações precisam até virar a noite trabalhando. No entanto, você não faz horas extras, nunca fez e se nega a fazer. Se você for secretária, líder de uma equipe de datilógrafas, como vai ser? Quando tiverem trabalhando além do horário comercial vão ficar sem liderança?

Calígena entendeu a mensagem e, apesar de toda sua decepção, constatou que ele estava certo e ela havia perdido.

Calígena não fazia horas extras porque seu namorado não deixava. Ele ia buscá-la todo dia no trabalho ao fim do expediente e não permitia que ela trabalhasse depois do horário. Ela não percebia que isso estava errado e aceitou essa direção dele. Porém, quando perdeu a promoção por causa dele, ficou muito aborrecida, e quando o encontrou "rodou a baiana".

— Onitano, por sua causa acabei de perder a promoção que tanto desejei. Era minha vez de ser promovida a secretária, mas o chefe não pode me promover porque não faço horas extras e a culpa é toda sua.

Disse que estava muito frustrada e aborrecida, mas a partir daquele dia iria fazer horas extras toda vez que fosse solicitada e não queria saber da opinião dele. Logicamente, ele ficou bem quietinho e não se pronunciou. Assim, ela começou a agir da forma que precisava na empresa para atingir seu desejo de ser secretária.

Pouquíssimo tempo depois desse episódio, a empresa ganhou uma concorrência na RFFSA—Rede Ferroviária Federal, que era bem no centro da cidade e montou um setor lá para realizar o projeto. Calígena foi uma das escolhidas para ir trabalhar lá. Sua vida ficou bem fácil porque era bem mais próximo de sua moradia.

Naquele ano de seus dezoito anos, seu namorado já tinha concluído seu curso de desenhista de tubulação e estava procurando se colocar no mercado. Fez vários testes, para a White Martins, para a Shell, e o maior de todos e mais almejado era o concurso que fez para a Petrobrás. Nesse tempo estava convencendo Calígena de que precisavam casar porque ele não tinha um lar realmente seu. Calígena ainda era bem infantil em matéria de relacionamentos e, principalmente, sem qualquer maturidade para um casamento. No entanto, reconhecia que ele precisava de um lar e isso vinha ao encontro de seu desejo de liberdade da opressão da mãe. Acabou concordando e eles combinaram o casamento para o ano seguinte. Onitano e Calígena começaram a planejar o casamento durante o restante do ano e acabaram por abandonar, no meio do período, a última série do científico que estavam cursando juntamente com um preparatório para o vestibular. Pararam o estudo muito próximos de conseguirem o certificado de conclusão do científico.

Nessa atitude de parar de estudar, os dois perderam o foco daquilo que é essencial para poder tomar decisões com sabedoria. Em função de estarem tentando sobreviver ao caos que eram suas vidas, sem o conhecimento e experiência contidos na competência, tomaram uma decisão extremamente precoce sobre algo que traria muito sofrimento à vida deles. A competência para decidir com sabedoria se constitui em conhecimento, multiplicado pela habilidade e pela atitude. Quando existe a competência, o horizonte de avaliação das opções é amplo e proporciona uma escolha com maior assertividade, minimizando consideravelmente a prerrogativa de erros com consequentes sofrimentos.

É evidente como a falta de conhecimento, principalmente sobre situações essenciais da vida das pessoas, pode gerar decisões fatídicas, as quais vão prejudicar preponderantemente todo um futuro. Casamento é uma instituição ordenada por Deus, com o objetivo de gerar capacidade entre dois seres humanos com o lado emocional de cada um se complementando, ao qual proporciona um equilíbrio que dá a possibilidade de atingir a plenitude da vida.

"E disse o SENHOR Deus: Não é bom que o homem esteja só; far-lhe-ei uma adjutora que esteja como diante dele" (Gênesis 2:18).

"E da costela que o SENHOR Deus tomou do homem formou uma mulher; e trouxe-a a Adão.

E disse Adão: Esta é agora osso dos meus ossos e carne da minha carne, esta será chamada varoa, porquanto do varão foi tomada. Portanto, deixará o varão o seu pai e a sua mãe e apegar-se-á à sua mulher, e serão ambos uma carne. " (Gênesis 2:22-24).

O trabalho criativo de Deus não estava completo até Ele fazer a mulher. Deus poderia tê-la formado do pó da terra, do mesmo modo que fizera o homem. Porém, Ele preferiu fazê-la da carne e dos ossos do homem. Assim, Deus ilustrou que, no casamento, homem e mulher estão simbolicamente unidos em uma só carne. Essa é uma união fabulosa dos corações e vida do casal. Por toda a Bíblia, Deus trata essa união especial com seriedade. Se você é casado ou planeja se casar, está disposto a manter esse compromisso que faz de você e seu cônjuge um só? O objetivo do casamento deve ser mais do que companheirismo, precisa haver unidade.

Deus forma e prepara homens e mulheres para várias tarefas, que convergem todas para um mesmo objetivo — honrar a Deus. O homem dá vida à mulher; e a mulher dá vida ao mundo. Cada papel carrega privilégios exclusivos, e não há razão para pensar que um sexo é superior ao outro.

Deus presenteou Adão e Eva com o matrimônio. Eles foram criados perfeitos um para o outro. O casamento não foi uma conveniência, tampouco foi criado por qualquer cultura. Ele foi instituído por Deus e possui três aspectos básicos: (1) o homem deixa seus pais e, em ato público, promete-se a si mesmo à sua esposa; (2) o homem e a mulher são unidos, assumindo responsabilidades pelo bem-estar mútuo e amando um ao outro antes das outras pessoas; (3) ambos se tornam um na intimidade e no comprometimento de união sexual que são reservados para o casamento.

Casamentos sólidos incluem estes três aspectos.

Bíblia de Estudo — Aplicação Pessoal

Para tudo na vida tem seu tempo certo e a melhor forma de realizar. Como dois jovens bastante inexperientes, com famílias desequilibradas e destruídas, sem estrutura material, poderiam ter um casamento saudável? Tomaram uma decisão precipitada, de algo fundamental em suas vidas, por razões totalmente inadequadas para um casamento. Decidiram fazer algo que é certo, porém na hora errada e da forma errada. Logicamente só poderia dar errado e trazer consequências muito ruins e traumáticas.

Duas bênçãos poderosas

Onitano e Calígena eram virgens. Porém, ele é homem e era jovem, com a testosterona a todo vapor. Começou a envolver Calígena num namoro mais avançado paulatinamente, até que um dia, quando estavam na casa da madrinha dele, que já era adiantada de idade e estava dormindo, tirou a virgindade dela. Não se pode dizer que foi um momento de êxtase alucinante devido à inexperiência dele e à pureza dela. Para ele, foi um momento de satisfação sexual, e para ela, um momento perigoso de rompimento de hímen. Ela ficou surpresa e decepcionada porque não sangrou e, também, não sentiu o clímax de prazer que imaginou que sentiria.

Por fim, foi até engraçado, porque depois da penetração total, ela gritou:
— Xiiiii! Não sou mais virgem!

Como diz uma peça que ficou em cartaz por muito tempo: "Trair e coçar é só começar." Depois da primeira relação sexual, aconteceram mais algumas antes do casamento.

Um dia, Calígena percebeu que tinha passado o dia de ficar menstruada e começou a se apavorar. Antes mesmo de ter qualquer atitude para verificar a situação, quando estava em seu quarto, se ajoelhou e pediu a Deus para perder a gravidez, caso estivesse realmente grávida. Fez até uma promessa de que, se sua menstruação viesse, iria parar de fumar. Alguns dias depois, sua menstruação desceu e ela ficou aliviada. E, agora, tinha que pagar a promessa.

Acontece que o vício do cigarro já era parte de sua vida. Já estava viciada e seu vício não era só físico, era muito mais emocional. Jogava no cigarro todas suas emoções. Se estava triste, fumava. Se estava alegre, fumava. Se tomava café, fumava. Se almoçava, fumava. Tudo era motivo para fumar. Por isso, quando sentiu que tinha que cumprir a promessa, subornou sua consciência e disse que um dia pararia. Isso foi postergado por muitos anos e, intempestivamente, deixava Calígena angustiada porque realmente temia a Deus, mas ainda não tinha tido coragem para pagar a promessa.

O Banco do Brasil

A amiga Arigeana aparece nessa fase como a grande precursora de uma bênção de Deus que estava para acontecer na vida de Calígena. Essa amiga lhe disse:

— Amiga, vai ter um concurso para o Banco do Brasil daqui a alguns meses. É um concurso muito acirrado com muitos candidatos, mas acredito que devemos fazer. O que você acha? Se nós formos aprovadas, estaremos estabilizadas profissional e financeiramente para o resto de nossas vidas.

Calígena gostou disso e perguntou quais as providências que deveriam tomar. Ela disse que iria verificar e falaria para amiga.

Algum tempo depois, elas foram ao prédio central do Banco do Brasil e fizeram a inscrição. Posteriormente, realizaram o concurso e, dependendo da aprovação nas provas de matemática, português e psicotécnico, seriam convocadas para realizar a prova de datilografia. Algum tempo depois saiu o resultado e foi afixado na agência central, no mesmo local onde fizeram a inscrição. Arigeana ligou para a amiga e disse:

— Amiga, já saiu o resultado. Se você puder, dê um pulo na agência central e verifica se fomos aprovadas.

Calígena disse que iria dependendo do horário que saísse do trabalho.

Logicamente, Calígena saiu do trabalho e foi correndo ver se tinham sido aprovadas. Ela procurou seu nome no quadro e logo localizou o seu, ficando em êxtase diante da aprovação. Depois, mais calma, procurou o nome da amiga, mas não o localizou e ficou arrasada porque ela não tinha sido aprovada. Recuperou-se emocionalmente e voltou ao seu nome para ver as notas que tinha tirado. Viu que tirou 9 em matemática, 8 no psicotécnico e, em português, tinha passado raspando com nota 6. O concurso era eliminatório e classificatório.

Nessa primeira fase era só eliminatório. Tinha que tirar no mínimo 5 em cada prova.

A covardia que gerou mágoa

Saiu do local com emoções bastante antagônicas. Muito alegre com sua aprovação e muito triste com a reprovação de sua amiga. Isso era uma sexta-feira, e imaginou que a amiga só iria poder ver o resultado na segunda-feira próxima. Resolveu que não ligaria para ela a fim de não ter que dar a notícia ruim. Deixaria que ela mesma visse. Foi muito covarde e pagou caro por isso.

No sábado, imediatamente posterior, sua amiga foi a casa dela e entrou toda feliz contando que ela tinha sido aprovada. Calígena fingiu surpresa e agradeceu a informação. Depois, quando a amiga disse que não tinha passado, ela apresentou sua solidariedade. Acontece que, quando a amiga ia se despedir, disse que ela havia tirado nota 7 em português. Como Calígena não sabia mentir, distraiu-se e disse:

— Não, não foi isso, eu tirei 6 em português.

Arigeana parou e ficou olhando para ela, tentando absorver a informação. Então, perguntou:

— Ué, você já sabia o resultado? Por que não disse e fingiu que não sabia?

Calígena ficou arrasada e não sabia o que dizer. Por fim, vendo a decepção e tristeza no rosto da amiga, explicou que não teve coragem de dizer que ela tinha sido aprovada e sua amiga não. No entanto, o mal já estava feito e a ferida poderia até ser fechada, mas ficaria a cicatriz. Sua amiga foi embora com mais um ressentimento, além do ressentimento da reprovação.

A desejada promoção

No trabalho, Calígena ia de "vento em popa". Sua empresa tinha ganhado outro projeto da RFFSA e, então, ela foi finalmente promovida a secretária. Nesse novo projeto, a empresa que ganhou o contrato era canadense e não podia contratar empregados no Brasil, porque não tinha sede aqui.

Então fez uma parceria com a empresa de Calígena e, assim, o novo contrato se chamava Consórcio CANAC/TRANSPLAN.

A empresa dela atuava na parte administrativa do projeto, e a empresa canadense na parte técnica com muitos engenheiros e economistas canadenses. O que Calígena achou interessante na hierarquia deles é que o diretor da equipe não era graduado. Na época, no Canadá, o que tinha valor era a experiência e os resultados conquistados, e não os certificados existentes.

Uma grande mancada

Assim, Calígena começou a trabalhar numa sala exclusiva dentro da RFFSA diretamente com seu chefe. Como sempre, era conceituada como muito competente. Se Calígena dependesse de carisma ou simpatia, estava perdida. Era tímida, fechada, vivia no mundo da lua, mas muito competente, principalmente em trabalhos burocráticos. Em certa ocasião foi um "Deus nos acuda" por causa de algo muito doido que Calígena fez. Aliás, vez por outra ela fazia das dela... como se diz por aí. Um dia, seu chefe pediu que ela ligasse para um determinado figurão e escreveu no papel o telefone e o endereço dele. Ela discou o telefone e falou:

— Por favor, eu quero falar com o Dr. Fulano de tal. — A voz do outro lado perguntou quem iria falar. Calígena respondeu: — É o meu chefe por indicação do Almirante Barroso.

A voz do outro lado ficou muda por uns instantes e depois perguntou:
— Por indicação de QUEM??????

Nisso, o chefe dela estava perto, pegou o telefone correndo e informou a indicação correta. Depois que acabou de falar, dirigiu-se a Calígena e disse:

— O que está acontecendo com você? Como pode dizer tamanha besteira?

Só nesse instante Calígena reparou o tamanho da "burrice" que estava falando. Ela não tinha gravado o nome de quem tinha feito a indicação, mas o primeiro nome que viu escrito no papel. Foi uma piada por vários dias nos escritórios. Porém, a verdade é que Calígena não estava ligando a mínima. Ela não se preocupava com a opinião dos outros e vivia no seu mundinho mental.

O evidente sinal

O tempo foi passando e chegou o ano do casamento. Onitano estava muito ansioso, porque nenhuma das empresas em que tinha sido testado dera retorno a ele. Como alguns meses antes do casamento só existia a renda de Calígena, a irmã de Onitano, que tinha sido tutora dele, resolveu sair do apartamento dela para que ele morasse. Eles não poderiam pagar aluguel e, então, ela resolveu ajudar. Liberou o apartamento e foi morar no bairro onde eles moravam quando solteiros. Mirabel, a irmã de Onitano, era uma pessoa muito carismática e agradável.

Começaram a arrumar o apartamento e, um dia, foram levar para lá uns potes de pedra-sabão que tinham comprado numa viagem. No elevador do prédio onde ela morava, eles brigaram e Onitano bateu com força, num acesso de raiva, os potes na parede do elevador, quebrando todos. Depois que ele se acalmou, ficou com muito remorso porque tinha guardado aqueles potinhos com todo cuidado para seu apartamento. Calígena ficou assustada com a violência dele, mas não tinha maturidade para saber que aquilo não era um bom sinal.

Pouco tempo antes da data do casamento, a White Martins convocou Onitano para começar a trabalhar porque ele tinha sido aprovado no teste e tinha surgido uma vaga.

O casamento

Chegou o dia do casamento e depois da cerimônia religiosa, teve uma pequena recepção no próprio salão da igreja. Quase na hora de terminar, Onitano, que não suportava a mãe de sua, agora, esposa, disse:

— Vou lá falar para sua mãe e seu padrasto que não quero mais ver a cara deles nunca mais.

Calígena ficou em transe e disse que ele não podia fazer isso. Ele ainda insistiu, mas finalmente desistiu e eles foram embora direto para o apartamento deles, a fim de viajar para a lua de mel no dia seguinte.

Viajaram para uma cidade serrana das instâncias hidrominerais e ficaram por lá alguns dias. Calígena, que tinha casado pela necessidade dele e também para ter liberdade, estava começando a perceber que tinha cometido um grande erro.

Onitano também era muito competente, muito trabalhador e estava muito bem na White Martins. Depois de alguns meses estabelecido lá, a Petrobrás o convocou porque ele tinha sido aprovado no concurso. Ele foi imediatamente fazer os exames médicos para tomar posse. E, por incrível que pareça, depois dos exames realizados e da aprovação, ainda aguardando ser chamado para iniciar no cargo, a Shell o convocou, porque ele também tinha sido aprovado lá. Constataram que ele tinha sido aprovado em todos os testes que fez. Realmente, ele era bem inteligente e um excepcional desenhista, um talento nato. Finalmente optou pela Petrobrás, que era a melhor.

A constatação do erro

Começaram a vidinha de casados e, constantemente, tinham muitas desavenças. Ele tinha um ciúme dela doentio. Ele era muito teimoso, muito autoritário e bem egoísta. Toda vez que ela o contrariava, ele tinha um acesso de raiva e eles brigavam terrivelmente. Ela tinha começado a tomar pílula anticoncepcional um mês antes do casamento e, quando completou sete meses tomando, teve que parar para descansar conforme era a indicação naquela época. Calígena não se deu bem com as pílulas e engordou mais do que já estava na data do casamento. Por isso, depois de três meses de descanso, entrou na farmácia para recomeçar a indicação, mas ele disse que não queria que ela tomasse porque estava fazendo muito mal a ela. Prometeu que iria tomar cuidado e não correriam o risco de ela engravidar.

A gravidez precoce

No entanto, ele não tomou o cuidado que prometeu e, logo no mês seguinte, ela ficou grávida. Foi um grande rebuliço. Ele não queria aceitar a gravidez e começou a fazer a cabeça dela para fazer aborto. Ela não tinha necessidade de fazer um aborto e, por isso, não queria de forma alguma. Ele criou um inferno na vida dela porque ela não queria abortar. Porém, ela teimou e levou a gravidez adiante.

Ter um filho é um plano de Deus para a vida de sua criação humana. Quando o homem e a mulher se casam, está implícito que se multiplicarão e terão filhos no tempo certo, com a competência respectiva para planejar o plano de ação que poderá proporcionar ao filho condições de conquistar uma vida plena.

Tem certeza de que você quer ser feliz?

"E criou Deus o homem à sua imagem: à imagem de Deus o criou; macho e fêmea os criou.

E Deus os abençoou e Deus lhes disse: Frutificai, e multiplicai-vos, e enchei a terra, e sujeitai-a; e dominai sobre os peixes do mar, e sobre as aves dos céus, e sobre todo o animal que se move sobre a terra."

Deus fez ambos, homem e mulher, à sua imagem. Um não foi feito à imagem de Deus mais do que o outro. Desde o início, a Bíblia coloca tanto o homem quanto a mulher no pináculo da criação. O sexo não é exaltado, tampouco depreciado.

"Dominai sobre" é uma ordem para que sejam exercidos absoluta autoridade e controle sobre alguma coisa. Deus tem a palavra final sobre a terra e exerce o seu poder com amor e cuidado. Quando Deus delegou um pouco de sua autoridade à raça humana, esperava que esta assumisse a responsabilidade sobre o meio ambiente e as outras criaturas que compartilham o planeta. Não podemos ser negligentes ou devastadores ao cumprir esta função. Deus foi perfeito ao criar o mundo.

Bíblia de Estudo – Aplicação Pessoal – Gênesis 1:27-28

Calígena e Onitano foram negligentes sobre algo de vital importância em suas vidas. Ter um filho é uma responsabilidade muito grande. Para assumir essa responsabilidade é preciso ter muita competência, tanto paternal quanto maternal, para proporcionar a felicidade de um filho.

Mais uma ferida

Nessa circunstância, Calígena ainda cometeu uma falta grave que também lhe causou um remorso por muito tempo. Praticamente, desde quando se conheceram, Calígena e Arigeana trocaram promessas de dar, uma a outra, o primeiro filho para apadrinhar. Dessa forma, quando Calígena ficou grávida, Arigeana já se considerou madrinha da criança e passou muitos meses agindo como tal, até levando presentes para o futuro afilhado.

Acontece que Calígena gostava muito de sua cunhada, que fora a tutora de seu marido, a qual nunca se casou ou teve filho e não tinha mais perspectivas quanto a isso. Mirabel já estava com uma idade arriscada para ter uma gravidez e, por isso, já não tinha esperanças de ter um filho. Ela era bem frustrada com relação a isso. Então, Calígena resolveu dar àquele filho que ia nascer para ela batizar, mas não teve coragem de contar logo para sua amiga, ou fazer o correto, que era pedir autorização a sua amiga antes de fazer qualquer promessa sobre esse desejo. Foi covarde e piorou mais ainda a situação. Deixou passar quase toda a gravidez para contar o que já estava decidido.

Um dia, já com a gravidez bem avançada, sua amiga foi visitá-la com mais um presente e, finalmente, Calígena resolveu falar:

— Arigeana, eu preciso te falar algo muito importante. Não vou poder te dar essa criança para batizar porque a Mirabel tem mais necessidade que você — Calígena falou assim de supetão, sem qualquer preparo emocional.

Arigeana tomou um susto. Sentou e quase começou a chorar. Foi um choque muito traumático para ela. Nessa hora é que Calígena percebeu o quanto estava errada com ela, mas não voltou atrás na decisão em relação a Mirabel. Deixou sua amiga ir embora sem saber como consolá-la ou minimizar o ressentimento que havia causado.

A mácula tinha sido gerada e aquilo causou uma barreira entre as duas. No entanto, Arigeana era bem mais madura que Calígena, tinha mais maleabilidade de relacionamento interpessoal e, apesar de ser a atingida, não se afastou dela e continuou o relacionamento, porém tendo o cuidado de se resguardar. Arigeana tinha uma família padrão, tinha uma mãe que não trabalhava fora e cuidava dela e de seus irmãos com sabedoria maternal. A mãe dela dava os ensinamentos corretos de acordo com sua capacidade e época respectiva. Talvez por isso Arigeana ponderou e tenha perdoado Calígena, mesmo sendo a segunda vez que ela tinha lhe causado um mal tão grande. Continuaram amigas pelo resto de suas vidas.

O parto

Já no nono mês, alguns dias antes da perspectiva do parto, que seria para o Natal, o Banco do Brasil, onde havia sido aprovada, a convocou para fazer exames e tomar posse, numa determinada agência, num município bem distante.

Ela recebeu uma lista de documentos que deveria apresentar, mas sua carteira de identidade ainda estava com o nome de solteira. Ela tinha de tirar outra com o nome de casada, por isso foi ao órgão responsável pela emissão de carteira de identidade. Era um dia muito quente de verão e ela estava com um barrigão bem grande. Se Calígena não fosse tão

tímida e soubesse se comunicar, não ficaria numa fila tão grande conforme ficou. Demorou muito e, de repente, Calígena começou a passar muito mal. Parecia que ia desmaiar. Alguém percebeu a situação e gritou:
— Socorro, olhem... essa moça grávida está passando mal. Alguém faça alguma coisa.

Alguém responsável no órgão pegou Calígena pelo braço, levou-a ao interior do estabelecimento, deu-lhe um copo de água gelada, tirou as digitais dela, mandou assinar um papel e, praticamente, jogou-a para fora do órgão. Quando ela se deu conta, e já lhe tinha voltado a cor do rosto, estava na rua, então resolveu pegar um táxi para o trabalho porque não estava em condições de entrar num ônibus.

Quando chegou ao trabalho, contou o que tinha ocorrido, e a secretária do outro setor a auxiliou bastante, preparando tudo para ela ir para casa. Ela não foi para o apartamento dela, foi para casa da mãe porque começou a sentir umidade entre as pernas. Quando chegou lá, a mãe percebeu que estava saindo água da bolsa amniótica. Reparou que não poderia ter estourado porque não estava escorrendo água, havia apenas uma pequena umidade.

A mãe de Calígena ligou imediatamente para a doutora que tinha feito o pré-natal e marcou uma consulta para o dia seguinte. Quando elas chegaram ao consultório e foram atendidas, a doutora disse que aquilo não era nada e que talvez o parto só se daria dali a uma semana, porque a barriga estava muito alta. Calígena voltou para casa de sua mãe e ficou lá por alguns dias. Depois de uns dois dias saindo alguns filetes de água, sua mãe desconfiou da doutora, achando que ela estava sendo negligente. Descobriu que realmente a doutora tinha viajado para um congresso e por isso tinha dado aquele diagnóstico indevido e até perigoso. Então procurou na lista de médicos da Petrobrás a que Calígena tinha direito por causa de seu marido, e encontrou um ginecologista com fama de muito competente. Marcou a consulta, e quando o médico viu o estado de Calígena mandou internar imediatamente para fazer uma cesariana, senão ela iria perder a criança.

Calígena foi internada num bom hospital conveniado da Petrobrás e, naquele mesmo dia, teve uma menininha muito comprida e magrinha que estava toda branca, parecendo coberta de algodão, por causa do líquido amniótico. As duas, mãe e filha, tiveram que tomar antibióticos para não correrem o risco de alguma infecção.

Calígena teve a primeira filha aos vinte anos e colocou o nome dela de Caronive. Uma vida que começa já rejeitada pelo pai desde seu ventre. Mais uma vida veio ao mundo na hora errada e da forma errada. Será que a culpa é de Deus?

Reflexões

Nesse pequeno período de sua vida e, talvez a fase de maior preponderância de todo ser, Calígena tomou muitas atitudes erradas, induzida pelas circunstâncias que estava vivendo. Foi a forma que sabia para se defender e seguir a vida. Os jovens dessa faixa etária são, na maioria, idealistas, corajosos, obstinados, com um potencial de aprendizado muito poderoso. Por isso, deveriam se envolver, em grande parte do tempo diário, nos estudos para absorver criteriosamente o conhecimento que vão precisar e poder fazer as escolhas certas ou melhores na gestão de suas vidas.

O foco sempre é o conhecimento que vem dos estudos obstinados. É preponderante ter a ganância de aprender, aprender e aprender por toda a vida. Porém, como aprender corretamente se o mundo, cada vez mais, está no auge do "achismo"? Achar é bem mais fácil do que procurar a base de uma crença. As pessoas agem por aquilo que acreditam e estão acreditando umas nas outras, sem procurar saber qual a base sólida do ensinamento.

Calígena errou quando magoou a amiga duas vezes. Calígena errou quando casou e teve um filho tão precocemente. Calígena já vivia a opressão do vício do cigarro que a iria consumir. Calígena errou quando se deixou levar e se comprometer com um cônjuge que ela não sabia quem era ou como era. Quantos erros inconsequentes ela cometeu.

Deus fez o homem e a mulher apenas. Deus criou a instituição do casamento para o ser humano não ter que enfrentar as aflições diárias sozinho. Deus deu autoridade ao casal para se multiplicar e criar um filho. Deus já fez tudo e ensinou tudo. Por que o ser humano tem que ficar inventando a roda novamente? É a vaidade. Fui eu, sou eu, eu posso, eu faço, eu aconteço... não é, não pode, não faz e nem acontece. Se viver por conta própria será da forma que está sendo, um caos total. O homem inventa doutrinas bem contrárias aos ensinamentos de Deus pelos seus próprios interesses e ganâncias.

Ao especular o porquê dessa quantidade de decisões fatídicas daquela fase, vai encontrar tantas desculpas, mas será que alguma delas ou todas são realmente as causas? A culpa é da família em que Calígena nasceu. A culpa é de Onitano que induziu Calígena a se casar com ele. A culpa é de Calígena que escolheu. A culpa é do meio onde Calígena vivia. A culpa é da pressão que estava vivendo. A culpa é da coragem que Calígena tinha. Nossa... o que não faltam são desculpas. As pessoas não querem procurar a competência devida para poder chegar ao âmago da questão e encontrar a resposta certa. Dá muito trabalho querer aprender para acertar. É mais fácil chutar a bola e deixar para ver o que vai acontecer. As criaturas de Deus precisam ter coragem de desafiar aqueles que ensinam, no sentido de comprovarem pela Palavra de Deus, que é a Bíblia, seus ensinamentos, ou mesmo informações e/ou sugestões.

Nesse mundo atual se constata tantas desgraças, tantos sofrimentos, tantas consequências desastrosas, daí vem um "montão" de hipócritas e fica acusando ou defendendo de acordo com seus interesses, falando muitas besteiras. O mundo está cada vez mais maléfico, mais hipócrita, mais destrutivo, por que será? O mundo está vivendo um desamor em potencial, por que será? São muitas catástrofes, terremotos, tufões, tsunamis, são cataclismos abundantes. Os homens estão se matando em guerras estupendas. São seres humanos querendo impor a outros seres humanos seus valores, crenças e ideais na violência, sem qualquer direito para isso. O amor é, primordialmente, respeito que gera confiança, que leva à credibilidade e, consequentemente, a resultados de sucesso.

A família de Calígena vinha de uma ascendência desequilibrada, e a ascendência vinha de outra, também da mesma forma, e assim por diante. Se for voltando atrás, e atrás, e atrás, vai se chegar ao início da criação, Adão e Eva que cometeram o pecado da desobediência. Ahhhh! Aí, sim, está a causa de tudo. Desobediência, desobediência, desobediência que gera autossuficiência, soberba, vaidade, orgulho, maledicências, mentiras, invejas, ciúmes doentios, cobiça e tudo de mau que o mundo está sofrendo.

Deus deixou nas suas Palavras contidas na Bíblia todo um manual de atitudes, normas, prazeres, autoridades e dependências Dele, que devem ser obedecidos para conquistar a vida plena idealizada por Ele. Mas é isso que o ser humano quer? Não!! Quando tem a oportunidade de conhecer o caminho da verdade e da vida, despreza, menospreza, satiriza, não se interessa, não quer principalmente aprender. Quer ter tudo, quer tudo de imediato, do jeito que quer, e ai daquele que o contrariar. Que caos a desobediência causa. Essa é a verdadeira causa, desobediência.

Quando enfrenta as consequências de seus atos, fica transtornado e culpa a Deus. Por que Deus deixou isso acontecer? Por que fez isso? Por que Deus está tão distante? Por que Deus não vê tanta injustiça que está acontecendo? Tudo é culpa de Deus. Porém, como pode ser culpa de Deus, se não foi Ele quem fez a escolha da atitude que gerou tal consequência que o ser humano está sofrendo?

Mesmo no mundo maldito que os seres humanos construíram, pela desobediência, existe a possibilidade de qualquer criatura de Deus que se voltar para Ele e praticar a obediência à Palavra Dele conquistar a paz, as alegrias e ter uma vida plena.

"O temor do SENHOR é o princípio da ciência; os loucos desprezam a sabedoria e a instrução."
(Versão da Bíblia de Estudo — Aplicação Pessoal)
"O temor do SENHOR é o princípio do saber, mas os loucos desprezam a sabedoria do ensino."
(Versão da Bíblia da Liderança Cristã)
"O temor do SENHOR é o princípio do conhecimento, mas os insensatos desprezam a sabedoria e a disciplina."
(Versão da Bíblia King James Atualizada)

Uma das pessoas mais desagradáveis é aquela que pensa saber tudo, tem uma opinião dogmática sobre tudo, é fechada a qualquer coisa nova, ressente-se de ser disciplinada e se recusa a aprender. Salomão disse que tal pessoa é tola.

Não seja um sabichão. Antes, seja aberto ao aconselhamento, especialmente por parte daqueles que o conhecem bem e podem dar-lhe valiosos conselhos. Aprenda como aprender com os outros.

Lembre-se de que somente Deus sabe tudo.

Provérbios 1:7

Tem certeza de que você quer ser feliz?

> **QUEM QUER UMA VIDA PLENA NA OBEDIÊNCIA A DEUS?**
>
> Quase ninguém,
> a maioria prefere sua
> autossuficiência e soberba.

Capítulo 7

A COLHEITA

Dos 21 aos 30 anos

> **O sofrimento é mais um motivo para você persistir na busca da felicidade.**
> fb/frasesparafaceoficial

Considerando os fatos desse período da vida de Calígena, há de se constatar como ela sofreu pelas decisões tomadas no período anterior.

Já nos quase dois primeiros anos de casada, Calígena e Onitano tinham discussões tremendas, as quais estavam construindo um relacionamento de desrespeito, desconfiança e raiva. De todas as causas, a maior delas era a forma opressiva como Onitano tratava Calígena. Diante dos conceitos do mundo, ele seria considerado uma pessoa de gênio forte. Ele não era tímido, era extremamente introspectivo devido ao trauma que vivera e terrivelmente egocêntrico. Falava com uma voz autoritária e opressora. Já possuía um ciúme de Calígena doentio. O que ele queria era controlar, mandar, escravizar Calígena de todas as formas. Foi um começo de casamento totalmente inqualificável. Onitano estava com ódio do mundo e direcionou toda sua vida para Calígena. Ela era exatamente o contrário. Muito tímida, caridosa, crédula de tudo e de todos, sem maldade, carente afetivamente, e também carente de distrações e divertimentos respectivos às faixas etárias que já vivera.

O grande atributo era sua grande coragem para lutar pelo que acreditasse. Era uma guerreira.

Reflexão

Uma pessoa verdadeiramente forte

A gente costuma ouvir que uma pessoa é forte, que tem gênio forte, quando ela reage com grande violência em situações que a desagradam. Ou seja, a pessoa de temperamento forte só está bem e calma quando tudo acontece exatamente de acordo com a vontade dela. Nos outros casos, sua reação é explosiva e o estouro costuma provocar o medo nas pessoas que a cercam. Talvez essas pessoas sejam responsáveis por chamar o estourado de forte, porque acabam se submetendo à vontade dele. Ele é forte porque consegue impor sua vontade, quase sempre por conta do medo que as pessoas têm do seu descontrole agressivo e de sua capacidade para fazer escândalo. Se pensarmos mais profundamente, perceberemos que as pessoas de "gênio forte" conseguem fazer prevalecer seus desejos apenas nas pequenas coisas do cotidiano. Elas decidirão a que restaurante os outros irão; a que filme o grupo irá assistir; se a família vai para a praia no fim de semana, e assim por diante.

As coisas verdadeiramente importantes — a saúde delas e a das pessoas com quem convivem; o sucesso ou fracasso nas atividades profissionais, estudos ou investimentos; as variações climáticas e suas tragédias, como inundações, desabamentos e terremotos; a morte de pessoas queridas — não são decididas por nenhum de nós, o que leva os de "gênio forte" a comportamentos ridículos: berram, esperneiam e blasfemam diante de acontecimentos inexoráveis, e contra os quais nada podemos fazer. Reagem como crianças mimadas que não podem ser contrariadas! Afinal de contas, isso é ser uma pessoa forte? É claro que não.

Querer mandar nos fatos da vida, querer influenciar coisas cujo controle nos escapa, não é sinal de força como também não é sinal de bom senso, sensatez e de uso adequado da inteligência. Talvez fosse muito bom se pudéssemos exercer influência sobre muitas coisas que são essenciais. Mas a verdade é que não podemos. Isso nos deixa inseguros, pois coisas desagradáveis e dolorosas podem acontecer a qualquer momento. E não serão nossos berros que impedirão nossos filhos de serem atropelados, nossos pais de morrerem, nossa cidade de ter enchentes ou desabamentos.

O primeiro sinal de força de um ser humano reside na humildade de saber que não tem controle sobre as coisas que lhe são mais essenciais. Sim, porque esse indivíduo aceitou a verdade. E isso não é coisa fácil de fazer, especialmente quando a verdade nos deixa impotentes e vulneráveis. O segundo sinal, e o mais importante, é a pessoa compreender que ela terá que tolerar toda a dor e todo o sofrimento que o destino lhe impuser. E mais — e este é o terceiro sinal –, terá que tolerar com "classe" e sem escândalos.

Não adianta se revoltar. Não adianta blasfemar contra Deus. Ser forte é ter competência para aceitar, administrar e digerir todos os tipos de sofrimento e contrariedade que a vida forçosamente nos determina. É não tentar ser espertinho nas coisas que são de verdade.

As pessoas que não toleram frustrações, dores e contrariedades são as fracas e não as fortes. Fazem muito barulho, gritam, fazem escândalos e ameaçam bater. São barulhentos e não fortes – estas duas palavras não são sinônimas!

O forte é aquele que ousa e se aventura em situações novas, porque tem a convicção íntima de que, se fracassar, terá forças interiores para se recuperar.

Ninguém pode ter certeza de que seu empreendimento — sentimental, profissional, social — será bem-sucedido. Temos medo da novidade justamente por causa disso.

O fraco não ousará, pois a simples ideia do fracasso já lhe provoca uma dor insuportável.

O forte ousará porque tem a sensação íntima de que é capaz de aguentar o revés.

O forte é aquele que monta no cavalo porque sabe que, se cair, terá forças para se levantar. O fraco encontrará uma desculpa — em geral, acusando uma outra pessoa — para não montar no cavalo. Fará gestos e pose de corajoso, mas, na verdade, é exatamente o contrário. Buscará tantas certezas prévias de que não irá cair do cavalo que, caso chegue a tê-las, o cavalo já terá ido embora há muito tempo. O forte é o que parece ser o fraco: é quieto, discreto, não grita e é o ousado. Faz o que ninguém esperava que ele fizesse.

http://flaviogikovate.com.br/uma-pessoa-verdadeiramente-forte/

Tem certeza de que você quer ser feliz?

Uma colheita carregada de espinhos

Calígena casou pensando que teria a liberdade que tanto desejava para viver os divertimentos normais que todo jovem tem direito de ter. Calígena não teve infância, não teve adolescência e tinha perdido a chance de ter uma juventude sem as responsabilidades matrimonial e filial. Começou a sofrer do marido uma opressão muito maior do que a da mãe dela. Toda vez que ele era contrariado, era um "pega pra capar". Calígena, apesar de humilde e obediente, estava aprendendo a lutar pelos seus direitos. O primeiro tormento que teve que enfrentar foi exatamente quando ficou grávida. Ela não fez o que ele queria – um aborto –, mas teve que enfrentar, a partir do nascimento da filha, o grande martírio que ele causava, pela indiferença com que tratava a filha.

Depois do parto, Calígena teve que se virar para aprender como lidar com a maternidade e, ainda, superar a falta de companheirismo do pai. Em função da rejeição que o feto sofreu e dos conflitos que a mãe estava enfrentando, o bebê nasceu agitado, chorando muito. Para complicar, o leite materno não alimentava suficientemente o bebê, e então ficou dependente de mamadeira causando mais um caos para Calígena.

Calígena estava em licença-maternidade do emprego e ainda não tinha pedido demissão para assumir sua posição no Banco do Brasil. Quando assumisse, precisaria ter alguém para cuidar do bebê e, por isso, resolveu mudar para perto da mãe. Quando saiu da maternidade foi morar distante de sua mãe apenas três quarteirões. A cada decisão por imposição das circunstâncias, Calígena acabava acumulando mais sofrimentos.

Onitano não gostava da mãe da esposa, mas no início do casamento isso não influenciava, porque eles moravam bem distantes. Porém, quando se mudaram para perto, e tendo um relacionamento diário por causa do bebê, a situação se complicou sobremaneira. Onitano, talvez por retaliação, em virtude das diversas situações que não queria e não aceitava, começou a praticar os esportes radicais de que gostava. Ia constantemente escalar montanhas ou praticar mergulho. Tudo que Calígena não gostava, e naquela fase não poderia acompanhá-lo em nada. Dessa forma, ela estava vivendo para cuidar da casa, da filha e aprender a superar os novos desafios de sua vida. Havia sofrido uma cesariana e precisava ter resguardo de determinados esforços para não ter alguma sequela. No entanto, como não tinha empregada, foi lavar roupa no tanque com pouquíssimos dias de operada. Não sabia, mas tinha adquirido um mal físico que no futuro lhe causaria grandes dores e complicações físicas.

Por tudo isso, acabou ficando muito solitária e começou a ficar bastante desequilibrada emocionalmente. Quando cobrava algo de Onitano, ele ficava com raiva, a ofendia e já estava partindo para a agressão física.

Em certa ocasião, deu um empurrão em Calígena, que estava com a filha no colo, o que poderia ter causado um grande acidente, se não fosse a cama de casal que estava perto para abrigá-las do tombo. Pela ignorância das circunstâncias que estava vivendo, e ainda bastante inexperiente, não enxergava que tudo que estava acontecendo, já estava começando a ser um caso passível para a justiça legal.

A demissão

Ao fim da licença-maternidade, Calígena foi a sua empresa pedir demissão para poder tomar posse no Banco do Brasil. Ao conversar com os responsáveis pela empresa, eles gostavam tanto da competência dela que tentaram dissuadi-la de desligar-se. Ela respondeu:

— Puxa!!! Realmente essa empresa é muito especial. É de uma excelência em todos os aspectos, que dificilmente irei encontrar outra igual. Vocês, os sócios responsáveis, estão de parabéns. Eu gosto muito daqui e, se não fosse pela minha aprovação no Banco do Brasil, eu não sairia em hipótese alguma. Acontece que, como vocês devem saber, a Petrobrás e o Banco do Brasil são, atualmente, os empregos mais cobiçados e ideais que existem. Essa empresa é uma empresa de consultoria. Hoje vocês estão realizando bastantes projetos, e sei que terei emprego sempre nessa situação, porém vocês não sabem o dia de amanhã e não podem me dar a estabilidade que o Banco do Brasil me dará.

Depois desse discurso bastante competente, eles, além de aceitarem a decisão dela, ainda resolveram lhe conceder a demissão para que ela recebesse o fundo de garantia. Essa empresa jamais seria apagada dos arquivos de contentamento da memória de Calígena.

Voltar ao trabalho, depois da licença-maternidade, foi o maior remédio que Calígena poderia tomar. Se continuasse por mais tempo vivendo da forma como estava, com certeza não iria aguentar a pressão. Ainda não possuía resiliência e não tinha nem ideia de que isso existia.

A posse no Banco do Brasil

Tomou posse no banco em um bairro bem distante de onde residia. O trabalho no banco foi uma grande alegria e satisfação em sua vida. Era dedicada, perseverante, eficiente e, mais importante, gostava muito de trabalhar. Entrou como escriturária no nível básico e foi colocada num setor de cobrança. Tinha uma chefe bastante equilibrada e competente. Começou um relacionamento de amizade forte com uma colega do setor e tudo no trabalho a ajudava a superar todos os conflitos de sua vida particular.

Depois de completar um ano no banco, Calígena e Onitano estavam começando a ficar muito bem financeiramente, porque tinham uma excelente renda mensal em função dos salários altos das empresas governamentais onde trabalhavam. Por isso, resolveram mudar o local de moradia para bem perto da agência em que Calígena estava trabalhando. Mudaram, arranjaram uma empregada e Calígena acreditou que teria uma vida mais tranquila. Pura ilusão!

A crença e o desejo de estarem bem e tranquilos era só de Calígena. Onitano não estava nem um pouco interessado em ter uma vida de paz, tranquilidade e alegrias. Pessoas egocêntricas e autoritárias jamais vão poder viver harmoniosamente um relacionamento interpessoal. É necessário ser humilde, grato e ter amor para existir um relacionamento realmente imbuído dos ensinamentos cristãos. Ele cada vez que tinha uma contrariedade, um impasse, uma questão divergente, ficava furioso e descontrolado. Já tinha pegado o hábito de ser violento com Calígena, e a cada situação ela se afastava e o desprezava. Antagonicamente, a violência dele, em vez de deixá-la com medo, só a estava deixando cada dia mais forte e corajosa.

Frigidez

Em relação ao primeiro relacionamento sexual deles, Calígena não sentiu qualquer prazer e, com as repetições, começou a detestar cada uma, que era praticamente obrigada a fazer. Acabou por se achar frígida, porque ouvia muitas colegas comentarem sobre um êxtase. Com o passar de algum tempo juntos, ela começou a deixá-lo dormir primeiro, objetivando fugir das relações sexuais. Por algum tempo, ela pediu a ele que fossem procurar ajuda de um profissional, a fim de ajudá-la com a questão de se achar frígida, mas ele nem queria ouvir uma possibilidade como essa. Era do tipo machão, também.

Calígena começou a formar uma opinião da imagem de Onitano muito ruim. Autoritário, violento, possessivo, apesar de um profissional muito competente e, aos olhos externos, um marido modelo, porque fazia tudo para ela que estivesse de acordo com suas vontades. Não tinha hábito da bebida, não tinha hábito de jogos, não era mulherengo, isto é, não tinha qualquer vício. Ele vivia de casa para o trabalho e do trabalho para casa, cozinhava esporadicamente, deixava-a cuidar da parte financeira e era muito habilidoso. As pessoas acreditavam que eles tinham o casamento perfeito.

Cada dia que passava, a situação ficava periclitante. Calígena começou a desejar de todo seu coração a separação. Nesse tempo, o casamento já não tinha um conceito tão radical de união indissolúvel como em outros tempos, mas, mesmo assim, ela ainda era bem tradicional e não estava muito convicta de que o melhor seria a separação. Mas a situação ficou tão crítica, que um dia ela resolveu realmente se separar. Ela tinha na época quatro anos de casada.

A situação era tão infernal que Calígena, com o jeito desastrado dela, estava transformando tudo num verdadeiro caos ao redor. Quebrava muita louça, falava muita besteira no trabalho, chorava indiscriminadamente, cometia erros tolos no trabalho. Enfim, sua vida, em todos os aspectos, estava um caos.

O táxi imaginário

Estava tão desequilibrada que um dia cometeu um deslize numa situação que virou até comédia. Sua cunhada ia operar, na parte da tarde, num hospital de um bairro bem distante do seu. Sua cunhada não tinha qualquer pessoa que lhe desse atenção ou fosse solidária a ela. Calígena era bem ligada a essa cunhada, que habitualmente almoçava nos finais de semana em sua casa. Essa cunhada era portuguesa e tinha origem em uma alta classe de Portugal. A mãe dela trabalhou num consulado com diplomatas e era a responsável por grandes eventos. Calígena, apesar de desligada, começou a observar os modos, as atitudes, as habilidades de sua cunhada e começou a imitar tudo aquilo, porque achava muito bom e bonito. Com a cunhada, ela estava aprendendo alguns modos de agir mais educados, mais delicados e de classe.

Quando viu a necessidade de sua cunhada, agiu como sempre fazia com as pessoas que precisavam dela. Ela prometeu que estaria no hospital na hora da operação e a aguardaria voltar para o quarto. Calígena se programou para ir lá depois do almoço, porque daria tempo suficiente. Com a cabeça desorientada conforme ela estava, almoçou, voltou ao trabalho e se esqueceu do horário. Quando lembrou, já estava bem atrasada. Saiu do trabalho, pegou um ônibus "frescão", como tinha na época, para saltar no centro da cidade do Rio de Janeiro e, depois, pegar um táxi para ir ao hospital. Foi no ônibus, em toda a viagem, bastante estressada e preocupada pelo "furo" que iria deixar. Quando saltou no centro, ficou na calçada esperando um táxi, mas estava bem difícil.

Por fim, viu um e fez sinal. O táxi parou e o motorista gritou para ela:
— Onde você está indo, mocinha?
— Vou para o hospital do Catete.
— Mas eu estou indo para Copacabana.
— E daí, moço? É caminho, qual é o problema?

Ele deu de ombros e ficou esperando, a fim dela dar a volta para entrar no carro. O carro estava num sentido, em que a porta do carona dava para uma grande avenida muito movimentada e, por isso, tinha que esperar não ter carros passando e poder entrar sem perigo. O táxi era um fusca. Ela deu a volta, abriu a porta, puxou o banco da frente e sentou atrás. Estranhou o táxi estar com o banco dobrável da frente, o que não era normal para um táxi e, ainda, pensou que aquele motorista era bem ordinário por não a ajudar a embarcar. O motorista somente ficou olhando, e depois começou a dirigir completamente sem entender nada. Depois de algum tempo, quando já tinham andado alguns pouquíssimos quilômetros, Calígena, já mais calma, olhou para a frente e não viu o taxímetro. Daí perguntou para o motorista:

— Moço, cadê o taxímetro desse táxi?
— Lógico que não tem. Isso aqui não é táxi, moça esquisita. — Ela ficou olhando para ele e veio a reação imediata.
— Pare agora esse carro porque quero saltar! — Ele parou imediatamente e ela saltou. Ficou algum tempo tentando entender tudo que tinha acontecido, e então teve mais cuidado ao fazer sinal para um táxi.

Quando chegou ao hospital, sua cunhada já estava no quarto e bem consciente. Ela contou o ocorrido e sua cunhada, mesmo tendo acabado de ser operada, teve um acesso de riso. Essa história virou outra piada na vida de Calígena por um bom tempo.

O curso de atendente de caixa

No trabalho, apesar do caos que vivia em sua vida particular, cada dia se destacava mais por sua competência em tudo que fazia. Por isso, logo, logo foi designada para fazer o curso de atendente de caixa. Fez os cursos a distância que eram as teorias, e a prática era treinada diretamente no guichê, atendendo os clientes, e tendo um instrutor ao lado, dando as coordenadas.

Calígena teve um instrutor bastante educado e carinhoso. Ele a fazia se sentir muito bem com a forma respeitosa como a tratava e, o pior, mostrava que tinha desejo por ela. No meio do caos que vivia, recebeu aquilo como um acontecimento de alegria e muita satisfação em sua vida. Acabou também gostando dele, e aí a situação ficou crítica. A cada dia, trabalhando juntos, lado a lado, era um tal de encosta a mão daqui, encosta o braço dali, e agora? O que fazer? Ela tinha uma promessa com seu marido de nunca um trair o outro. Comprometeram-se, apesar de ter sido unilateral e só da parte dela, a serem francos um com outro, se ocorresse algo semelhante ao que estava ocorrendo naquela circunstância.

Sem saber o que fazer, e desesperada pelo desejo que estava sentindo, procurou a mãe para pedir ajuda. Que decepção mais uma vez. Macerai ficou horrorizada com a situação, colocou Calígena de joelhos por muito tempo, em vários dias, para passar aquela paixão. Levou-a para a Igreja Cristã e impôs a ela que aceitasse Jesus como Salvador. Ela recebeu aquele "tratamento" como se fosse uma corda de salvação. Realmente, o treinamento do curso acabou e eles se afastaram sem cometer qualquer pecado. Ela ficou um ano frequentando a igreja juntamente com a mãe, parou de fumar nesse período e estava mais calma. O melhor de tudo foi parar de fumar, porque constantemente vinha a sua mente a lembrança de sua promessa, que ainda não cumprira. Nesse aspecto, sentiu-se muito tranquilizada.

Infelizmente, como muitas vezes, as pessoas que aceitam Jesus como Salvador sem saber o que estão fazendo acabam se afastando e aumentando as estatísticas em relação ao percentual de apostasias. Pode-se perceber que esse percentual de apostasias se deve ao fato de muitas pessoas que se dizem cristãs darem um exemplo completamente contrário àquilo que Jesus ensinou. São pessoas cristãs apenas nominativas. Falam aquilo que decoraram da Bíblia, mas não praticam nada daquilo que apregoam. É o famoso Faça o que eu digo e não o que eu faço. Macerai até era uma pessoa de muita fé, muita coragem, porém nem chegava perto da pessoa humilde, grata e praticante do amor que Jesus pregou e demonstrou. Macerai apresentou a Calígena um Deus radical, que maltrata, que impõe, que cobra, que pratica atitudes completamente opostas ao Amor Dele. Pode-se constatar isso frequentemente. Pessoas que estão evangelizando, até mesmo com fé, mas não sabem o que é o verdadeiro Amor Ágape. Assim como o exemplo de Calígena, que aceitou Jesus como Salvador de sua vida num momento de desespero, sem conhecer o Filho de Deus em toda sua plenitude, muitas pessoas estão aceitando só pelos seus interesses e não pelo motivo certo. Acabou que Calígena se afastou da igreja, voltou a fumar e não quis mais saber de qualquer crença religiosa.

A incompetência

Quando assumiu a função de atendente de caixa, depois de sua formação, enfrentou, também, um grande desafio. Para ser um bom atendente de caixa, os dois requisitos fundamentais são: muita atenção e método de trabalho sistemático. Xii! Falou em atenção, Calígena estava perdida. Pelo contrário, era bastante distraída. Realizava as tarefas com a cabeça no "mundo da lua". O maior medo do atendente de caixa é fechar o caixa. Na hora de fechar, todos têm uma dorzinha na barriga. Com Calígena não era diferente. No primeiro dia, fechou o caixa, apesar do medo, e estava tudo certinho sem dar qualquer diferença. Porém, no segundo dia começou o tormento. Na hora de fechar, ficava com medo e acabava arrumando uma diferença ilusória, porque a maioria das vezes não tinha. Começou a ficar difamada pela incompetência que estava apresentando. Como acabava sempre sendo a última a terminar o fechamento do caixa, atrapalhava os colegas, que dependiam da parte dela para concluírem seus serviços. Ela começou a se sentir "o cocô do cavalo do bandido". Culminou com um erro que cometeu um dia e podia ficar prejudicada definitivamente naquela função. Um cliente foi sacar um valor equivalente a seiscentos dinheiros. Calígena se enganou na hora de pagar e pagou dez vezes mais, o equivalente a seis mil dinheiros. Na hora não percebeu o tamanho do erro que tinha acabado de cometer. Somente quando fechasse o caixa iria dar falta de 5.400 dinheiros que estavam, naquela época, acima do seu salário mensal. Um pequeno tempo depois, o cliente voltou ao guichê dela, colocou todo dinheiro sobre o balcão e disse:

— Olha aí, não quero ficar com seu dinheiro. Você me pagou dez vezes mais o valor do meu cheque. Estou devolvendo a diferença porque não quero ficar com o remorso de seu prejuízo. — Calígena olhou para ele, pegou o dinheiro, pegou o cheque dele, comparou e constatou o tamanho do erro que tinha cometido.

Ficou tão agradecida que teve uma atitude inusitada. Saiu do guichê, aproximou-se do cliente e, no meio de uma agência cheia, se ajoelhou e beijou o pé dele. Ele ficou espantando, mas com certeza satisfeito pela demonstração de gratidão.

Essa ocorrência foi o ápice da incompetência dela. Pensou que tinha que tomar alguma atitude, e disse para si mesma:

— Ou eu descubro o porquê disso e fico melhor ou abandono o caixa. O que não posso é ficar sendo sacaneada do jeito que estou sendo.

Tomou consciência disso e começou a procurar onde é que estava errando. Se os colegas conseguiam, porque ela não conseguiria? Avaliou a questão minuciosamente e descobriu que estava errando nos dois requisitos fundamentais da competência de um atendente de caixa. Depois de descoberta a causa, criou um método de trabalho que superava aqueles obstáculos e se tornou a melhor caixa do Banco do Brasil da agência da Ilha do Governador, daquela época.

Batalha emocional

Em relação a sua vida particular, ela tinha que tomar alguma providência. Então, um dia, quando Onitano chegou do trabalho, Calígena já estava preparada para sentar e conversar com ele, no sentido de cada um seguir sua vida. Afinal, a vida conjugal deles era um inferno. Deixou-o tomar banho, jantar e, depois, já na hora de dormir, quando ele foi se deitar, Calígena foi atrás dele e foi bem direta. Disse:

— Quero a separação. Não aguento mais esse inferno que vivemos.

Ela o pegou de surpresa, e ele começou a ficar vermelho de raiva. Ela estava deitada, ele colocou as duas pernas por cima dos joelhos dela e levantou a mão para bater nela.

Calígena, naquele momento, ficou como tomada por algo até maligno. Levantou a cabeça abruptamente, com os olhos faiscando de raiva e disse apontando para o próprio rosto:

— Pode bater à vontade, mas bate muito, porque nunca mais você vai ver essa cara na sua frente.

Aquela atitude de Calígena o deixou completamente surpreso, sem reação e com a mão no ar. Por fim, caiu em si, deitou na cama e chorou a noite inteira pedindo uma chance a ela.

Na manhã seguinte, Calígena estava resolvida a dar uma chance àquele casamento, mesmo porque realmente não estava se sentindo preparada para enfrentar uma separação traumática. Ele prometeu que nunca mais iria encostar a mão nela e seria um marido "bonzinho". Realmente ele melhorou os ataques de violência e durante todo o resto do casamento só foi violento mais duas vezes. Cumpriu aquela promessa quase plenamente.

Quando chegou ao trabalho, Calígena conversou com sua chefe, que era sua confidente, sobre aquilo que aconteceu, e ela sugeriu e se prontificou a encaminhar o casal para o Encontro de Casais da Igreja Católica.

A falsa amiga

Além da sua chefe, que era como se fosse sua mãe, ela também estava bem crente que tinha uma grande amiga, de acordo com o relacionamento que vinham aprofundando. Existia entre as duas uma diferença muito grande, de classe, de família, de atitudes. Sua amiga se vestia muito bem, era alta e esbelta, muito bonita e tinha uma classe que Calígena nem imaginava poder ter. Calígena, quando começou a amizade, estava bem fora do peso, sem ser obesa, por causa da gravidez que acabara de ter. Além disso, ainda falava muito alto, não tinha muito conhecimento do comportamento educado para cada ocasião. Calígena não tinha consciência de nada disso, porque não vivia se comparando com as pessoas. Vivia seu mundo, seus problemas, sua vida. A amizade parecia tão especial que a amiga de Calígena comprou um apartamento junto com o marido no mesmo prédio de Calígena e bem em frente ao dela. Foram se relacionamento por um bom tempo, até que um dia Calígena notou que tudo que havia comprado e mostrava a ela a amiga fazia um comentário maledicente.

Começou a fazer comentários de desprezo e que doíam.

No dia do aniversário da amiga, Calígena comprou uma blusa que ela achou muito bonita, inclusive achando "a cara de sua amiga", como se diz por aí. A blusa era bem cara, porque Calígena não dava presentes baratos. Gostava de presentear com o que achasse de melhor. Passado um tempo, quando a situação entre as duas estava sinistra, a empregada de sua amiga abriu a boca e contou tudo que acontecia na casa da patroa:

— Olha, Calígena, você é muito boba. Como você não enxerga que a Cenija não gosta de você? Debocha de você, dizendo que é brega, sem educação e da ralé? Sabe aquela blusa que você deu de presente para ela no aniversário dela? Pois é, quando chegou em casa, ela deu a blusa para mim e disse que jamais usaria algo tão sem categoria como aquilo.

É difícil dizer como Calígena se sentiu com essas informações. Ficou tão decepcionada, triste, machucada que foi para casa, deitou na cama e chorou por muitas horas. Isso foi um furacão na vida dela, que passou arrasando, naquele momento, todo o seu interior. No dia seguinte já tinha se recuperado da catástrofe e, como sempre, continuou a vida, recuperada. Não mais se relacionou com Cenija, mas ficou a cicatriz em seu coração. O melhor é que tinha a condição de dar a volta por cima em cada situação que vivia, apesar de que deveria aprender a ser mais cuidadosa ao se relacionar com as pessoas.

O encontro de casais

Depois que resolveu dar uma chance ao seu casamento, Calígena convenceu seu marido a fazerem o encontro de casais que sua chefe tinha indicado. Ela os inscreveu e aquilo foi uma "luz no final do túnel" para Calígena.

Fizeram o encontro de casais, depois trabalharam em três sequenciais e no segmento de secretaria por causa da datilografia dela e do dom de desenho dele. Foram uns dois ou três anos participando, com difícil convivência, mas suportáveis, abrandados pelo encontro. Porém, como tudo na vida, sem haver o querer para aprender e praticar no objetivo correto, acabou não dando certo, porque Onitano não mudou nada interiormente. Tinha o trauma da desgraça ocorrida em sua vida e, constantemente, dizia que nunca iria perdoar o pai, mesmo com a insistência de Calígena.

O encontro de casais foi algo criado por alguma religião, para ajudar os casamentos, o qual realmente teria muita eficácia se fosse realizado da forma correta. É algo certo, na hora certa, mas é feito da forma errada. Para qualquer auxílio que se possa dar a alguém, primeiramente é preciso que esse alguém peça, depois precisa ter a certeza de que esse alguém quer atender todos os requisitos necessários para atingir o objetivo da petição e, principalmente, ter Jesus como o centro do relacionamento. Jesus é o Amor Ágape, o qual sem esse amor é impossível um relacionamento pleno, qualquer que seja o tipo de relacionamento. O encontro de casais era oferecido arbitrariamente, de forma inconsistente e, na maioria dos casos, não trazia resultado positivo. Se fizesse uma pesquisa de opinião, ouviria a resposta:

— Puxa!! Foi maravilhoso. Eu e meu cônjuge curtimos demais, gostamos muito mesmo. Nós vamos indicar para todo mundo...

Porém, se perguntar qual o resultado que trouxe para suas vidas, vão ouvir:

— Sabe? Não sei. Talvez meu casamento tenha até melhorado, mas não sei. — E realmente não sabem, porque não foram conscientizados do objetivo, não foram preparados para efetuarem mudanças de atitudes em suas vidas. As pessoas que trabalham também fazem sem uma formação competente para realizar o serviço com a máxima eficácia possível.

Assim está acontecendo com quase tudo que se realiza atualmente. Constata-se muita incompetência, muita mediocr-idade, um caos que tem causado muito fracasso nos objetivos, muita ineficácia.

Reflexões

Quantas pessoas tem o conhecimento verdadeiro, eficaz e sustentável sobre o casamento?

O QUE A BÍBLIA DIZ SOBRE O CASAMENTO

1. O casamento é uma ideia de Deus. (Gênesis 2:18-24)
• Já explanado no capítulo VI.

2. O compromisso é essencial para um casamento bem-sucedido. (Gênesis 24:58-60)

"E chamaram Rebeca e disseram-lhe: Irás tu com este varão? Ela respondeu: Irei.

Então, despediram Rebeca, sua irmã, e a sua ama, e o servo de Abraão, e os seus varões.

E abençoaram Rebeca e disseram-lhe: Ó nossa irmã, sejas tu em milhares de milhares, e que a tua semente possua a porta de seus aborrecedores!"

3. O romance é importante. (Gênesis 29:10-11)

"E aconteceu que, vendo Jacó a Raquel, filha de Labão, irmão de sua mãe, e as ovelhas de Labão, irmão de sua mãe, chegou Jacó, e revolveu a pedra de sobre a boca do poço, e deu de beber às ovelhas de Labão, irmão de sua mãe.

E Jacó beijou a Raquel, e levantou a sua voz, e chorou."

4. O casamento proporciona momentos de imensa felicidade. (Jeremias 7:34)

"E farei cessar nas cidades de Judá e nas ruas de Jerusalém a voz do folguedo, e a voz de alegria, e a voz e esposo, e a voz de esposa; porque a terra se tornará em desolação."

5. O casamento cria o melhor ambiente para a educação dos filhos. (Malaquias 2:14-15)

"E dizeis: Por quê? Porque o SENHOR foi testemunha entre ti e a mulher da tua mocidade, com a qual tu foste desleal, sendo ela a tua companheira e a mulher do teu concerto.

E não fez ele somente um, sobejando-lhe espírito? E por que somente um? Ele buscava uma semente de piedoso; portanto, guardai-vos em vosso espírito, e ninguém seja desleal para com a mulher da sua mocidade."

O povo reclama das circunstâncias adversas, quando, na realidade, deveria culpar a si mesmo.

As pessoas frequentemente tentam evitar o sentimento de culpa, por meio de tentativas de transferência de seu erro. Mas isso não resolve o problema. Quando você enfrentar problemas, deve olhar primeiramente para si mesmo. Se você mudasse sua atitude ou comportamento, o problema não seria resolvido?

O divórcio naquela época era praticado exclusivamente por homens. Eram desleais às suas esposas e ignoravam os votos do casamento que fizeram diante de Deus; corrompiam, desse modo, seu propósito de criar filhos tementes que amassem o SENHOR. Os homens não só eram infiéis às suas esposas; também ignoravam o fato de que esse laço de comunhão era uma ilustração de sua união com Deus.

A infidelidade quebra o vínculo da confiança, que é a base de todos os relacionamentos. (Mateus 5:32)

"Eu, porém, vos digo que qualquer que repudiar sua mulher, a não ser por causa da prostituição, faz que ela cometa adultério; e qualquer que casar com a repudiada comete adultério."

O divórcio é tão nocivo e destrutivo hoje quanto foi na época que Jesus esteve fisicamente entre nós. Deus deseja que o casamento seja um compromisso para toda a vida. Ao se casarem, as pessoas jamais deveriam pensar em divórcio como opção para resolver os problemas ou como a saída para uma relação que parece morta.

Nesses versículos, Jesus também aproveitou para repreender aqueles que, propositadamente, abusam do contrato de casamento, usando o divórcio para satisfazer o desejo luxurioso de casar-se com outra pessoa. Suas ações estão colaborando com o fortalecimento de seu casamento ou você o está destruindo?

6. O casamento é permanente. (Mateus 19:6)

"Assim não são mais dois, mas uma só carne. Portanto, o que Deus ajuntou não separe o homem".

7. O correto é que apenas a morte dissolva o casamento. (Romanos 7:2-3)

"Porque a mulher que está sujeita ao marido, enquanto ele viver, está-lhe ligada pela lei; mas, morto o marido, está livre da lei do marido.

De sorte que vivendo o marido, será chamada adúltera se for doutro marido, mas, morto o marido está livre da lei e assim não será adúltera se for doutro marido."

---

8. Paulo usou o casamento para ilustrar nosso relacionamento com a lei. Quando um dos cônjuges morre, o contrato de casamento fica anulado. Ao morrermos com Cristo, a lei não pode mais nos condenar, estando unidos a Cristo, seu Espírito nos capacita a praticar boas obras para Deus. Então, servimos ao SENHOR não porque obedecemos a um conjunto de regras, mas porque nosso renovado coração e mente transbordam de amor por Ele.

9. O casamento está baseado nos princípios práticos do amor, não em sentimentos. (Efésios 5:23-32)

"... porque o marido é a cabeça da mulher, como também Cristo é a cabeça da igreja, sendo ele próprio o salvador do corpo.

De sorte que, assim como a igreja está sujeita a Cristo, assim também as mulheres sejam em tudo sujeitas a seu marido.

Vós, marido, amai vossa mulher, como também Cristo amou a igreja e a si mesmo se entregou por ela, para a santificar, purificando-a com a lavagem da água, pela palavra, para apresentar a si mesmo igreja gloriosa, sem mácula, nem ruga, nem coisa semelhante, mas santa e irrepreensível, assim devem os maridos amar a sua própria mulher como o seu próprio corpo. Quem ama a sua mulher ama-se a si mesmo.

Porque nunca ninguém aborreceu a sua própria carne: antes, a alimenta e sustenta, como também o SENHOR à igreja;

Porque somos membros do seu corpo.

Por isso, deixará o homem seu pai e sua mãe e se unirá à sua mulher, e serão dois numa carne.

Grande é este mistério; digo-o, porém, a respeito de Cristo e da igreja.

Assim também vós, cada um em particular ame a sua própria mulher como a si mesmo, e a mulher reverencie o marido.

Nos dias de Paulo, mulheres, crianças e escravos deveriam se submeter ao chefe da família. Os escravos deveriam obedecer até que se tornassem livres, os meninos, até que se tornassem adultos, e as mulheres e as meninas, durante toda a vida. Paulo insistiu na igualdade de todos os crentes em Cristo, mas não sugeriu que deveriam subverter a sociedade romana para alcançá-la. Ao contrário, ele aconselha todos os crentes a submeterem-se mutuamente por sua livre escolha — esposas aos maridos e também os maridos às esposas, escravos aos seus senhores e também os senhores aos seus escravos; os filhos aos pais e também os pais aos filhos. Esse tipo de submissão mútua preserva a ordem e a harmonia na família enquanto aumenta o amor e o respeito entre os seus membros. Algumas pessoas distorceram o ensino de Paulo, dizendo que ele transfere uma autoridade ilimitada aos maridos, e não podemos concordar com eles. Paulo diz à esposa que ela deve obedecer ao marido. Ora, o fato de um ensinamento não ser muito popular não nos dá o direito de ignorá-lo. De acordo com a Bíblia, o homem é o cabeça da família, e a mulher deve reconhecer a sua liderança. Assim como Jesus serviu aos seus discípulos a ponto de lavar-lhes os pés, também o marido dever servir à esposa. Um marido prudente, que ama a Cristo, não tirará vantagem de seu papel de líder, assim como uma esposa prudente, que ama a Cristo, não tentará minar a liderança do marido. Qualquer abordagem errônea causará desunião e atrito ao matrimônio.

Por que Paulo diz às esposas que devem obedecer e aos maridos que devem amar? Talvez as esposas cristãs, recentemente libertas em Cristo, considerassem muito difícil obedecer; e talvez os homens cristãos, acostumados com a tradição romana que concedia poder ilimitado ao chefe da família, não estivessem habituados a tratar suas esposas com respeito e amor. É claro que ambos, maridos e esposas, devem submeter-se mutuamente.

Alguns cristãos pensavam que Paulo adotasse uma posição contrária ao casamento por causa de seu conselho em 1Cor 7:32-38. Entretanto, estes versículos de Efésios mostram seu alto conceito sobre o casamento. Aqui o casamento não representa uma necessidade prática ou a cura para a luxúria, mas o retrato do relacionamento entre Cristo e sua igreja! Mas por que essa aparente diferença? O conselho de Paulo em 1Cor foi elaborado sob uma situação de emergência durante o período da crise da perseguição. O conselho de Paulo aos efésios, por outro lado, traduz o ideal bíblico do matrimônio. Para ele, o casamento é uma união santificada, um símbolo vivo, um precioso relacionamento que necessita de terno e abnegado carinho, um relacionamento sacrifical. Paulo dedica o dobro de palavras para aconselhar os maridos a amar as esposas do que para pedir às esposas que obedeçam aos maridos. Como um homem deve amar sua esposa? (1) deve estar disposto a sacrificar tudo por ela, (2) dar a maior importância ao seu bem-estar e (3) cuidar dela como cuida de seu próprio corpo. Nenhuma esposa precisa temer submeter-se a um homem que a trata dessa maneira.

A morte de Cristo tornou a igreja pura e santificada. Ela nos purifica dos velhos hábitos do pecado e nos separa para seu serviço especial e sagrado. Cristo purificou a igreja, e isso é simbolizado pelo batismo. Pelas águas batismais, preparamo-nos para fazer parte da igreja, assim como as noivas do antigo Oriente Próximo eram preparadas para o casamento por um banho cerimonial. É a Palavra de Deus que nos purifica.

A união pelo matrimônio faz com que o marido e a esposa tornem-se uma só pessoa, de tal forma que muito pouco pode afetar a uma delas sem afetar a outra. A unidade do matrimônio não significa que os cônjuges percam a própria personalidade. Ao contrário, significa cuidar da outra pessoa com o mesmo cuidado dispensado a si mesmo, aprender a prever e a antecipar as necessidades do outro, fazendo com que este se torne tudo aquilo que foi idealizado. A história da criação nos fala do plano de Deus em que o marido e a esposa devem ser uma única pessoa. Jesus também se referiu a esse plano.

10. O casamento é bom e honroso. (Hebreus 13:4)

"Venerado seja entre todos o matrimônio e o leito sem mácula; porém aos que se dão à prostituição e aos adúlteros Deus os julgará."

Bíblia de Estudo — Aplicação Pessoal

A prática do sexo

Pelos meus conhecimentos e experiências, acredito que posso afirmar que 50% do casamento está embasado num relacionamento sexual saudável.

Para o homem, o relacionamento sexual está contido nas suas necessidades fisiológicas. Assim como ele precisa urinar, defecar, comer, beber, ele também necessita de uma atividade sexual prazerosa e tempestiva para estar dentro de seu equilíbrio físico.

Para a mulher, o relacionamento sexual é consequência de um relacionamento romântico, sensível, protetor, aquecido, admirado, feliz e sem qualquer resquício de aborrecimento ou frustrações. A mulher, para se realizar no prazer sexual, precisa estar se sentindo verdadeiramente amada e feliz.

É de se espantar a diferença entre a natureza do homem e da mulher em relação à prática sexual. Para o homem, é simples como ir ao banheiro, sendo uma necessidade; já para a mulher, é extremamente complexa como uma teia de aranha.

Analisando o caso de Calígena podemos constatar por que ela se sentia frígida. Não era respeitada, não tinha conhecimento sobre esse tema. Para piorar, quando Onitano era contrariado partia para a agressão física da mesma forma que o pai dele fazia com a mãe. Vai entender...

A primeira experiência sexual de Calígena foi extremamente decepcionante. Ela criou uma expectativa ilusória que, naturalmente, a deixou frustrada a princípio e, com o passar o tempo, devido às circunstâncias egoístas de Onitano, levou-a a detestar um relacionamento sexual.

Qualquer homem que ama e é apaixonado por sua companheira deve descobrir como dar prazer e ajudá-la a conquistar o orgasmo, o que para a mulher é algo bastante difícil.

Deveria existir um curso, ou talvez exista e a maioria não saiba, para esclarecer e ensinar como deve ser iniciada e cultivada uma vida de relacionamento sexual no casamento.

Se para o homem, que é o cabeça no casamento, que tem o sexo como uma necessidade fisiológica, sentir prazer no sexo é fácil, então ele deveria dar a atenção que o tema exige e se preparar para ter um relacionamento sexual no casamento altamente eficaz.

Essa responsabilidade está sob a dependência do homem, que na maioria das vezes não tem competência. Sem competência é impossível proporcionar à mulher a condição de atingir o orgasmo. A mulher é detalhista, romântica, frágil, persistente, repetitiva, logo, a competência é *con-*

dição sine qua non para o relacionamento sexual prazeroso. Quem será que está errado na sua natureza? Nenhum dos dois, o grande milagre está em encontrar o equilíbrio do relacionamento conjugal apesar de tudo isso.

Os homens reclamam da maioria das esposas não quererem praticar sexo com eles. Porém, será que eles estão adubando, molhando e se dedicando ao tema conforme é da responsabilidade deles?

Se desrespeitar, se impor, se for impaciente, se negligenciar suas obrigações, se falhar, não pode cobrar nada.

Primeiro precisa se autoavaliar para saber se investiu da forma certa por todo o tempo.

Mesmo que o homem cumpra com todos os requisitos afetivos, é sua função de marido o ato sexual; ainda tem o agravante de que, para o homem, o sexo deveria acontecer diariamente. O relacionamento sexual para o homem é uma "válvula de escape". Talvez aí esteja o maior conflito entre os sexos. Para a mulher, é um ato de amor que só consegue trazer satisfação quando ela está preparada física e emocionalmente para esse momento.

Vivemos uma época em que muitas mulheres estão fazendo o seu papel e também do homem. Ela cuida da casa, cuida dos filhos, cuida de si, cuida do companheiro e ainda trabalha fora para ajudar ou suprir as necessidades financeiras. Em função disso, a mulher não deseja o ato sexual e, pior ainda, ter que "assinar o ponto diariamente". Ela acaba ficando com raiva do marido porque ele não entende que ela não tem condições para realizar o ato depois de um dia causticante.

Quando Calígena concluiu que era melhor se separar de Onitano, ela também avaliou o quanto ela achava que detestava o ato sexual e que, diante disso, nunca mais poderia se casar.

No entanto, em determinada fase de sua vida, já madura emocionalmente, soube como enfrentar esse conflito entre a natureza sexual do homem e da mulher, com amor e muita maestria. Ela encontrou a solução dentro do amor que era seu dom.

Missão especial

Com muito esforço e dedicação, a maré ruim de Calígena no período de atendente de caixa muito incompetente mudou. Ela se tornou a melhor atendente que aquela agência tinha, mereceu até a confiança do subgerente e foi destacada para uma missão especial.

O subgerente estava com um "pedaço de brasa" nas mãos, daquelas que queimam até a alma. Havia um serviço no banco de conciliação de contas, o qual as contas deveriam ser zeradas semestralmente, tendo seus saldos enviados direto para Brasília. Após cada semestre de zeramento, a agência devia mandar todos os documentos de lançamento que comprovavam aquele saldo. Acontece que as contas relativas a um determinado produto já tinham sido zeradas por três anos, em seis vezes, e nunca ninguém fez a conciliação com os devidos documentos e cumprido a instrução do banco. O subgerente já havia delegado esse serviço a dois funcionários da gerência média, e nenhum deles conseguiu resolver a pendência.

Então, o subgerente resolveu dar essa missão "quase impossível" para Calígena. Ela não entendia daquela área, mas como já gostava muito de desafios, aceitou a tarefa. Pediu ao subgerente para montar a estrutura necessária. Ele dispensou-a do atendimento no caixa, de qualquer outra obrigação que não fosse aquela, disponibilizou os equipamentos necessários e ela começou o serviço. Estudou através dos manuais de serviços do banco quais eram as instruções sobre o serviço, juntou toda a papelada que existia e começou primeiramente a organizar por data e por conta de cada documento. Organizou tudo, tirou extratos de todos os períodos e começou sua odisseia de conciliação. Trabalhava com dedicação e concentração. Às vezes, depois de algumas horas de trabalho, começava a dar tudo errado, não conseguia entender mais nada e, então, largava tudo e ia para casa. Também, muitas vezes, chegava às 6 horas da manhã, porque tinha tido uma luz de algo que no dia anterior não estava entendendo. Ficou nessa tarefa por um período de aproximadamente três meses, mas resolveu tudo, concluiu o serviço da forma que poderia ser concluído, que ela desvendou como fazer. Apresentou uma planilha com tudo demonstrado, os documentos todos arrumados e conciliados com a planilha. Foi um serviço que realizou com mérito, e ficou muito tempo orgulhosa do resultado que apresentou.

Esse sucesso e a vitória do conflito que enfrentou no atendimento do caixa fizeram de Calígena uma pessoa muito capaz, muito acima da capacidade dos colegas ao seu redor. Porém, isso nunca "subiu à cabeça dela" e ela nunca foi orgulhosa, soberba. Continuava aquela pessoa humilde, tímida, caridosa, mas criando uma personalidade muito forte e cada vez mais batalhadora.

A separação da mãe

Uma situação que sensibilizou Calígena foi a separação definitiva de sua mãe e seu padrasto, depois daquela reconciliação ocorrida. O sonho do padrasto dela era ter um filho, porém a mãe dela tinha usado um processo depois do parto que entupiu as trompas e não poderia ter mais filhos. Por isso, depois de muitos anos de vida conjugal, seu padrasto acabou arranjando um filho fora do relacionamento com sua mãe e foi embora para curtir seu grande sonho. A mãe da Calígena, depois dessa separação, nunca mais quis saber de relacionamentos conjugais e ficou sozinha pelo resto da vida.

A operação

Calígena, depois do parto de sua filha, começou a sentir dores na área do útero que foram aumentando paulatinamente e menos espaçadamente do que no início, mas chegou a um ponto em que ela não conseguia mais trabalhar. Era só ficar em pé no guichê para atender os clientes e a dor vinha com força, impedindo-a de continuar. Então começou a ir aos médicos. Foi no primeiro, que lhe deu um diagnóstico inconsistente. Foi no segundo, que lhe passou antibióticos com um diagnóstico daqueles bem duvidosos. Foi ao terceiro, que por sinal era funcionário do quadro técnico do Banco do Brasil, e ele, só com um toque, deu o diagnóstico de útero invertido, acreditando que foi por conta de algum esforço feito no período de resguardo da cesariana. Ela lembrou que tinha lavado bastante roupa, arrumado casa, se desgastado bastante naquele período, realmente. Então, o médico disse que teria que operar para colocar o útero no lugar e acabar com as dores que ela sentia.

Onitano não aceitou em hipótese alguma que ela operasse. Tinha medo que ela morresse e convenceu-a a ir a mais um médico. Ela foi, e esse último foi terrível. O diagnóstico dele era para chorar... Ele diagnosticou que ela devia estar com alguma infecção nas trompas, que ele faria testes com antibióticos durante um ano; caso não resolvesse, aí então ele iria operar. Deu uma receita para ela, que rasgou com muita raiva ao sair do consultório.

Sem Onitano saber, Calígena foi fazer os exames pré-operatórios. Pegou os resultados, foi à consulta do médico que confiou e ele marcou a cirurgia para o dia seguinte. Quando chegou em casa, disse para Onitano:

— Eu fui ao Dr. Fulano e ele marcou a operação para amanhã. Eu tenho que internar hoje. Se você quiser me levar e ficar comigo, tudo bem, eu quero. Caso contrário, irei sozinha. Porém, você gostando, querendo ou não querendo, eu vou operar. Entendeu? — Calígena deu um "xeque-mate" nele, e ele ficou sem saída. Foi com ela e teve que suportar os momentos da operação. Realmente, depois da recuperação, nunca mais teve dores e ficou curada.

A inversão do útero prejudicava consideravelmente uma gravidez. Eles não sabiam, e ele vinha usando preservativo invariavelmente. Em determinada situação, o preservativo estourou e ele fez Calígena ligar para o ginecologista de madrugada. Imagine o que o ginecologista falou... É melhor esquecer.

O mal de Tarena

Não demorou muito para que Calígena engravidasse após a cirurgia. Quando desconfiou, ficou pensando como suportar a reação de Onitano. Porém, de modo impressionante, ele aceitou essa gravidez de forma agradável e até a curtiu. Depois que mais uma menina nasceu, a Tarena, ele se ligou a ela demasiadamente. Ele era assim, ou era apaixonado demais ou detestava também em demasia.

Tarena nasceu com um problema que Calígena só foi descobrir quando ela já estava com quase dois anos. Algo esquisito aconteceu quando ela tinha aproximadamente quatro meses. Em um dia que a mãe de Calígena estava na casa dela e dormindo no quarto com as meninas, de madrugada, a mãe bateu com força na porta do quarto do casal e gritou:

— Calígena, vem correndo que a Tarena está tendo um "treco esquisito". Eu não sei o que está acontecendo.

Calígena levantou e foi ao quarto, o bebê estava quieto e realmente esquisito. Calígena ainda ficou observando, mas depois logo o bebê dormiu e ela foi apurar o que a mãe dela tinha visto. A mãe disse:

— De repente, ela começou a ficar com os olhos estatelados e toda largada como se estivesse morrendo.

Calígena ouviu aquilo, mas, como a situação já estava normal, ela voltou a dormir.

Algum tempo depois, quase ao completar um aninho, Tarena teve o mesmo sintoma. Calígena estava dando mamadeira a ela e de repente ela começou a ter uns espasmos musculares e depois ficar como morta. Calígena, por instinto, virou-a de cabeça para baixo e colocou a cabeça dela embaixo da água fria. Ela começou a voltar a si e ficou melhor imediatamente. Aconteceu pela terceira vez com quase um ano e meio e, então, Calígena percebeu que existia realmente algo errado. Marcou com o pediatra e explicou a situação. O pediatra fez alguns testes e concluiu que Tarena sofria de convulsão por alguma situação especial. Quando soube que aquela já deveria ser a terceira vez, o médico ficou assustado. Disse que o perigo dessas convulsões é a criança acordar da convulsão com alguma sequela mental. Mas, Graças a Deus, ela não ficou com qualquer problema. O médico indicou o Gardenal, começando a dar algumas gotas e ir aumentando paulatinamente, até atingir a dosagem ideal. Pesquisando o porquê das convulsões, o médico desconfiou que as convulsões eram ocasionadas por temperaturas altas do corpo, porque nas três vezes Tarena estava com febre. Disse que se a temperatura subisse um pouquinho na fase inicial do Gardenal, poderia ainda não estar fazendo efeito, e era imprescindível que a colocasse debaixo do chuveiro, com água gelada, para baixar a febre. Na primeira noite, como ela ainda estava em um estado febril, Onitano e Calígena passaram a noite tomando banho com Tarena, de forma alternada, porque ficaram com pena de colocá-la sozinha embaixo do chuveiro. Na noite seguinte, o remédio causou um efeito colateral. Tarena teve uma insônia e não dormia em hipótese alguma. Ela, desde que chegou da maternidade, dormia a noite toda, era bem calma. Depois do Gardenal, ela mudou bastante. Ficou agitada e quase não dormia. Nunca mais teve convulsão e tomou o remédio até os sete anos de idade.

O sofrimento de Caronive

Calígena enfrentou outra odisseia de conflitos por conta do nascimento de Tarena. Caronive nunca soube o que era um pai, porque ele a ignorava. Quando a irmã nasceu, ele dava toda atenção a ela, trazia presentes constantemente, batia muito em Caronive quando a irmã se machucava, e ela começou a sofrer terrivelmente por essa situação. A irmã era engraçadinha e tudo que fazia todos admiravam. Caronive, então, começou a fazer tudo errado para chamar a atenção. Jogava pedra na janela dos vizinhos do prédio, deixava a irmã cair, desobedicia constantemente, era uma ocorrência atrás da outra. Sua mãe percebeu o que estava acontecendo. Caronive nunca soubera o que era amor de pai, e enquanto não tinha comparação ela não poderia sentir. Porém, quando a irmã nasceu, ela viu que o bebê tinha algo muito especial, que era a paixão do pai, e ela nunca soube o que era aquilo. Pelo contrário, depois que a irmã nasceu, sua situação ficou pior.

Mais um problema muito grande para Calígena resolver. Sua primeira filha, que estava com sete anos, estava sofrendo, vivendo um drama, e qual seria a solução? Calígena teve uma ideia e começou a pesquisar, e logo conseguiu minimizar a complexidade do problema.

A mãe de Calígena morava sozinha e num bairro distante. Ela foi conversar com a mãe e disse:

— Estou enfrentando uma situação muito problemática. Depois que Tarena nasceu, Caronive está presenciando o que é um pai dedicado e amoroso, o qual ela nunca teve. Por conta disso, tem agido com muita revolta. Fiquei pensando no assunto e tive a ideia de colocá-la num colégio semi-interno. Ela ficaria no colégio o dia todo e só voltaria para casa à noite. Fiz uma pesquisa, descobri um colégio excelente e de alto nível aqui perto de você. Por isso, estou precisando de sua ajuda. Caronive vai à escola a semana toda, dorme aqui com você e, nas sextas ou sábados, eu a pego para passar o final de semana conosco. Devido à distância da escola para a nossa residência, fica difícil levar e buscar todos os dias. Ônibus escolar só circula até um limite de distância. Por isso, preciso que ela fique na sua casa durante a semana, apenas para dormir. Dessa forma, eu a afasto durante a semana do pai e da irmã, proporcionando condições de ela ter um pouco de tranquilidade e crescer normalmente.

A mãe de Calígena concordou com a ideia, gostou de ter que ficar com a neta, e então assim foi feito.

Um acidente fatal

Calígena tinha uma missão estabelecida pelo Criador para sua vida, como cada criatura de Deus tem. Ela não sabia e nem tinha qualquer noção a respeito disso. Mas sempre foi usada por Deus desde cedo. Um dia, estava parada dentro do carro aguardando o momento de entrar numa avenida bastante movimentada do bairro onde morava. Percebeu uma menina de aproximadamente onze anos atravessando a avenida com sua pasta de escola. Quando estava no meio da avenida, entre uma calçada e outra, veio um ônibus e a atropelou. Ela foi rolando por alguns metros e parou desacordada em frente à agência do banco em que Calígena trabalhava. Apareceu imediatamente o guarda de trânsito, que habitualmente apitava num sinal próximo, e começou a fazer sinal para algum carro parar e levar a menina. Ninguém parou, e então Calígena buzinou para o guarda e fez sinal que ela levaria. Na época tinha uma Marajó, e costumava ter colchonete no carro, porque acampava muito com o marido. O guarda parou o trânsito, fez Calígena parar perto da menina, abaixou o banco de trás, e colocou-a deitada num colchonete. Mandou Calígena seguir para um hospital público que havia no bairro e foi junto no carro parando o trânsito para chegarem rápido ao hospital. Quando chegaram lá, os enfermeiros trouxeram uma maca e levaram a menina, que estava desacordada, para a emergência. O guarda dispensou Calígena, e ela foi para o trabalho. Calígena ficou muito traumatizada com a cena. Ficou uma semana vendo a imagem, que estava em sua cabeça, da menina sendo atropelada. Um tempo depois, soube que a menina tinha ficado em coma por uns dias e depois infelizmente faleceu. Nessa situação, Calígena já começou a cumprir sua missão de ajudar pessoas, incondicionalmente, mas sem consciência disso.

Ascensão profissional

No banco, Calígena tinha tomado posse como escriturária do nível básico. O quadro de carreira do banco, naquela época, era de três níveis para os escriturários. Nível básico, nível médio e nível superior. Para mudar de nível era obrigatório fazer um concurso interno. Calígena desejava fazer carreira e precisava estudar para mudar de nível. Acontece que sua vida particular a impossibilitava de conseguir estudar em casa. Com o marido, tinha um casamento que estava "levando em banho-maria", e que lhe causava muito sofrimento. Era responsável por um apartamento grande, onde moravam. Tinha uma filha bebê ainda, que precisava dela. Como conciliar a vida profissional com a vida particular? Esse é o grande drama das mulheres da atualidade. A verdade é que não tem conciliação. Ou se dedica a casa e, principalmente, aos filhos, que demandam 24 horas de atenção e cuidados, ou se dedica à vida profissional e faz uma carreira.

Calígena, naquela época, não tinha qualquer noção dessas questões. Tinha tomado decisões na vida das quais precisava enfrentar as consequências. A realidade é que a prioridade inconsciente na vida dela era o lado profissional. Gostava muito de trabalhar, e quando começou a trabalhar isso era uma necessidade, mas com o tempo as portas do seu horizonte se abriram em função de sua competência. Nesse ponto de sua vida, ela estava tentando sobreviver, diante de tantas dificuldades e pela quase impossibilidade de equilíbrio emocional, devido à quantidade de dramas que vivia.

Para Calígena, não existia o impossível. Ela costuma citar que a única situação na vida que não tem solução é a morte. Diante dessa crença, ela enfrentava qualquer obstáculo que aparecesse na vida. Novamente achou uma boa solução para poder estudar e ter sucesso no próximo concurso interno que aconteceria.

A agência em que Calígena trabalhava tinha muitos postos de serviço. Um deles era no Aeroporto Internacional, que atendia, naquela época, 24 horas sem interrupção. Eram três turnos, manhã, tarde e noite.

Necessitava de um tempo tranquilo para estudar. Sabia que o turno da noite quase não fazia nada a partir da meia-noite. Então percebeu que poderia ir trabalhar naquele turno, ficar estudando por algumas horas todos os dias com a facilidade, e tendo acesso aos manuais de instruções do banco. A prova era técnica, sobre as instruções internas do banco. Foi o que fez. Foi trabalhar à noite, estudava todos os dias e, quando veio o concurso, passou em terceiro lugar para as vagas da sua própria agência.

Sempre que tinha essas soluções, além de ter que planejar para ter sucesso, tinha que enfrentar o marido, o qual sempre queria impedir as soluções dela que viessem contra seus interesses e vontades. No entanto, desde o dia em que o enfrentou, com quatro anos de casada, nunca mais se prendeu por ele. Tinha que fazer, fazia e ele que "se danasse". A partir daquele dia, ele não era mais um obstáculo aos objetivos e necessidades dela. Ela tinha conquistado sua "carta de alforria".

Numa dessas "discussões" para a realização de algo que ela queria, Onitano tentou convencê-la a sair do trabalho e ficar em casa. Ele já ganhava bem e queria ter toda a posse dela. Desejava colocá-la em casa para o seu bel prazer. Nesse dia ela disse:

— Eu largo você, acabo com o casamento, mas jamais largarei o Banco do Brasil, que foi minha maior conquista. Por causa do banco, eu saí da pobreza. Por causa do banco, eu estou crescendo profissionalmente. Por causa do banco, eu tenho estabilidade e independência financeira. Pode desistir dessa ideia porque do Banco do Brasil não me desligarei. — Calígena dava uma importância muito grande ao seu trabalho lá.

Calígena era uma idealista, lutava destemidamente com toda sua força por aquilo que acreditava. Sempre com muita transparência e verdade. Tinha uma coragem invejável. Aparentemente, ainda era bem tímida, mas a realidade sobre essa característica não era bem essa. Num futuro, teria conhecimento exato de qual era a verdadeira característica.

A greve

Todo ano, no mês do aumento salarial da categoria dos bancários, era o mesmo dissídio trabalhista. O banco oferecia uma merreca de aumento, o sindicato já começava com as reuniões, para induzir os funcionários a não aceitarem e lutarem pelo que consideravam justo. De um lado, o banco oferecia um percentual muito abaixo do justo e, de outro lado, o sindicato pedia um percentual muito acima do justo. Na maioria das negociações é assim que funciona, cada um quer levar mais vantagem que o outro. Dificilmente as pessoas negociam de forma correta, que é: todo negócio é bom quando é bom para os dois lados. É preciso haver algumas cessões de cada lado até chegarem a um acordo plausível e bom para ambos os lados. Será que isso acontece? Quase nunca, né?

Tem certeza de que você quer ser feliz?

Bem... por conta disso, acontecia, a maioria das vezes, a deflagração de uma greve. Calígena era participante ativa do sindicato. Numa dessas greves, aceitou a responsabilidade de ser "cabeça de piquete" de um grupo, designado para fechar uma determinada agência de um banco particular. No primeiro dia da greve, ela preparou o grupo para ficar na porta do banco impedindo a entrada dos funcionários, mas sem qualquer violência. Explicou que iria negociar com o gerente geral, o deixaria entrar e impediria os outros funcionários. Era impossível impedir a entrada do gerente, porque era o responsável mor pela rentabilidade da agência. Ela procedeu dessa forma, prometeu ao gerente geral que não iria acontecer situações de violências e seria um piquete pacífico. O grupo começava a ir para a porta do banco muito cedo, antes de alguém ter possibilidade de entrar na agência. Os membros começavam, às vezes, a chegar lá por volta das 5 horas da manhã. Tudo correu bem nos três primeiros dias, até que Calígena, no quarto dia, teve que levar a filha mais nova no médico, porque tinha passado mal à noite. Calígena tinha um fusca, e quando chegou à agência por volta das 9 horas da manhã, o tumulto estava formado. Tinha gente para todo lado, polícia e tudo o mais. Mal parou o carro, e o grupo do piquete rodeou seu carro, todos falando ao mesmo tempo. Ela saltou do carro e descobriu o que estava acontecendo.

— Calígena, alguém muito radical estragou seu esquema. De madrugada alguém veio ao banco, passou uma corrente na fechadura da porta, colocou um cadeado e carregou de Durepóxi na cavidade da chave. Nem o gerente pode entrar e está toda essa confusão que você está vendo.

Calígena olhou desanimada e ficou pensando o que iria fazer. Veio o gerente e disse para ela:

— Você prometeu que esse tipo de coisa não ia acontecer, e agora como fica?

— Eu vou resolver, acredite. Me dê um tempo para pensar e logo eu resolverei isso.

Sentou no volante do carro e ficou pensando que talvez os bombeiros pudessem tirar aquela corrente, apesar de não saber se isso era assunto deles ou não. Ligou o carro e partiu para o posto dos bombeiros bem perto dali onde estavam. Quando chegou lá e entrou, viu uns quatro bombeiros sentados, olhando para ela com aqueles olhos de cobiça de muitos homens e pensou: "Ahhh! Vou explorar esse lado deles". Calígena tinha um corpo muito bonito e, naquele período, estava fazendo exercícios e se cuidando. Então aproveitou seus atributos físicos, usou todo seu charme e foi rebolando para uma das mesas em

que um deles estava sentado, parecendo o chefe. Ela sentou e disse:
— Por favor, eu estou precisando de ajuda urgente, será que você pode me ajudar?
Ele então perguntou:
— Qual é o problema?
Ela explicou:
— Colocaram uma corrente com cadeado lacrado na porta da agência tal do banco tal. Eu preciso liberar a porta urgente para o gerente entrar e não sei como tirar aquela corrente de lá.
— O problema é só esse? Deixa comigo. — Levantou, pegou uma ferramenta enorme feito um alicate e, com ele na mão, perguntou: — Você pode me levar no seu carro para lá?
Ela se prontificou, e eles foram para a agência. Ele fez assim... clique! Oh! Deu um corte na corrente como se fosse barbante. Ela deu um sorriso de satisfação muito grande e se sentiu uma heroína. Acabava de resolver algo que parecia impossível. Nessa situação, ficou mais famosa ainda do que já era, por se destacar em tudo onde colocava a mão para fazer. No entanto, apesar de lembrar com satisfação dessa ocorrência, às vezes ficava rindo mentalmente daqueles bombeiros sentados, e concluía:
Como os homens ficam idiotas por causa de um "rabo de saia".

Cliente algoz

Para o posto existente no Aeroporto Internacional, o banco necessitava de 33 atendentes de caixa. Eram 11 em cada turno com escala de serviço. Assim, àquela agência constantemente estava convocando caixas para irem trabalhar lá. Quando ninguém queria, por causa dos horários e escala de serviço, eles obrigavam alguns a irem. Numa dessas convocações, mas por escolha própria, Calígena foi trabalhar no horário da manhã, que era das 6h às 14h. Ficou nesse horário por uns três anos e depois voltou para um expediente normal. Nesse turno tinha muito trabalho, porque era o horário de pico da chegada dos voos internacionais e que, naquela época, tinha muita taxação sobre produtos importados. Aqueles que estouravam a cota máxima de compra pagavam uma taxa muito alta. Era paga na hora, no guichê do Banco do Brasil, que funcionava dentro da Alfândega. Era um serviço que tinha que ter muita atenção e presteza, porque o pagamento podia ser efetuado em até 18 moedas diferentes, que o banco cambiava.

Em uma ocasião, Calígena estava trabalhando sozinha num guichê da Alfândega e um passageiro que tinha sido taxado pagou em cinco moedas diferentes. Foi um transtorno para Calígena dar conta daquele dia de serviço. Uma fila grande atrás daquele passageiro, e ela tendo que fazer a conversão de cada moeda para obter o total do valor da guia a ser liquidada. A cada desafio superado, Calígena ia ficando muito forte profissional e emocionalmente, e se sentia muito satisfeita consigo mesma. Eram esses momentos que davam força a ela para enfrentar os problemas particulares.

O esquema marginal

Depois de trabalhar no turno da manhã, ela trabalhou no turno da noite pela necessidade de estudar. Na época em que trabalhava no turno da noite do posto do Aeroporto Internacional, estourou uma "bomba" muito grande. Existia um esquema no turno da tarde, em que alguns funcionários estavam ganhando muito dinheiro, por conta do câmbio que o banco operava. Naquele posto, existia câmbio e eram operadas 18 moedas de diferentes países. No entanto, naquela época, o que mandava era o dólar. Existia uma lei, a qual quem fosse viajar só poderia comprar mil dólares por cabeça no câmbio oficial. Acontece que mil dólares no exterior era muito pouco e, então, os viajantes precisavam complementar o montante necessário, comprando dólar no câmbio negro. Em função disso, o câmbio negro tinha uma cotação de praticamente o dobro do oficial.

Logicamente, para o funcionário do banco vender os dólares de direito a cada viajante, deveria cumprir uma rotina previamente estabelecida, principalmente com identificação do cliente, evitando duplicidade de compra pelo viajante. No entanto, quando o indivíduo quer "armar algum golpe", ele consegue burlar qualquer sistema. A ganância, quando "vem à tona", deixa as pessoas desequilibradas, e elas são capazes de fazer qualquer malandragem para obter o que quer. Foi o que aconteceu.

Inicialmente, alguns poucos funcionários criaram um esquema para comprarem uns dólares no oficial e venderem no dia seguinte no câmbio negro. Começaram a duplicar o capital investido e virou uma "bola de neve". A "coisa" foi crescendo de forma assustadora, e acabou formando uma quadrilha, até perigosa. Esse esquema estava restrito ao turno da tarde, porque era quando os voos internacionais decolavam. As pessoas chegavam mais cedo ao aeroporto, compravam os dólares que lhes eram de direito e já embarcavam em suas viagens. Os funcionários criaram uma lista de números de passaportes, passagens e CPFs, tudo falso. Calígena trabalhava no turno da noite e, como sempre, estava completamente por fora do que acontecia. Ela se dedicava totalmente ao trabalho, não participava de grupinhos, não ficava observando os colegas, não queria saber de nada, a não ser cumprir com suas obrigações.

Um dia, como também sempre acontece, o esquema foi deflagrado. Alguém responsável, de função elevada, descobriu o esquema e delatou à direção do banco. Enviaram um auditor para ficar na agência investigando o esquema. Ele passou quase um ano investigando, mas de uma forma bastante arbitrária. Ficava sabendo de todas as "fofocas" do banco. Quem andou com quem, como estava a vida de fulano, a agência está assim, assada, e por aí em diante... Era um incompetente. Convocou todos que trabalharam no aeroporto, independentemente de turno. Calígena foi interrogada duas vezes.

Com a investigação a todo vapor é que ela ficou sabendo detalhadamente sobre o esquema. Lembrou, inclusive, que uma colega de outro turno, um dia, muito antes do estouro, ligou para a casa dela e perguntou se não queria dividir um investimento de dólares com ela. Falou de um "tal" boleto fantasma, o qual Calígena nem desconfiava o que era. A colega ainda debochou dela e tentou explicar o que era, mas Calígena não queria nem saber. Disse que aquilo parecia ilegal e ela estava fora completamente. Desligou o telefone e nunca comentou o assunto com qualquer pessoa. Então, quando foi ao interrogatório, fingiu desconhecer o que estava ocorrendo, e até fez questão de se mostrar meio idiota. A estratégia deu certo. O auditor achou Calígena tão burra que não podia, realmente, ter participado daquilo.

No entanto, no "um acusa o outro e o outro acusa o um", a situação ficou um caos e, por fim, alguém, que talvez não gostasse de Calígena, disse que a viu fazendo o tal do boleto fantasma. Com certeza era uma acusação falsa, porque ela nunca fez nada de ilícito em qualquer de seus empregos. Depois de quase um ano de auditoria, o "idiota" do auditor resolveu mandar 52 funcionários para rua por justa causa. Foi a maior idiotice que fez. Conforme as normas do banco, constantes dos manuais de instruções, só poderia ser mandado embora por justa causa em caso de infração de acordo com o código penal e com prova substancial. As únicas provas concretas que o auditor tinha eram cinco confissões assinadas pelos cinco cabeças do esquema. O resto era acusação sem consistência.

O dia das demissões pareceu que estava acontecendo um furacão na agência sede do Banco do Brasil naquele bairro. Tinha um policial armado em cada porta, preparado para agir em qualquer atitude suspeita. Um a um, os funcionários convocados iam entrando na sala do auditor e saíam demitidos por justa causa. Contaram para Calígena cada cena e cada nome. Foi um terror.

Mais uma vez, Calígena foi protegida e abençoada por seu Criador. Ela estava de licença saúde, porque tinha feito aquela cirurgia de útero invertido. Nesse caso, quando o funcionário está de licença saúde não é passível de sofrer qualquer importunação. Antes desse dia fatídico, ela já tinha recebido uma interpelação para prestar informações sobre a acusação que fizeram e ela já tinha apresentado sua defesa, também por escrito. Naquela situação, nenhum ser humano poderia fazer a justiça que Calígena merecia, mas Deus pode e fez.

Cesta básica

Muitos dos funcionários que tinham sido mandados embora por justa causa, ficaram numa situação extremamente difícil para sobreviver. Existia uma colega, separada do marido, que tinha três filhos para sustentar, e somente com sua renda. Ela e as crianças começaram até a passar fome. Como ela, alguns outros colegas ficaram na mesma situação. Então, um grupo de funcionários que não foi demitido, inclusive Calígena, se juntou por alguns meses e, assim que recebiam o pagamento separavam um valor para comprarem cestas básicas, a fim de levar para os mais carentes. Calígena tinha um colega, que foi despedido no pacote, que ela considerava muito, porque era também muito dedicado, veio da mesma origem humilde dela e dava tanto valor ao emprego no banco quanto ela. Num desses meses de distribuição das cestas, Calígena foi designada para levar a cesta na casa dele. Quando chegou lá, viu uma casa humilde, que ele mesmo havia construído, em um bairro de classe baixa, com fama de perigoso, devido à grande marginalidade. Ela disse para ele:

— Fulano, que injustiça cometeram com você, não é mesmo? Eu acredito mesmo que você não fez nada, porque me acusaram também, e eu sou inocente.

Então, ele pegou Calígena pelo braço, levou-a para fora de casa e explicou:

— Amiga, você sabe o quanto gosto e confio em você, não é mesmo? Por isso tenho que te contar toda a verdade, para até ajudar você a ter um pouco mais de malícia. Você é muito pura, minha amiga, e eu vou contar o que me aconteceu, a fim de você não acreditar tanto nas pessoas como acredita.

Calígena ficou meio assustada com aquela conversa e se preparou para o que iria ouvir.

— Você sabe que eu fui trabalhar no turno da tarde, naquele aeroporto, obrigado, não sabe? Eu não queria ir de forma alguma, porque ouvia alguns boatos, mas não sabia o que era e nem da gravidade da situação, mas fui obrigado a ir. Quando cheguei lá, comecei a trabalhar, logicamente, vi todo o esquema que estava montado, e eles começaram a me pressionar para entrar nele. Você sabe que por minha opção jamais faria isso, mas você não pode imaginar o que é a pressão desses metidos a malandros, que entraram no mundo da falcatrua. Eu ainda tentei sair do aeroporto prometendo que não iria "abrir o bico". No entanto, não teve solução, me jogaram numa "cumbuca cheia de abelhas africanas" e estava sendo todo picado. Ameaçaram matar minha família se eu não entrasse no esquema. Eles tinham medo de alguém que não participasse os delatasse. Por isso, minha amiga, eu participei apenas duas vezes, só para ficar em paz e, depois, durante todo o período não fiz mais nada. A prova é essa que você está vendo. Tenho essa casa humilde que eu construí, não tenho dinheiro guardado e só não estamos passando fome por causa da caridade de vocês.

Esse discurso todo deixou Calígena bastante afetada. Um detalhe que a deixou encafifada foi ele ter dito que fez para ter paz. Ela percebeu o quanto as pessoas se enganam por medo, aceitando chantagens que trarão resultados piores, e não enfrentam a situação com a verdade. Ela pensou que se fosse ela, talvez dissesse para aqueles "marginais" que eles fizessem o que quisessem, mas ela não iria ceder às ameaças. A partir dessa experiência, ela já diminuiu a crença nas pessoas. Vivia naquela crença perigosa de que todos eram iguais a ela. A reflexão do que faria se estivesse na situação dele foi baseada nas chantagens emocionais que já tinha enfrentado e, mais ainda, naquela situação do período de greve que liderou.

A justiça

A auditoria foi tão medíocre que conseguiu piorar a situação mais do que já estava. Fez uma auditoria incompetente, envolveu dezenas de funcionários, culpados ou não, demitiu por justa causa sem base e deixou uma sequela para todos os que trabalharam no aeroporto, independentemente de turno, ou se culpado ou inocente. Calígena ficou quase um ano com restrições em sua ficha por causa daquela delação falsa. O auditor se perdeu tanto que acabou indo embora sem concluir todo o processo. Calígena, incomodada com a restrição que estava sofrendo, arranjou em um dia uma "carona" num avião da FAB, onde estava trabalhando, num posto da Aeronáutica, e foi ao Departamento Pessoal em Brasília, para resolver sua situação. Chegou lá e foi direto para o setor respectivo:

— Bom dia, eu quero falar com o diretor do Departamento — disse para a secretária que a atendeu.

— Você tem hora marcada? — perguntou ela.

— Não, não tenho.

— Então, sinto muito. Ele está numa reunião importante e não vai poder atender ninguém.
— Por favor, eu acabei de desembarcar de um voo do Rio de Janeiro. Vim aqui para resolver uma pendência em minha ficha e não saio daqui enquanto não for atendida. Vou sentar aqui e esperar até ser atendida.

A secretária ficou meio enrolada. Que funcionária era aquela tão esquisita? Ficou olhando para Calígena e percebeu que realmente ela iria cumprir o que falou. Então, achou melhor levar a questão para o diretor. Voltou algum tempo depois e disse:

— Eu falei com o Dr. Fulano de tal e ele vai te atender logo que puder. Está bem assim?
— Com certeza — respondeu Calígena.

Depois de algum tempo, ela foi chamada à sala dele. Sentou e disse:
— Senhor, eu sou a funcionária Calígena, matrícula tal e estou há quase um ano com restrições em minha ficha por algo que não tenho nada a ver, a respeito do processo do Aeroporto Internacional do Rio de Janeiro.

Ele pediu ao auxiliar que trouxesse a pasta dela para analisar. Pegou a pasta, olhou daqui, olhou de lá. Leu tudo e por fim disse:
— Realmente você tem razão. Está tudo explicado aqui na sua pasta. Acredito que no meio dessa confusão toda, sua situação ficou esquecida. Estou liberando tudo agora e você está totalmente abonada.

Calígena teve um sentimento de alívio e, ao mesmo tempo, um sentimento de revolta por ter sofrido tanto tempo injustamente, e ainda tendo que ir a Brasília para exigir justiça. Porém, como sempre, ficou feliz com o resultado e passou a revolta.

Terceira gravidez

Na vida particular de Calígena, a situação a cada ano ficava pior. Com nove anos de casada, o "caldo engrossou". Aconteceu algo que funcionou como uma gota d'água num copo que transbordou.

No parto da segunda filha de Calígena, ela queria ligar as trompas para acabar com o problema dos métodos contraceptivos. Não tomava anticoncepcionais porque lhe faziam muito mal. Não fazia a tal da tabela porque ela era muito irregular com seu período menstrual. Então, só sobrou o coito interrompido ou preservativo. No entanto, ele não deixou que ela fizesse a cirurgia e prometeu que iria fazer a operação de vasectomia. Ele foi a três médicos durante um ano para pesquisar sobre o assunto e acabou não tendo coragem para realizar. Moral da história, três anos depois, Calígena ficou grávida novamente.

A situação era crítica e ele fez da vida de Calígena um inferno. Ligava constantemente para o trabalho dela, insistindo para ela fazer um aborto. Influenciava negativamente e insistia naquilo até a exaustão. Não tinha jeito, ela estava decidida a não fazer, porque, novamente, não tinha necessidades. Foram dias de terríveis sentimentos confusos. Pressiona daqui, pressiona dali, era trabalho, era casa, era empregada, era aborto, eram as filhas, que Calígena acabou perdendo naturalmente a gravidez. Que alívio! Pedia socorro a Deus, dentro da sua ignorância, mas de todo seu coração. Então, mais uma vez, sentiu a Mão Protetora de Deus cuidando de seus inocentes.

Dessa vez o casamento tinha acabado mesmo, não de fato, mas de direito. Ela disse para ele, depois que aquela situação da terceira gravidez estava resolvida:

— Eu quis ligar as trompas e você não deixou. Disse que ia fazer a vasectomia e não fez. Agora que acontece o que não queríamos, você faz da minha vida um inferno por culpa sua. Escute bem o que vou dizer. Nunca mais serei sua mulher na cama. Se quiser satisfazer seus desejos sexuais, sobe na parede ou vai procurar prostitutas na rua, entendeu bem? Não me toque, evite falar comigo. Estou com muita raiva de você e o detesto. — Calígena fez um desabafo até cruel.

Ele sabia o quanto realmente tinha errado e ficou calado, na dele. E seguiram a vida. Um dia, bem depois do desabafo dela, ele forçou uma relação sexual e ela ficou furiosa. "Rodou a baiana". Com os olhos faiscando de raiva, segurou na cabeceira da cama, abriu as pernas e disse para ele:

— Pode fazer o que quiser, faz de conta que sou uma prostituta.

Daí quem ficou com raiva foi ele, levantou a mão, deu uma bofetada nela e saiu.

Vingança subliminar

Ela ficou chorando compulsivamente na cama por um bom tempo. Os dias foram passando e ele não mais fez investidas sexuais. Calígena, nessa fase, estava com uma aparência física muito admirável e causava muito interesse masculino. Trabalhava num posto de serviço do Hospital da Aeronáutica e muitos oficiais médicos ficavam de olho nela. Ela começou a prestar atenção, mais por carência afetiva do que por necessidade sexual. Eles a tratavam como uma rainha, e ela sentia um grande prazer naquilo. Atendia, frequentemente no caixa, um oficial que a cortejava apenas com os olhos, ela percebeu, começou a ficar muito interessada nele e acabou se apaixonando. Como estava carente, até mesmo sexualmente, apesar de nunca ter sentido o prazer do sexo, começou a descobrir o que era sentir tesão. Os ânimos começaram a esquentar, até que aconteceu um primeiro encontro. Ele, como um verdadeiro homem educado, maduro e *gentleman*, ficou mais ouvindo os desabafos dela do que falando. Ela praticamente, no primeiro encontro, descarregou nele toda sua angústia do casamento. Naquele primeiro encontro nada aconteceu.

Logo veio o segundo encontro, e ele já estava bastante desejoso de viver um momento de prazer sexual. Ele disse:

— Por que não marcamos um dia e uma hora para irmos ao motel?

Ela recebeu aquilo com uma confusão de sentimentos. Era o desejo, era a carência afetiva, era o medo da traição, era o compromisso com a verdade que ela tinha muito incutido nela. Pediu a ele um tempo para pensar e foi analisar o que fazer, não costumava tomar decisões importantes sem pensar bastante a respeito.

Lembrou-se da promessa que ela e Onitano fizeram no início do relacionamento, em que nunca trairiam um ao outro. Quando tivessem vontade de fazer algo do tipo, iriam ser sinceros um com o outro. Foi o que resolveu. Marcou outro encontro com o oficial e disse:

— Olha, eu também quero estar com você, mas tenho uma promessa com meu marido que preciso cumprir, independentemente se ele merece meu respeito ou não. Vamos marcar para sair e depois, quando retornar a minha casa, vou contar toda a verdade para ele.

Depois desse discurso, Calígena ouviu o melhor e mais sábio conselho que já tinha ouvido em sua vida. Ele disse:

— Deixa eu te explicar uma coisa. Eu estou "louco" por você e quero você, mas da forma correta. Se você fosse minha esposa e contasse para mim que tinha me traído, eu acredito que lhe bateria impulsivamente. Porém, se você me chamasse para conversar antes, explicar o que estava querendo fazer, eu teria tolerância e iria procurar um jeito de chegarmos a um consenso. Faça o seguinte: vá para casa e tente salvar seu casamento, caso não tenha solução, vocês acabam com a união, me procure e poderemos ficar juntos.

Calígena gostou muito disso e ficou ainda mais apaixonada por ele. Viu o que era um homem de verdade, o qual ainda não tinha conhecido em sua vida.

A grande chantagem emocional

Foi para casa e contou tudo ao marido. Desde quando tudo começou até aquele momento. A reação dele foi a pior que poderia acontecer. Porém, se considerarmos o ciúme doentio que ele tinha dela, a reação foi condizente com seu estado. Ele sacudiu-a e disse que estava com nojo dela, porque deixou outro homem tocá-la. Ela afirmou, e era verdade, que não tinham feito nada, a não ser trocar uns beijos.

Onitano foi implacável, aliás como a maioria das vezes. Ficou alucinado e parecia que ia começar a bater nela.

Deprimido, ele disse:

— A única coisa que eu posso admirar em meu pai foi a coragem que ele teve de matar minha mãe e se matar.

Aquilo funcionou como uma ameaça para Calígena, mas ela não tinha medo. Depois de algum tempo, ela se acalmou, pensou que talvez pudesse tentar salvar seu casamento mais uma vez, e então disse:

— Onitano, faça amor comigo. Me ensine o prazer do sexo. Me ajude, porque estou perdida na complexidade de tudo isso.

Nada adiantou, pois ele estava mergulhado no seu egocentrismo e não conseguia enxergar nada que não fosse ele próprio.

Por fim, ela pediu a separação e ele disse que daria. Ela acreditou e começou a imaginar uma nova vida. No dia seguinte, ligou para o oficial e marcou um encontro amoroso com ele.

A comédia

Quando se encontraram para ir ao motel, ela estava apavorada porque nunca tinha ficada nua na frente de outra pessoa que não fosse seu marido. Tinha muita vergonha da nudez e não sabia como se comportar naquela situação. Ficou falando essas coisas enquanto ele dirigia e acabou deixando "o pobre homem" desnorteado. Ele errou o caminho, ficou rodando alienadamente, então pediu a ela para ficar quieta e deixá-lo se concentrar para chegar ao destino. Aquela situação parecia uma cena de humor de filme de comédia. Se fosse filmar daria uma comédia de primeiríssima qualidade. Depois da comédia da viagem, conseguiram chegar ao motel. Aí ela conheceu um homem de verdade com competência para levar a parceira às nuvens. Ele foi extremamente paciente, carinhoso, procurou deixa-la à vontade e conseguiu levá-la a um orgasmo indescritível. Foi a primeira vez que Calígena sentiu o prazer sexual. Eles viveram momentos de intensa volúpia e se realizaram prazerosamente.

Continuaram se encontrando espaçadamente e com determinada cautela, até ela se separar de fato, porque a sociedade não sabia de sua situação. No entanto, algum tempo depois, a mãe de Calígena, que nunca gostou do marido dela e vivia em "pé de guerra" com ele, disse para ela:

— Calígena, o Onitano esteve aqui, contou que você quer se separar dele e pediu para eu interferir. Ele disse que sem você a vida dele não tem valor e não sabe o que vai fazer. Você sabe que ele pode se matar e você ficará com esse remorso pelo resto de sua vida, não sabe?

Calígena ficou transtornada e com muita raiva. Primeiro porque ele a tinha feito acreditar que se separariam. Segundo, porque foi procurar a mãe dela, que ele não gostava, para chorar suas mágoas e chantageá-la. Calígena disse para a mãe:

— Sabe? Isso que está acontecendo é surreal. Mas não tem problema. Nem ele e nem você vão ouvir mais de mim a palavra separação, mas se você ouvir por aí que sua filha está num motel com alguém, pode acreditar, porque será verdade — disse e saiu fumegando de raiva.

Foi para casa e fez o mesmo com ele. Disse:

— Olha, seu grandessíssimo egoísta, nunca mais você vai ouvir a palavra separação da minha boca, mas se prepara, porque eu vou viver a minha vida, sem qualquer preocupação com você ou com o nosso casamento. Entendeu bem? — Ela queria que ele entendesse que ia viver com um "par de chifres" dali por diante.

Calígena nunca mentiu ou omitiu informações para qualquer um que fosse. Era terrivelmente franca e sincera. Falava o que devia e o que não devia também. Contou toda a verdade para o "namorado" e disse que, em função da promessa dela, só poderiam se relacionar daquela maneira que estavam se relacionando, inclusive fora do bairro onde estavam e de forma discreta, porque ela não queria falatórios. O "namorado" ainda continuou com ela por um tempo, até o dia que deu um "xeque-mate nela".

— Se você não quer ou não pode se separar do seu marido, tudo bem, mas eu também não ficarei com você nessa situação.

Ela sabia que aquilo não era uma ameaça, era verdadeiramente uma decisão. Ficou triste, mas deixou o relacionamento terminar.

Estado depressivo

Depois disso, teve outros relacionamentos pecadores e ficou um bom tempo se sentindo terrivelmente suja e deprimida. No trabalho, no Aeroporto Internacional, havia uma via longa em que poderia dar velocidade alta. Calígena, que estava com um carro quase zero quilômetro, colocava a velocidade máxima e desejava ardentemente morrer. A partir daquele ponto do seu casamento, Calígena vivia como se ele não existisse. Estava tendo atitudes que, na realidade, era a forma que achou para se defender do cárcere emocional e enfrentar a vida deprimente em que se envolveu.

E assim se passou mais uma década da vida de Calígena.

Capítulo 8

A LIBERDADE ILUSÓRIA

Dos 31 aos 40 anos

Liberdade: meu primeiro passo ao caminho da recuperação

As pessoas pensam que são livres, porém não sabem, verdadeiramente, o que é a liberdade plena incutida pelo Criador, na essência que é o espírito.

Depois que prometeu que nunca mais iria falar em separação, Calígena viveu por três anos o pior cárcere emocional de sua vida. Prisioneira de uma circunstância, começou a viver uma vida desregrada, a participar de festas de colegas do banco, não tinha horário para dormir, começou a ingerir muita cerveja e aumentou seu vício de fumar. Ia ao trabalho todo dia, dirigindo loucamente, em alta velocidade, desejando com ardor a morte. Foram mais três anos presa ao seu marido, nessa odisseia altamente destrutiva e depressiva.

A separação

Três anos depois de sua promessa sobre a separação, um dia, quando estava num *point* com os amigos do banco, Onitano entrou e a chamou porque queria conversar com ela. Ela saiu desconfiada e entrou no carro dele para saber o que ele queria. Ele disse:

— Há três anos estamos vivendo como dois estranhos. Quando discutimos, você joga na minha cara que quem quer ficar casado sou eu. Realmente essa nossa vida está um inferno. Por isso, resolvi te dar a separação. Vamos acabar com essa farsa de casamento.

Quando ele disse isso, ela não acreditou. Ficou olhando para ele, tentando absorver a mensagem. Não acreditava mais que aquilo pudesse acontecer, por isso ficou tão surpresa. Depois de se recuperar do choque, disse:

— Você está falando sério? —

— Claro, você sabe que não brinco com essas coisas.

— Me dê um tempo para pensar com calma porque você me pegou de surpresa — respondeu ela.

Ela saiu do carro, voltou para a reunião e, muito tarde, foi para casa.

Tem certeza de que você quer ser feliz?

Ficou aquela noite pensando no que fazer. Não esperava mais aquilo e achava que iria passar o resto de sua vida daquela forma. Daí, como sempre, teve uma ideia e resolveu colocar em prática.

Calígena tinha uma colega do banco, mais chegada, a qual ela convidou para batizar sua segunda filha, porque sua amiga Arigeana não quis devido à frustração que tinha sofrido na época do nascimento de Caronive. Essa colega, que passou a ser sua comadre, trabalhava no caixa juntamente com Calígena. Um dia, teve um concurso interno no banco para o quadro técnico, na função de assistente social. Sua comadre tinha graduação nessa área, fez a prova, foi aprovada e designada para assumir em num hospital de outro estado. Ela foi, instalou-se muito bem lá e estava realizada em seu lado profissional.

A ideia de Calígena era ir para casa dessa comadre, em outro estado, e passar uns dias pensando em toda a sua vida até aquele momento. Queria analisar tudo que já tinha vivido, ponderar suas decisões e resolver se realmente estava preparada para uma separação.

Calígena ligou para sua comadre, marcou tudo com ela e foi para lá de ônibus. Não estava em condições psicológicas de dirigir uma distância de 500 quilômetros, com sua filha de cinco anos. Ficou uma semana na casa de sua comadre e, todo dia, andava a pé pelas ruas do bairro, por horas e horas, pensando em tudo de sua vida. A cada dia, tinha mais certeza de que realmente aquela união tinha que acabar. Nunca existiu e nunca existiria casamento de verdade. Na realidade, os dois, extremamente novos e com as vidas tão complicadas, não poderiam saber qual o significado real do casamento e, principalmente, ter estrutura para sustentar o cotidiano de uma vida de casado.

Todo dia, à noite, Onitano ligava para Calígena querendo saber o que ela tinha resolvido. A cada informação da decisão de se separar, ele discutia com ela e demonstrava que não era isso que queria. Ela foi desconfiando de que ele estava jogando com ela. Por fim, depois de uma semana, voltou para casa e disse para ele:

— Estou totalmente preparada, vamos começar nosso processo de separação.

Quando ela disse isso, ele ficou transtornado, segurou os braços dela e começou a sacudi-la, falando palavras ininteligíveis. Então, ela confirmou que ele estava querendo reverter a situação dos últimos quase três anos. Ele imaginou que oferecendo a separação para ela, e ela não querendo mais, ficaria por cima e voltaria a querer comandar a vida dela. Coitadinho... definitivamente ele não a conhecia. Já a conhecia há quinze anos e não percebeu a pessoa corajosa, forte, decidida, verdadeira que ele mesmo havia ajudado a formar. Aliás, as pessoas egocêntricas e egoístas jamais vão poder conhecer psicologicamente as outras, porque não sabem o que é praticar empatia. Somente o amor pode construir um relacionamento de verdade, com humildade, gratidão, respeito, confiança. As pessoas como Onitano são orgulhosas, vaidosas, não sabem quais são seus direitos e obrigações. Não sabem conhecer e respeitar o direito do próximo.

Depois daquele momento de constatação da verdade, Calígena confirmou sua decisão, fez com que ele começasse a pensar naquela realidade e deixasse de tentar manipulá-la, porque não tinha mais jeito. Ele tinha mania de revólveres e tinha acabado de comprar o último modelo do mercado da marca de sua preferência.

Começou a dormir com a arma debaixo do travesseiro, atitude que ela entendeu ser mais uma ameaça. Calígena não tinha medo, já tinha enfrentado muitas mazelas dele e não era essa agora que iria impedir o objetivo dela. Algumas pessoas ficavam dizendo:

— Cuidado! Ele vai atirar em você.

— Desde que não me deixe aleijada e me mate logo, tudo bem, vou enfrentar o desafio — respondia.

Ficaram nessa situação por alguns meses. Ela, nas suas orações eventuais e ignorantes, pedia a Deus que colocasse uma mulher na vida dele, a fim de que ele a deixasse em paz. Foi exatamente o que aconteceu. Calígena tinha uma colega de banco que, às vezes, ia à casa dela para desabafar o seu infortúnio e receber o conforto que ela lhe dava. A mãe dessa colega havia se suicidado com dois tiros há pouco tempo. Já naquela época, de total ignorância da Calígena com as coisas de Deus, ela já ajudava muitas pessoas, ao jeito dela. Essa colega e o marido começaram a se entender e acabaram namorando. Esse namoro foi a resposta de Deus às suas orações. Apesar da satisfação da circunstância, Calígena ficou aborrecida com a colega, porque ela escondeu o namoro e sabia da situação do casamento deles. Calígena mais uma vez fez a coisa certa. Encontrou com a colega e deu uma lição de moral nela:

— Randas, você me deu uma grande decepção por sua atitude. Por que esconder seu namoro com meu marido, se você sabia do fim do nosso casamento e que estamos tentando iniciar um processo de separação? Como você foi covarde e traidora, namorando pelas minhas costas e me deixando tomar conhecimento dessa situação por outras pessoas, sem necessidade. Saiba que você está me fazendo um favor em ficar com ele.

A colega não disse uma palavra.

Voltando aos estudos

Desde antes de Onitano começar seu namoro com Randas, a partir do momento que Calígena foi decisiva na separação, ela voltou a estudar. Foi fazer um supletivo para concluir seu segundo grau. Nos estudos, ela esquecia um pouco seu drama, gostava de estudar e era como se fosse uma terapia. Funcionava como uma fuga da realidade, e ela conseguia suportar tudo aquilo que estava enfrentando. Ficou estudando por um semestre, tirava excelentes notas e, como sempre, se realizava. Concluiu o segundo grau, conseguiu suportar a pressão da separação e cada um tomou seu destino.

Eles, a princípio, não se separaram judicialmente. Fizeram acordos entre eles e ficaram nessa situação por algum tempo. A pior negociação foi referente à pensão das filhas. Onitano era apegado às coisas e principalmente ao dinheiro. Por isso, ele não queria dar qualquer montante para ajudar na criação das filhas. Pior ainda, queria prejudicá-la por conta da raiva que estava sentindo pela separação, mesmo já morando com Randas. Em uma grande discussão, Calígena tentou até negociar de forma a não terem que ficar ligados por dinheiro. Ela ofereceu para ele criar Tarena e ela ficaria com Caronive. Porém, ele não queria nada. Queria era complicar. Queria levar vantagem em tudo. Queria acabar com Calígena, se pudesse. Por fim, depois de muitas discussões, ela aceitou uma pensão de 10% para cada filha e ele teria que depositar mensalmente para ela. Tudo acordado apenas entre os dois. Em relação aos bens materiais, dividiram tudo, e o apartamento foi colocado à venda e, depois de vendido, dividiram o valor do imóvel. Durante a venda do apartamento do casal, Calígena começou a procurar um apartamento para alugar, perto de sua mãe, até ter a parte dela da venda do imóvel e poder comprar um para si.

Dessa grande "encrenca" que Calígena arranjou em sua vida, depois de resolvida e eliminada, ficaram as marcas das feridas, ficou a experiência, ficou o amadurecimento, porém, acima de tudo, ficou a certeza de que ela tentou o que podia para dar certo. Já que tinha tomado uma decisão precipitada e muito precoce, ela se envolveu, se dedicou, até se mutilou emocionalmente para fazer aquele casamento dar certo. Acontece que, como o nome diz, casamento é a aliança entre duas pessoas que precisam, obrigatoriamente, estarem imbuídas do amor ágape para ele dar certo. Quando as duas partes são egocêntricas ou egoístas, o casamento dura um tempo ínfimo. Quando apenas uma das partes tem amor, normalmente a que não tem explora a outra e não a respeita, porque no amor está contido o respeito. Somente quando ambos estão imbuídos do amor que Cristo pregou e são tementes ao SENHOR haverá um percentual altíssimo de um casamento pleno.

Mudando o opressor

Na decisão de como estruturar sua vida dali por diante, novamente a mãe de Calígena complica a vida dela. Ela começou a fazer chantagem para a filha morar com ela.

— Você já fez o que quis, se separando. Agora vai deixar suas filhas nas mãos de empregadas? Por que morar separadas, se podemos morar todas aqui nesse apartamento?

A mãe de Calígena morava num apartamento emprestado pelo irmão dela, era um bom imóvel e num excelente bairro.

Calígena ficou analisando e achou melhor ficar realmente com ela. Pela primeira vez na vida estava sozinha para decidir tudo e dependia totalmente de seu trabalho para sustentar a si mesma e as filhas. Então, decidiu ir morar com ela e as meninas. Mais uma decisão que a faria se arrepender no futuro.

Nesse ponto, Calígena se sentia como um passarinho que tinha saído da gaiola. Bonita, ganhando um salário bem invejável, independente, começou a viver uma vida, tentando recuperar todo o tempo de adolescência e juventude que não teve. Trabalhava ainda à noite. Ia a shows dançantes com frequência. Passeava e viajava sempre que tinha uma oportunidade. E, assim, tentou compensar tudo que tinha vivido por todos aqueles anos.

Sentia-se a pessoa mais livre desse mundo. Liberdade total!, pensava.

Uma encrenca grande

Logicamente que quem procura encrenca, acha. Calígena queria viver tudo de uma vez e por isso começou a frequentar lugares que só podiam lhe trazer problemas. Bonita como estava, madura, independente, frequentando casas de show, logo surgiu alguém que "gerou uma paixonite aguda" recíproca. Eles se conheceram numa dessas casas de dança e dançaram uma noite toda. Ele mentiu, em parte, para ela sobre sua situação conjugal. Disse que não era casado, o que era verdade, mas que vivia com uma pessoa que lhe dera três filhas. O relacionamento já estava acabado há algum tempo, estavam juntos apenas por causa das filhas e eram livres para viver da forma que quisessem. Como ela também já tinha vivido assim, teve uma desculpa para acreditar na história dele. Lijou era um economista bem estabelecido em uma empresa de grande porte e sucesso. Era muito bonito e gostava de passear toda noite, assim como ela. Numa reflexão atual, é de se especular, será que ela tinha se acostumado tanto com dramas em sua vida que logo que saiu de um foi procurar outro? Depois de seu casamento, esse relacionamento, que já começou errado, foi mais um transtorno em sua vida.

Começaram a se relacionar e eles se encontravam quase todos os dias. Viviam uma vida de inconsequências, depois do expediente dele e antes do expediente dela. Dançavam, bebiam muita cerveja, fumavam muito, conversavam, namoravam, estavam no mundo do faz de conta, cujo resultado não poderia ser bom.

A enchente

Calígena era muito responsável em suas aquisições, necessidades e estrutura de vida. Na estruturação de sua nova vida, Calígena transferiu-se de agência do banco, indo para uma agência bem perto da moradia atual. Recebeu sua parte da venda do imóvel, colocou seu carro à venda, a fim de juntar com o valor do imóvel vendido e comprar um bom apartamento naquela área. Ela se preocupava sempre em estar com tudo em ordem, relativo a documentos, bens, leis. Naquela época, a inflação era grande e não se podia negligenciar os bens que se possuía. Logo que separou, um dos bens que ficou com ela foi um carro quase zero quilômetro; ela foi verificar como estava a situação do seguro do automóvel, porque ficava defasado muito rápido em relação ao mercado. Quando foi verificar, realmente constatou que ele estava muito defasado e, se acontecesse algum sinistro, perderia metade do valor do bem. Então, pediu para realizar um endosso e atualizar o valor do veículo. Começou a pagar o valor do prêmio parceladamente e ficou tranquila.

Essa precaução de Calígena viria recompensá-la consideravelmente no futuro. Um dia, logo numa quinta-feira, depois do carnaval, Calígena estava se arrumando à noite para se encontrar com Lijou e depois ir trabalhar. A mãe dela avisou que havia uma previsão de muita chuva e que seria melhor ela não sair naquela noite. Ela alegou que já que não poderia deixar de trabalhar, então também poderia se divertir. Saiu de casa com seu carro para ir ao centro da cidade encontrar-se com Lijou. Quando chegou ao bairro do Maracanã, estava tudo engarrafado e totalmente parado. Ela ficou ali imprensada por muito tempo, e quando olhou para a direita reparou numa saída do lado contrário, viu que estava vazia e ela poderia voltar para casa. Foi o que fez. Virou e pegou a pista de volta.

Xiiiii! Que furada! Estava vazio porque estava com muita poça d'água e ninguém poderia andar. Tão logo o carro entrou numa poça, enguiçou e ficou por ali mesmo. Ela ficou sentada dentro do carro pensando que deveria ter ouvido a mãe. Pela primeira vez na vida se arrependeu de não ter ouvido a mãe. O tempo passou, a chuva não parou, os rios ao redor começaram a transbordar e o carro começou a balançar. Calígena percebeu que iria entrar na correnteza logo, logo. Então, resolveu abandonar o carro. Tirou os sapatos scarpin, amarrou a saia comprida no joelho, pegou sua bolsa pequena, colocou os documentos dela e do carro dentro e tentou abrir a porta. Quase não conseguiu. Quando conseguiu, a água entrou em enxurrada. Já estava na metade da porta do carro. Conseguiu sair, bateu a porta e ainda deu uma de doida. Mandou um beijinho para o carro e disse:

— Adeus, meu carrinho, acho que não vamos nos ver mais.

Enquanto dizia isso, tinha outro carro, também enguiçado, atrás dela, e o motorista começou a fazer sinal para ela entrar no carro dele, alegando que ela estava se precipitando. Ela disse:

— Eu?... me precipitando? O carro está começando a andar e o seu também. Acho melhor você também sair logo.

Começou a andar em direção à sua casa que era contrária ao fluxo de água. As águas corriam como ondas fortes destruindo tudo que estivesse na sua frente. Ela foi fazendo força para poder andar contra a maré e com água na cintura. Além da altura da água, ainda estava escuro e ela não enxergava nada. De repente, sentiu alguma coisa debaixo da água prender suas pernas e ela não podia mais se mover. Parou, olhou para os lados, não viu ninguém, e percebeu bem adiante carros parecendo de brinquedo, sendo carregados pelo rio. Começou a rezar sem saber nem mesmo o que pedir. Ficou rezando o pai-nosso de olhos fechados, totalmente perdida nos seus pensamentos.

Depois de algum tempo nessa situação, sem poder precisar quanto tempo passou, viu vindo em sua direção um rapaz com uma marmita debaixo do braço. Ele tinha saltado de um ônibus bem distante, a fim de ir para casa a pé. Quando ele chegou bem perto dela, perguntou:

— Moça, o que você está fazendo aí parada no meio dessa enchente?

— Minhas pernas estão presas não sei com o quê. Não consigo andar.

Ele se arriou, colocou o braço por baixo das águas, ao redor das pernas dela e começou a avaliar o que tinha ali. Concluiu que era um grande tronco segurando as pernas dela numa pressão entre a direção das águas e a direção dela. Puxou o tronco com toda força, e ele seguiu rapidamente o fluxo das águas. Com as pernas liberadas, ela sentiu que uma delas estava sangrando. Ele tirou a camisa dele, amarrou na perna dela e perguntou onde ela morava.

— Eu moro logo ali, numa rua transversal à avenida 28 de setembro.

— Vou levar você em casa — disse ele. — Me abrace e só pise onde eu pisar.

Ele tinha aparência de marginal, mas ela se agarrou a ele literalmente como uma "tábua de salvação". Ele ficou tremendo de frio por causa da chuva diretamente nas costas dele, mas não reclamou de nada e foi direcionando-a, os dois abraçados como namorados. Quando chegou à altura do Maracanã a água já estava com dois metros, acima da cabeça deles. Não dava para eles passarem por ali, por isso ele desviou para um caminho mais longo, porém com menos água. Conseguiram passar por aquele caminho e, um bom tempo depois, chegaram ao apartamento dela. Já tinham se passado umas cinco horas desde quando ela tinha saído de casa. Quando chegaram e entraram, a mãe de Calígena ficou com medo do homem por causa da aparência dele. Calígena mandou-o tomar um banho quente, pegou um short unissex e uma camiseta quente e deu para ele. Pediu a sua mãe para dar a ele uma xícara de leite quente, e ela fez uma espécie de capa de chuva com sacos de lixo. Calígena pegou todo o dinheiro que tinha na carteira, que não era muito, deu a ele e o dispensou, dizendo que não precisava devolver nada. Ele foi embora, e Calígena ainda repreendeu a mãe:

— Mamãe, esse homem acabou de salvar a minha vida e você está com medo dele? — disse ela começando a se conscientizar de tudo que tinha enfrentado nas últimas horas. Pensou naquele homem, o qual nunca mais veria em sua vida, e teve a certeza de que foi Deus que o colocou naquele momento para salvar a vida dela. Ele surgiu do nada, como um anjo, para realizar o milagre. Pensou em cada detalhe que tinha passado. Lembrou que se o tronco não tivesse prendido as pernas dela e ela fosse sozinha naquela correnteza, poderia cair num bueiro e morrer afogada. Todos os bueiros tinham perdido a tampa devido à correnteza. Pensou como o homem foi cuidadoso na hora de escolher o caminho. Ia sempre onde ele sabia que tinha calçada para não correr o risco de passar em cima de algum bueiro. Quando tomou consciência disso tudo, ajoelhou-se, mesmo machucada, e agradeceu a Deus pelo livramento e proteção. Nessa ocorrência começou a sentir a presença de Deus muito próxima em sua vida, mesmo sem entender nada, naquela época.

Já era alta madrugada, Lijou ligou para ela e soube tudo que ocorrera. Veio ao encontro dela e foram procurar juntos onde estaria o carro dela. A chuva já tinha parado e a rua estava um caos total. Eram ambulâncias para todo lado. Eram pessoas correndo, gritando, chorando. Foi uma catástrofe muito grande. A enchente fez muitas vítimas.

26/02/1987 — DESASTRE NATURAL, enchente, Petrópolis, Teresópolis e Rio de Janeiro, 292 mortos, 20 mil desabrigados. Em razão destas chuvas que registravam 171 vítimas fatais em Petrópolis e 94 no município do Rio de Janeiro foi decretado nesta o Estado de Emergência e com o agravamento da situação no dia 22 Estado de Calamidade Pública.

http://meteorologiaeclima1.blogspot.com.br/2010/09/historico-de-enchentes-no-rio-de.html

Ficaram rodando de carro ao redor do Maracanã, até que acharam o carro batido em cima de outro carro. Era do homem que falou que ela estava se precipitando. Os dois carros estavam bem destruídos, batidos no poste e um sobre o outro.

Lijou começou a procurar reboques para pegar o carro e levar a algum abrigo até mais tarde e poder analisar o que faria. Custou muito encontrar, porque tudo estava um caos, mas conseguiu achar um reboque, bem caro, que fez a transferência do carro para a porta de uma oficina de automóveis.

Mal que se torna favorável

Mais tarde, no mesmo dia, ela se informou sobre o seguro e soube que, naqueles casos, o carro estaria segurado. Foi transportado para uma oficina conveniada e deram o laudo de perda total. Devido à atualização monetária que Calígena tinha feito alguns meses antes, o valor do reembolso foi maior do que se ela tivesse vendido o carro, que inclusive tinha sido mesmo colocado à venda. Deus não causa mal a qualquer de suas criaturas e, ainda, transforma os resultados ruins em algum bem altamente favorável. Foi o que aconteceu com Calígena.

Ela teve um valor bem maior no ressarcimento do seguro do que se tivesse vendido o carro.

A aparente decadência

Durante todo o tempo, logo depois de separada, Calígena procurava um apartamento, dentro de suas condições para comprar. Encontrou um de primeira locação, o qual seria entregue alguns poucos meses adiante. Pegou todo seu dinheiro, deu uma boa entrada e financiou o restante do saldo, cujo valor era de, aproximadamente, 40% do valor do imóvel. Em matéria de estrutura de vida, tudo era bem enquadrado. Um pouco antes de perder o carro na enchente, já tinha conseguido transferência de agência para muito perto do apartamento da mãe. Era uma distância muito pequena e dava sempre para ir a pé. Então, quando ficou sem carro, não sentiu muito a queda de padrão de vida que estava acontecendo. Só percebeu isso quando teve que ir a um lugar distante e pegar um ônibus. Que comédia. Não sabia mais andar de ônibus. Desde quando a vida deles tinha prosperado financeiramente, nunca mais tinha andado de ônibus, por isso, quando entrou a primeira vez, foi um "martírio", o qual ela teve que rir de si mesma. Ela era sempre protegida, abençoada e amada por Deus pelo seu jeito de quase nunca reclamar de nada, ter coragem para lutar por aquilo que acreditava, era incrivelmente humilde, grata por tudo e, mesmo sem ela ainda conhecer o Deus da Bíblia, tinha uma fé inteligente e poderosa.

O apartamento que Calígena comprou era muito especial. Bonito, amplo, agradável, num prédio com poucos apartamentos e num local privilegiado. Ela mudou para lá com sua mãe e as duas filhas. Nessa mudança, ela aprendeu a agir como um homem em casa fazendo o trabalho pesado. Aprendeu a usar a máquina de furar, colocou armários de cozinha na parede. Colocou lâmpadas, lustres, as capas das tomadas, colocou porta-toalha, porta-papel higiênico e todos os acessórios necessários para o funcionamento de uma casa com organização e estrutura. A cada desafio da qual saía vitoriosa, sentia-se muito satisfeita consigo mesma, mas sem nunca se sentir vaidosa emocionalmente.

O dia do aniversário

Tão logo foram liberadas as chaves do apartamento para elas se mudarem, também foi deferida a transferência de Calígena para uma agência bem próxima a ele. Ela começou a trabalhar nessa agência e ia e voltava a pé para o apartamento. Nessa agência se agravou um dilema que Calígena já vinha enfrentando há algum tempo por conta de seu aniversário. Todo ano, ela recebia parabéns por três dias. Sua mãe era a única que já começava dando os parabéns no dia 18. No dia 19, vários parentes davam os parabéns, e no dia 20, seus colegas. Ela não gostava disso, e a situação se agravou quando sua ex-cunhada perguntou afinal que dia deveria dar os parabéns. Nessa nova agência, o departamento pessoal colocava no quadro de avisos, todo mês, os aniversariantes daquele mês. Logicamente o dia que constava para Calígena era o dia de seu registro, por isso todos os colegas consideravam seu aniversário no dia 20. Então, depois do "aperto" que sua ex-cunhada deu nela, ela resolveu que iria adotar o dia 20 como seu aniversário e não queria mais ninguém dizendo que seu aniversário não era naquele dia. Ela tinha esse direito, afinal era o aniversário dela. Mesmo assim, sua mãe não a respeitou por muitos anos e fazia o que bem entendia. Mais uma intransigência de sua mãe sem qualquer fundamento.

Vida conjugal sem a bênção divina

Lijou acabou saindo de seu relacionamento com a mãe de suas filhas, que não era bem o que ele falava, mas realmente estava deteriorado. E, pela necessidade de ter onde morar, Calígena e Lijou decidiram morar juntos. Ela não poderia deixá-lo ficar em seu apartamento, porque a realidade é que era um homem estranho para entrar num apartamento com duas mulheres, uma criança e uma adolescente. Seria uma inconsequência de Calígena impor uma situação como essa. Então, resolveu alugar um apartamento bem perto dali e, para tudo, se locomoveria a pé. Eram uns quinhentos metros do apartamento dela para o trabalho e também uns quinhentos metros do trabalho para o local onde foram morar. Ela almoçava todo dia com sua mãe e filhas, dava a assistência necessária e ia dormir no apartamento alugado com Lijou. Assim começaram uma vida conjugal em total discordância com a Palavra de Deus.

Mais uma vez, Calígena arranjou "sarna para se coçar". Lijou era um homem mimado, veemente e só queria saber de viver atendendo seus anseios e vontades. Era fumante inveterado, igual a Calígena, e estava se tornando alcoólatra. Um relacionamento em que o casal não é temente ao SENHOR, um ou os dois possuem características altamente destrutivas, como egoísmo, egocentrismo, ciúmes, violência, imposição, orgulho, vaidade e alguns outros mais, jamais vai conseguir viver em harmonia, em respeito, em confiança, em amor.

Consequentemente, era assim que se apresentava aquele relacionamento, que começou errado. Eles tinham um ciúme doentio recíproco e brigavam com frequência. Calígena, apesar de estar descobrindo o mundo dos prazeres destrutivos, das estripulias, tinha uma responsabilidade e senso daquilo que era bom no íntimo dela, era instintivo. A maneira como estava vivendo naquele período era uma forma de se sentir livre, de se dar o direito de realizar o que gostava. Dançar era seu maior prazer, além disso, tinha uma carência afetiva que aumentava a cada ano por cada decisão. Ainda com seu relacionamento junto ao oficial da FAB, descobriu que gostava de ter relações sexual, diferentemente do que sentia com o marido, em que se mostrava frígida. Nunca teve um orgasmo com ele.

O pai genético

Calígena viveu uma situação altamente traumatizante logo no início de sua vida conjugal com Lijou, mas não foi nada relacionado a ele. Um dia estava no trabalho, a mãe dela ligou e disse para ela sentar porque tinha uma notícia "bombástica" para contar. Instintiva e imediatamente, ela pensou no pai dela. E foi exatamente isso. A mãe disse:

— Calígena, seu pai está procurando seu irmão. Ligou aqui para casa uma sobrinha dele e disse que ele quer ver seu irmão.

Calígena ficou absorvendo a informação algum tempo antes de poder dizer algo.

Depois se recompôs e perguntou se ela tinha deixado algum contato. A mãe passou o telefone e ela guardou para refletir com calma. Ficou um bom tempo sentada, pensando. Nunca tinha visto o pai, nunca teve contato com os parentes dele. A emoção que veio naquele momento não foi agradável. Deixou para decidir em outra hora o que fazer. Porém, sentiu de repente uma curiosidade muito grande e tentou controlar.

Quando algo mexe muito com as emoções de alguém, é difícil parar de pensar. Fica aquele pensamento persistente, "chato", que parece impossível esquecer. Foi o que aconteceu com ela. Ficou pensando naquilo quase o tempo todo. Não resistiu a curiosidade e decidiu procurar a "tal" prima.

Ligou, ficou sabendo que ela era filha de uma irmã de seu pai. Que morava num bairro um pouco distante e acabou marcando de ir a um almoço no próximo domingo. Lijou, nesse caso, apoiou demais Calígena, sabendo que aquela situação era algo extremamente melindroso. Foi com ela ao almoço, mas quando chegou à casa, seu pai não estava lá. Perguntou onde estava, e aí começaram as explicações:

— Sabe?... Nós somos o lado pobre das irmãs dele. Tem uma irmã nossa que tem uma situação financeira muito boa e nosso relacionamento não é muito bom. Essa irmã de seu pai é muito antipática e encrenqueira, há algum tempo não nos recebe na casa dela. Ele está lá na casa dela.

Calígena ficou sem entender muito bem o tamanho da "encrenca familiar que estava rolando", mas não estava interessada. Queria conhecer o pai, agora que tinha tomado coragem e decidido ir. Então, perguntou:

— Afinal, eu vou ver meu pai ou não? O que se pode fazer?

A prima disse que os levaria na porta da casa e eles tentariam entrar. Aquilo soou bastante deprimente para Calígena, mas fingiu que não ligou e foram para a outra casa.

Quando lá chegaram, tocaram a campainha, mas o pessoal da casa não veio nem atender. Lijou ficou com raiva e pulou o muro para falar com o pessoal. Entrou, explicou e eles receberam somente o casal. Os parentes foram embora. Calígena sentou em estado de choque diante de tanta confusão e, principalmente, suas emoções confusas por causa do pai. Finalmente o "famigerado" apareceu. Era altivo, soberbo, antipático. Veio, abraçou Calígena, e ela sentiu uma aversão tamanha àquele abraço. Sentiu-se tão mal que o afastou dela imediatamente. A rejeição foi total naquele momento. Eles sentaram para conversar e imediatamente ele começou a falar como se fosse o "rei da cocada preta".

Xiiii! Que quantidade de emoções negativas Calígena estava sentindo. Asco dele, nervoso por conta da situação que tinham enfrentado, curiosidade de tudo aquilo que estava acontecendo, além de uma angústia muito grande. Para piorar, o papo dele era terrível. Perguntou logo sobre a mãe dela, elogiou a carne assada dela e criticou a mãe por algum motivo que Calígena nem prestou atenção qual foi. Daí ela colocou para fora algumas das emoções que estava sentindo. Disse:

— Não abra a boca para falar da minha mãe, porque se eu hoje sou alguém é graças a ela. Nunca soube de você e nunca me ajudou em nada. Então, é melhor nem tocar no nome dela.

Ele ficou assustado e mudou de assunto. Começaram a falar amenidades e ele disse que gostaria de encontrar o irmão dela.

A partir desse ponto, Calígena já estava querendo sumir dali, mas ponderou e disse que o ajudaria a encontrar o filho. Foi embora e ficou alguns dias em um estado de choque por conta de tudo que tinha vivido.

Tem certeza de que você quer ser feliz?

Depois que se recuperou, lembrou-se de sua promessa, fez contato com o irmão para combinar um almoço na casa dela e todos se encontrarem. Seu irmão aceitou e ficou combinado que todos, ela e Lijou, seu irmão e a esposa dele, o pai e a irmã, iriam almoçar juntos na casa dela no próximo domingo.

Quando o pai chegou, Calígena, Lijou, Sejo e a esposa já estavam esperando. Novamente o pai chegou com aquele ar imponente de quem é dono do mundo. Ahhh! Como Calígena detestava essa postura. Ela era humilde, caridosa e simples. Ele era exatamente o contrário.

E quando começou a "prosa"? Aí o "caldo entornou de vez". O pai começou a investigar a vida sexual do filho na frente da esposa, numa total falta de respeito e educação. Perguntou se ele tinha algum filho por esse mundo afora. A esposa de Sejo ficou parada, olhando para ele, de boca aberta, estarrecida. Calígena pensou que ela devia estar assustada, porque era difícil imaginar que existem pessoas desse "naipe".

Logicamente o almoço foi um fiasco e, em algum momento, todos já estavam mesmo querendo se despedir e sumir. Ele ainda disse que estava morando há muitos anos no Ceará, há aproximadamente 2.500 quilômetros de distância do Rio de Janeiro. Deu o telefone dele, e Calígena por educação disse que faria contato. Essa foi a última vez que o viu e decidiu que nunca mais queria contato com ele. Por fim, quando encontrou a mãe, agradeceu a ela não ter que viver com um ser humano tão degradante como aquele.

Foi uma experiência extremamente sofrida para Calígena. Porém, mais uma vez, ela deu a "volta por cima" e continuou sua caminhada de vida como se aquilo nunca tivesse acontecido.

A viagem traumatizante

Lijou também era um louco no volante. Corria excessivamente e deixava todos os caronas em estado de "calamidade pública". Juntando as filhas dos dois, porque eram todas meninas, dava um total de cinco filhas. Os dois frequentemente viajavam para a Região dos Lagos e levavam as meninas. Essas viagens se tornaram um tormento para Calígena, devido à forma irresponsável como ele dirigia. Corria demais e não adiantava pedir para ele respeitar as meninas. Ele era de uma impaciência insuportável.

O irmão de Calígena fazia parte de um grupo de amigos que estavam sempre viajando em caravana e criando eventos. Para o próximo carnaval que aconteceria, o grupo estava programando uma caravana para Porto Seguro, um lugar de muito turismo no Estado da Bahia. Lijou e Calígena resolveram participar e ir juntos nessa viagem que seria de uma semana. Se Calígena já tivesse relacionamento consciente com seu Pai Todo-Poderoso e os sinais que Ele dá para seguirmos nos caminhos tranquilos e corretos, ela jamais faria essa viagem. Foram muitos sinais mostrando que ela não deveria ir, mas nada adiantou, vivia dentro de seus cinco sentidos, apesar de agir por instinto algumas vezes. Já uma semana antes da viagem, o único carro que eles tinham "bateu máquina" e só ficaria consertado num prazo mínimo de quinze dias. Esse já seria um motivo, mais do que suficiente, para desistirem da viagem. No entanto, Lijou pediu o carro da irmã emprestado, até para circular uns dias antes da viagem. Aconteceu que, dois dias antes de viajar, ele estava parado num sinal, e um carro descontrolado bateu na traseira dele. Mais um carro sem condições de viajar. Porém, Lijou não era de "entregar os pontos". Conversou com um membro do grupo, que também viajaria e tinha vários carros, e pediu um emprestado. O membro emprestou e eles se prepararam para começar a viagem às 4 horas da manhã, do sábado de carnaval, e que seriam de 1.120 quilômetros.

Conforme o planejado, saíram de casa, entraram no carro e... impossível imaginar. Quando Lijou passou pelo portão da garagem, tinha um sobressalto, o cano de descarga bateu no chão e ficou arrastando. Ele deu um jeitinho e lá foram eles, na maior teimosia que talvez tenham praticado na vida. Andaram até a Ponte Rio-Niterói, que já por volta das 5 horas da manhã estava engarrafada, com as pessoas que também estavam viajando. Foi amarrando o cano de descarga com uma camiseta e ela, já ali, sem ter andado nem 10% da distância do destino, começou a entrar num estado de pânico com medo do carro explodir, e isso a foi consumindo. Quando conseguiram sair da ponte e chegar a um município, ficaram esperando até às 9 horas para trocar o cano de descarga que havia se partido de vez. Perderam um tempo precioso de viagem.

Quando prosseguiram a viagem, por todo o percurso havia um engarrafamento de quilômetros e quilômetros de distância. Lijou, em sua impaciência ao volante, pegou o acostamento da contramão, porque o da mão já tinha sido tomado por outros motoristas impacientes como ele. Passaram o dia numa viagem causticante e, às 18 horas, chegaram a outro estado que dista apenas 520 quilômetros do Rio de Janeiro. Andaram apenas metade da viagem em 16 horas. Ele queria continuar a viagem, mas ela não deixou e eles pernoitaram em Vitória.

No dia seguinte, às 6 horas, eles recomeçaram a viagem. Logo, alguns quilômetros à frente, viram um acidente horrível, com quatro jovens mortos dentro do carro que foi pego de frente por um enorme caminhão. Aquele acidente traumatizou mais ainda Calígena, que já estava emocionalmente muito mal da viagem do dia anterior. Começou a tentar controlar Lijou para ele não tomar qualquer gole de cerveja enquanto dirigia. Ela não podia se distrair dele nem por um segundo. Teve um momento em que pararam num posto de gasolina para abastecer, ela foi ao banheiro, e quando voltou lá estava ele bebendo uma latinha de cerveja. Ela brigou com ele, que alegou que ganhara de um grupo de rapazes em outro carro. Fez a alegação como se, naquele caso, a "cavalo dado não se olha os dentes", ele poderia beber... Era terrivelmente inconsequente. Ela foi entrando num estado de degradação emocional, que se não tivesse a proteção de seu Criador tão presente provavelmente teria morrido naquela viagem.

Para piorar, após andarem mais alguns quilômetros, numa serra perigosa, viram outro acidente com vítimas fatais e outras em estado terrível. Tinha acabado de acontecer o acidente e mais da metade da frente do carro tinha sido destruída. Essa foi a gota d'água para acabar com todo o controle emocional dela. Ela fez um discurso terrível, gritou, brigou, e ele finalmente se "mancou", começando a dirigir com mais calma e cuidado. Chegaram a Porto Seguro às 14 horas, e Calígena levou dois dias para se recuperar emocionalmente de tudo que tinha vivido. Como Deus deve ter tido trabalho para proteger Calígena da teimosia dela. Deus realmente é misericordioso com suas criaturas ainda ignorantes de Sua Palavra, e mesmo talvez com todos.

Depois daquela viagem, ela resolveu desistir de fazer viagens longas com ele, porque não mais confiava. Aprendeu com ele que alguns prazeres eram um martírio, destruíam e matavam literalmente, além do emocional.

Mesquinhez

Todo relacionamento que não tiver os ensinamentos de Cristo como o centro dele, está fadado à deterioração. Somente o amor constrói. O amor vem com a conquista do respeito, da confiança, da credibilidade, da empatia, e vem com o tempo. O casal casa num ápice de paixão, de carinho, de sonhos. Dois seres humanos diferentes, de famílias diferentes, de sentimentos diferentes, experiências diferentes, que estão casando baseados na paixão, que é um sentimento extremamente efêmero. A paixão dura enquanto não existem as controvérsias, os conflitos. O amor cresce no casal quando existe O Mediador, que é Jesus Cristo.

O relacionamento de Calígena e Lijou, além de ter começado totalmente errado, não tinha a crença sustentável para fazer com que mudasse a circunstância dele. Apesar de Calígena ter uma fé inteligente e poderosa em Deus, não conhecia o Deus da Bíblia e, por isso, não podia influenciar Lijou para se transformar num verdadeiro companheiro ideal. Além disso, ainda tinham grandes conflitos, por causa das despesas da casa dos dois.

Por duas vezes, ela teve que agir de forma totalmente arbitrária, por causa da falta de compromisso dele em dividir as despesas da casa dos dois. Quando foram morar juntos, ficou acordado que iriam dividir toda a despesa de casa, porque ambos mantinham também um lar com filhos. Ela tinha o apartamento dela com a mãe e as duas filhas que mantinha sozinha. Ele, a ex-companheira e suas três filhas.

No início ele cumpria tudo direitinho. Ele dava a parte dele no aluguel, nas compras alimentícias, da faxineira, da passadeira, da luz, do gás, da água e tudo que fosse da casa. Depois de algum tempo, começou a "se amarrar" para pagar a parte dele. Ela pagava a despesa, e, quando ia cobrar a metade, ele dizia que depois o faria, mas o depois nunca chegava. Um dia foi a passadeira, que na realidade era mais para as camisas sociais dele que compunham o terno. Ele ficou sem pagar o primeiro mês, e no segundo mês ela dispensou a passadeira. Ele só se deu conta da ausência de camisas lavadas e passadas quando acabou o estoque. Um dia, estava se arrumando para o trabalho, percebeu que não tinha camisa no guarda-roupa, acordou Calígena e disse:

— Calígena, não tenho mais camisas no armário.

Ela já olhou para ele enfezada porque a tinha acordado tão cedo e disse:

— Quer roupa lavada e passada, pague a faxineira que você não pagou mês passado. E se falar comigo mais alguma palavra, eu vou fazer um escândalo agora.

Ele sabia que ela faria mesmo, calou a boca, virou-se para ir trabalhar e nunca mais falou no assunto.

Em outro momento, foi em relação às compras alimentícias. Ele não deu a metade dele, e ela resolveu que deixaria a dispensa limpinha, sem qualquer mantimento. Quando ele percebeu e reclamou, ela o mandou comer no botequim com os amigos da cerveja dele. Nessa altura, ela já não ia mais tomar cerveja com ele porque estava sentindo o perigo iminente.

A histerectomia

Calígena estava vivendo mais uma vez um drama em sua vida. No trabalho eram as pressões cotidianas pertinentes. E, em sua vida particular, muitas responsabilidades e conflitos. Sempre que o "cerco" apertava muito, ela começava a ter hemorragia e, por duas vezes, teve que se submeter a uma curetagem uterina para cauterizar o útero e parar de sangrar. O médico avisou que se a hemorragia acontecesse pela terceira vez, teria que tirar o útero, porque não poderia mais fazer curetagem.

Realmente aconteceu a terceira vez. O médico, conforme havia avisado, marcou a cirurgia e seria uma cirurgia bem grande e arriscada. Calígena se submeteu à cirurgia com coragem e total submissão, assim como agia quando confiava em alguém e se entregava totalmente. O médico tirou o útero, tirou o apêndice e indicou um repouso de vários dias para cicatrização total. Esse médico era o mesmo que um dia a livrou do tormento vivido por causa do útero invertido. Ela confiava totalmente nele e de fato ele nunca a decepcionou. Dava os diagnósticos certos e resolvia o problema definitivamente. Até os 35 anos, ela teve problemas constantes ligados ao aparelho genital feminino. Depois da cirurgia nunca mais teve problemas. Viveu o resto da vida como uma menina sem menstruação, sem cólicas menstruais, sem hemorragias, sem o martírio de exclusividade feminina. Essa foi a segunda vez que Lijou foi um companheiro maravilhoso para ela. Ajudou-a, sem críticas ou acusações, de forma solidária e competente.

Apesar disso, a cada dia, o relacionamento ia se degradando. Brigas intermináveis pelas inconsequências dele. Pelo exagero da cerveja que estava virando alcoolismo. Pelo ciúme que um tinha do outro. Após poucos anos de convivência, aconteceu algo marcante, que fez com que Calígena decidisse que tinha que acabar aquele relacionamento.

Uma verdadeira briga

Na nova agência do banco onde trabalhava, Calígena já estava num cargo de confiança e muita responsabilidade. Era a tesoureira da agência. Como sempre, no mês de setembro, que é o dissídio dos bancários, os bancos entraram em greve. Calígena sempre foi ativista, mas agora não podia mais participar de greve, por conta de seu cargo importante e bem comissionado. Ela não podia perder o emprego por causa de suas despesas altas. Achava a greve justa e queria participar. Estava vivendo um conflito muito grande entre o que queria e achava correto, mas que não poderia fazer. Mesmo não acompanhando mais Lijou em bares para tomar cerveja, um dia, nesse conflito, resolveu acompanhá-lo para esfriar a cabeça. Mais uma vez errou em seu objetivo.

Eles moravam no segundo andar da casa, em cima dos pais dele, que alugaram para eles. Durante o dia, os dois estavam no trabalho e a família dele tinha livre acesso a casa. Muitas vezes, à noite quando chegavam, tinha luzes acesas, telefone apresentando ter sido utilizado e muitas ocorrências que faziam com que Lijou ficasse reclamando. Quando ela chegava antes dele em casa, ela corrigia tudo para não ter reclamações, porque não ligava "a mínima" para essas coisas. Naquele dia, os dois beberam bastante cerveja e chegaram em casa às 2 horas da manhã. Tudo parecia uma armadilha para o que aconteceu. A casa estava toda "fora do prumo". Eram as luzes acesas, móveis fora dos lugares, secretária eletrônica toda remexida. Ahhhh! Ele começou a "ladainha". Olha isso aqui, a conta de luz vai ser um absurdo. E, o telefone, xiii!... deve ter sido usado. Simplesmente naquele dia ela não aguentou mais. Pegou a secretária eletrônica e, segurando-a, disse:

— É isso aqui que está causando problemas?

Não deu tempo nem de ele pensar. Atirou no chão com toda força, mas o objeto não quebrou. Ele deu uma bofetada nela, pegou a secretária e colocou no lugar, ajeitando. Ela não conversou. Pegou novamente a secretária e a jogou no chão com mais força. Dessa vez, quebrou. Ele deu outra bofetada nela. A briga tinha começado feia e com violência. Ela pegou o dinheiro que ele tinha esvaziado do bolso, rasgou todo e jogou na cara dele. Outra bofetada. Ela foi para a cômoda, passou o braço, jogando tudo no chão e quebrando os vidros. Dessa vez, ele deu um soco no pescoço dela. Aí... o "caldo engrossou de vez". Ela estava totalmente fora de si. Olhou para ele e disse:

— Agora eu vou quebrar sua televisão. Você começou a me bater e vai ter que me matar porque eu não tenho medo de você e vou quebrar o quarto todo — ela disse olhando nos olhos dele com muita raiva.

Ele sentiu que a "maré não estava para peixe" e viu que realmente iria matá-la. Acalmou-se, segurou os pulsos dela com força e disse:

— Calma. Vamos parar com isso.

Ela se acalmou também. Ficaram se olhando alguns instantes e, depois que ele largou o braço dela, ela foi para a cozinha tomar um copo de água com açúcar para se acalmar.

Uma decisão sábia

Quando clareou o dia, o quarto estava um caos. Ele foi trabalhar, ela foi arrumar e limpar, resolveu não ir ao trabalho porque estava cheia de hematomas. Não queria dar satisfação sobre aquilo a ninguém. Ficou o dia todo em casa, pensando na sua vida e resolveu que iria largá-lo, mas com calma porque, independentemente de tudo aquilo que estavam vivendo, ainda eram apaixonados, devido ao relacionamento sexual que nunca se degradou. Depois das brigas, as relações sexuais eram mais vibrantes e fortes. Completa loucura mortal!

A faculdade de analista de sistemas

Pela segunda vez, ela voltou a estudar para não pensar no dilema que estava vivendo. Fez prova para uma faculdade particular no curso de Tecnóloga em Processamento de Dados. Passou e começou a cursar em março do mesmo ano. Nessa altura, ela já estava bem distante dele em termos da "companheirinha" como ele a tinha caracterizado. Ela não era mais a companheirinha dele. Não queria mais saber daquela quantidade de cerveja que tomavam juntos indo frequentemente aos bares no final dos expedientes.

Quando começou a estudar na faculdade, sentiu a dificuldade pela falta de base, devido aos anos em que ficou parada. Então, ela decidiu usar os dois dias do final de semana para recordar as bases da matemática do primeiro grau. Ficava todo sábado e domingo em seu apartamento, fazia todos os exercícios do livro de matemática de sua filha, que estava na última série do primeiro grau. Aconteceu até que, em um determinado mês, Caronive tirou uma nota muito baixa em matemática e estava com dificuldades na matéria. Então, Calígena começou a sentar todo dia com ela para ensinar matemática. No início, precisou impor autoridade, mas, conforme ela ia abrindo a mente, foi ficando mais tranquila e acabou aprendendo a raciocinar e a resolver os problemas. Quando chegou a próxima prova de matemática, ela tirou nota dez. Calígena também "arrasou" na primeira prova de estatística que aconteceu naquele período. A prova estava muito difícil e, com exceção dela que tirou dez, a maioria tirou notas vermelhas. Ela era a mais velha da turma, e quando o professor deu a nota parabenizando-a, a turma levantou e bateu palmas. Como sempre, ela se destacava em tudo que se determinava a fazer. Uma das grandes virtudes era a disciplina que tinha. A disciplina é condição *sine qua non* para atingir objetivos. A cada resultado de sucesso, mais sua autoestima subia e ela se dedicava mais ainda para atingir o objetivo. Envolveu-se tanto naquela formação que nada em sua vida particular ou profissional era obstáculo para estudar e conquistar notas altíssimas.

Mais uma separação

Um ano após ter decidido acabar com seu relacionamento com Lijou, planejou como fazê-lo, porque não conseguiria apenas comunicar sua decisão a ele. Estava fazendo algo que era certo, não o que queria. Ainda era muito apaixonada por ele, apesar de tudo. Eles iam frequentemente para casa de veraneio da avó dele em Saquarema, na Região dos Lagos. Calígena sabia que o aniversário do pai dele estava chegando e seria, como nos anos anteriores, comemorado na casa de Saquarema. Então, ela planejou não ir com ele e, enquanto ele estivesse lá, ela arrumaria suas coisas pessoais e, literalmente, fugiria dele. Assim, planejou tudo e pediu a mãe que fosse até a casa para ajudá-la e lhe dar forças para abandoná-lo, porque estava sem coragem.

Por conta da separação planejada, ela já estava evitando ter relações sexuais com ele porque queria se livrar desse prazer que muito a prendia a ele. Talvez ele tenha desconfiado de algo e, na véspera, envolveu-a sexualmente de tal forma que eles acabaram vivendo a maior noite de prazer de suas vidas. Na manhã seguinte, ele saiu para viajar com um ar de vitorioso e talvez com a certeza de que ela estava nas mãos dele. Ela ficou olhando e pensando em como ele estava enganado. Ela tinha decidido e, sofresse o que sofresse, iria embora.

Logo depois que ele saiu, ela começou a arrumar suas coisas, deixou um bilhete: Não me procure! Vou recuperar a tranquilidade que você me tirou. Colocou o bilhete em lugar visível e foi embora.

Ele voltou de Saquarema três dias depois, leu o bilhete e ligou para ela dizendo que tinha o direito de eles conversarem. Ela concordou, se encontraram e ele tentou dissuadi-la da decisão dizendo que ela não saberia viver sem ele. Ela realmente já estava sofrendo pela falta dele, mas foi corajosa, disse que sobreviveria e foi radical em sua decisão. Ele era orgulhoso e não iria ficar implorando a companhia de alguém, seja lá quem fosse. E, dessa forma, acabou aquele "fatídico" relacionamento.

Ela realmente sofreu muito por alguns meses. Sentia falta dele, sentia muitas saudades. Sentia uma dor no peito que não era física e não existia remédio que pudesse curá-la. Não dormia, não comia, só pensava nele o tempo todo.

No entanto, como diz o ditado: "Mente vazia, oficina do diabo", ela começou a tomar todo o seu tempo no trabalho e nos estudos. Tinha tanto que pensar em relação a esses dois pilares que pouco sobrava tempo para pensar nele. Foi esse remédio que deu forças a ela para superar a falta dele. Depois de um bom tempo, conseguiu se libertar da dependência opressiva daquele sentimento. Para cortar um "cordão umbilical" de algo tão forte, como era a paixão deles, tem que ter muita coragem e perseverança. Ela pagou muito caro a decisão de se entregar a um prazer destrutivo, como se iniciou aquele relacionamento.

Mais um capítulo encerrado do drama que Calígena se envolveu. Como ela arranjava complicações em sua vida por causa da grande carência afetiva que tinha. Nunca foi presa ao dinheiro ou às coisas materiais, mas em relação aos relacionamentos vivia arranjando encrenca ao se relacionar com pessoas erradas de forma errada. Depois desse desenlace dramático, até teve algum amadurecimento, mas ainda arranjou alguns relacionamentos bastante inadequados. O ponto positivo é que nunca mais sentiu uma paixão tão destrutiva como aquela com Lijou.

Depois de mais essa vitória na solução dessa "encrenca" em sua vida particular, veio uma tempestade "braba" no trabalho.

Os marajás do Banco do Brasil

Foi no início dos anos 90. Fernando Collor de Mello tomou posse na presidência do Brasil e, conforme tinha prometido em sua campanha de perseguir os "marajás" da Petrobras e do Banco do Brasil, começou sua empreitada pelo banco. Mandou para as agências uma norma de Brasília ordenando que cada agência deveria diminuir o quadro de funcionários existentes e, também, diminuir o número de comissões dos cargos comissionados.

O subgerente perseguidor

Na agência de Calígena, havia nove gerentes do quadro de gerência média, que eram os chefes de setores. Calígena era uma dessas gerentes. Nessa época, era responsável pelo setor dos caixas. Alguns meses antes, ela tinha desafiado o subgerente porque ele a vivia perseguindo. Ele era muito "metido a conquistador", e como Calígena não gostava dele a perseguia por conta de ser o seu chefe. Um dia, ao final de um expediente tremendamente pesado com uma agência muito cheia o dia todo, ela foi até o "tal" subgerente, colocou a mão na cintura, o dedo na cara dele e disse:

— Escuta aqui, Pilefe! Qual é a sua? Está querendo o que comigo? Estou cansada de você "pegando no meu pé". Se tem algo contra mim, escreva para Brasília porque eu também vou escrever e veremos como se resolve essa situação... — Ela estava muito "braba" e desafiadora.

— Ihhhh... garota! Deixe de ser boba e vá trabalhar. Não estou nem aí para você — disse, tentando minimizar o escândalo que estava acontecendo, porque todos os funcionários pararam de trabalhar e ficaram vendo como aquilo iria terminar. Muitos gostaram, porque ele era um péssimo profissional, mas ninguém tinha coragem de encará-lo.

Por fim, Calígena se acalmou e disse:

— Espero que não tenha mais que aturar você pegando no meu pé. Fica na sua e eu ficarei na minha — disse, foi ao banheiro para lavar o rosto e voltar a trabalhar.

Naqueles dias, o subgerente realmente não fez nada e parou de perturbá-la, saindo pela "tangente" ao colocar nela aquele rótulo de "doida", que muitos homens medíocres e covardes colocam para parecer muito especiais.

Mas, infelizmente, o mal que estaria nas mãos dele veio "a cavalo".

O rebaixamento de função

O gerente geral, que era a liderança mor da agência, tinha acabado de tomar posse naquela agência quando veio a ordem de Brasília e, por isso, a escolha dos rebaixamentos e transferências caiu nas mãos exatamente do "dito cujo". Ele escolheu as cinco mulheres que eram da gerência média para serem rebaixadas a caixa, e a primeira da lista foi Calígena. Ela não se surpreendeu. Sabia que seria daquela forma, porque foi dado o poder nas mãos daquele homem, e ela tinha sido a única funcionária que teve coragem de desafiá-lo.

No entanto, Calígena não se angustiou com isso. Foi ao gerente geral, que não quis decidir, e disse:

— Estou perdendo a comissão de gerente agora porque o Pilefe foi que decidiu essa "parada", mas eu não dou um ano para ter minha comissão de volta.

Novamente promovida

Realmente, alguns meses depois, veio uma das maiores greves que o banco já tinha enfrentado. Foram mais de quinze dias de greve, e isso causou um prejuízo muito grande à organização.

O banco tinha que cumprir uma norma de estar com seu balancete diário fechado em até três dias. Depois do prazo, pagava uma multa diária de valores bastante consideráveis. Depois que acabou a greve, o banco estava bem prejudicado nessa norma, porque o balancete só podia fechar quando não existisse qualquer diferença nas contas. Por conta da greve, as contas estavam em estado de calamidade pública.

Diante desse quadro, o gerente precisou de alguém que fosse ao centro de computação regularizar a quantidade imensa de diferenças que existiam, para poder colocar o balancete em dia. Informou-se com os funcionários quem poderia ser enviado para essa missão. Calígena foi indicada com unanimidade. Disseram para ele que ela tinha chefiado o setor de fechamento de balancete e que era "fera" no serviço. Ele a chamou e perguntou se poderia ir. Ela aceitou e passou um bom tempo trabalhando incansavelmente nessa situação até deixar tudo certinho.

Quando voltou à agência, o gerente geral a nomeou novamente gerente, e ela agradeceu a Deus a justiça que foi feita mais uma vez na vida dela.

O casamento de Caronive

Caronive estava com dezesseis anos e um dia chegou para Calígena e disse:

— Mãe, eu e o Coriam vamos nos casar — falou assim de supetão sem qualquer preparo emocional antes.

Calígena ouviu aquilo e pensou: Nem pensar nisso. Não vou deixar. Mas não disse o que estava penando.

— Como vocês podem querer casar? Você ainda é menor e precisa da autorização minha e de seu pai. Vocês não têm renda, não tem emprego, e você ainda nem terminou o segundo grau — rebateu pensando que seria assunto encerrado.

— Mãe, o Coriam tem um apartamento que a mãe dele deixou para ele depois que ela morreu. Nós já o mobiliamos todo e ele está prontinho para morarmos. A avó dele dá uma mesada para ele, que será para nós vivermos até ele terminar a faculdade e poder trabalhar. Está tudo resolvido.

Calígena ficou perplexa diante de todas as informações que acabara de ouvir. Eles prepararam tudo sem qualquer comunicado a ela, sem qualquer diálogo a respeito. Parecia que tinham feito tudo escondido de propósito. Calígena pensou: Não vou deixar. Ela não pode casar sem eu autorizar. Mas logo pensou: Do jeito que ela era, seria bem capaz de fugir com ele para se rebelar contra mim. Refletindo com sabedoria, percebeu que era melhor que ela saísse de casa de forma legal. Então, Calígena não só autorizou como também convenceu o pai a assinar a autorização. Ela só pediu à filha:

— Filha, vocês estão casando terrivelmente cedo. São muito jovens e não deveriam estar se comprometendo com algo tão sério e importante. Mas já que querem, me prometa que vai terminar os estudos e não vai ter filhos logo. Você promete?

Ela respondeu que sim, mas era aquele sim só para conseguir o que queria, pois não existiu um comprometimento verdadeiro.

Uma mudança radical

Casaram e foram morar num bairro próximo ao apartamento de Calígena. Ela ficou sozinha com a mãe e a filha Tarena, que estava na época com dez anos. Em função disso, Calígena resolveu morar na casa nova que tinha comprado em Saquarema, distante do Rio de Janeiro 120 quilômetros.

Pediu transferência no banco, que demorou um ano para sair, mas já foi morar com a mãe e a filha em Saquarema. Enquanto não saía a transferência, Calígena ficava no Rio durante a semana e só ia a casa nos finais de semana. Sua mãe ficava lá cuidando de Tarena.

A intransigência da mãe

No final de semana ia acontecer uma festa de aniversário de uma amiga do banco de Calígena, e ela resolveu ir a Saquarema buscar Tarena para participar da festa. Quando chegou a Saquarema, disse para a mãe:

— Vou levar Tarena para o Rio comigo hoje porque tem uma festa de aniversário na casa da Edien e ela vai se divertir.

Porém a mãe dela disse:

— Não vai levar Tarena para o Rio, não. Essas suas amigas malucas só podem causar problemas para a Tarena.

Calígena ficou com muita raiva daquilo. Como sua mãe poderia querer impedir que ela levasse a filha onde quisesse? Ela resolveu encarar aquela disputa.

— Vou levar, sim, por que não?

— Já disse, não é bom para Tarena ter contatos com os filhos de sua amiga. — E aí, ameaçou: — Se você levá-la, quando voltar eu não estarei mais aqui, vou embora. — A mãe falou isso como se tivesse algum lugar para ir.

No entanto, Calígena não queria prejudicá-la. Só queria poder agir com seus próprios direitos. Então rebateu:

— Faz o seguinte, mamãe. Chame o pastor da sua igreja e peça a ele para servir de mediador da questão. Depois que ele ouvir ambas as partes, vamos pedir a ele para dizer o que deve ser feito. Se ele disser que você está certa, mesmo você não estando, eu cederei. Caso contrário, você cede. Está bom assim?

— Nem pensar. Não coloque meu pastor nessa história. Já disse que você não vai levar e acabou — sua mãe respondeu com uma intransigência insuportável.

Quando Calígena percebeu que ela não queria saber de nada e queria mesmo era impor como sempre suas vontades, ela desistiu de qualquer consenso.

— Faça o que você quiser, eu já estou indo e levando minha filha, que é um direito meu. — Ela saiu e levou a menina com ela sem querer saber das consequências arbitrárias de sua mãe.

Logo que ela saiu, sua mãe ligou para o filho e pediu que ele fosse a Saquarema para tirá-la da casa. Calígena nem imagina o que foi que ela disse ao filho. Não quis saber. No mínimo, contou todas aquelas histórias absurdas que contava quando agia com a intransigência dela. Foi para uma casa alugada que o irmão tinha e ficou lá até ele resolver a vida dela.

Quando voltou, Calígena teve que arranjar estrutura para cuidar da filha e passou a morar em Saquarema, viajando todos os dias 120 quilômetros para ir e outros 120 para voltar.

Esse tipo de conflito constantemente acontecia com Calígena. Por ela ser uma pessoa caridosa, corretíssima, de palavra, as pessoas queriam dominá-la. Enquanto ela agradava e nunca dizia não, as pessoas ficavam satisfeitas e começavam a explorá-la. Quando acontecia um conflito, quando ela tinha que negar algo, agia de forma transparente, franca e verdadeira, e as coisas se complicavam terrivelmente. Como era uma guerreira e gostava de lutar pela verdade, acabava parecendo a vilã da história. A mãe dela é a que mais a difamava. Dizia que era muito "boba", que todos abusavam dela. Ao mesmo tempo, dizia que ela era radical querendo ser a dona da verdade. Tinha muitos conflitos por conta de ser muito verdadeira diante de um mundo tão hipócrita. Ela não tinha noção de por que tinha tantas dificuldades de relacionamentos interpessoais. Não se conhecia bem, não tinha qualquer conhecimento sobre educação emocional. Era muito tímida, apesar de guerreira. Falava muito alto, que foi o que aprendeu desde pequena na casa de sua avó, e isso a prejudicava muito. Começava a detestar a vida porque sentia muito cada conflito que enfrentava.

O susto de uma gravidez

Apesar da promessa de que não largaria os estudos ao se casar e que não ficaria grávida, após uns dez meses de casada, Caronive ficou grávida. A pílula fez tanto mal a ela quanto fazia a Calígena, então ela teve que parar de tomar, e isso foi o suficiente para ela ficar grávida. Calígena ficou muito triste com essa situação, mas não podia falar nada porque a filha realmente teve que parar com a pílula. No entanto, alguns dias depois, ela perdeu a gravidez. Ligou para Calígena informando que tinha perdido, e ela ficou muito feliz. A felicidade de Calígena foi um "desastre" para Caronive. Ela achava que a mãe era desumana por comemorar aquela perda. Calígena aproveitou para avisar:

— Já que você perdeu, tome cuidado agora para não acontecer novamente. Você é muito nova e ter um filho é muita responsabilidade.

A gravidez que prevaleceu

Não adiantou nada, novamente alguns meses depois ela engravidou. Calígena ficou muito aborrecida e ficou sem falar com a filha por um pequeno tempo, até ter que arranjar estrutura para o parto dela.

Mesmo muito aborrecida devido ao caminho que Caronive tomou, Calígena ajudou-a com o pré-natal, arranjou toda a estrutura para o parto e ajudou-a com o primeiro mês de cuidados com o bebê. Realmente, o neném é uma dádiva de Deus que gera um êxtase ao nascer em todo aquele ser humano que tem sensibilidade. Calígena chorou de emoção ao ver o netinho quando chegou ao berçário. Ela acabou se "babando" de alegria e prazer. Porém, não era muito de ficar "paparicando". Era bem pragmática.

Calígena ajudou em tudo, deu todo o apoio, apesar de considerar aquela situação uma loucura por causa da gravidez precipitada. Ela tinha experiências bastante sofridas em função da gravidez. Porém, sua filha não deu valor a nada do que ela fez e, também, impregnada de preconceitos contra a mãe, incutidos pela avó, muito a magoou pela ingratidão e maledicências.

Negócio precipitado e infeliz

Na circunstância do parto do netinho de Calígena, ela já tinha conseguido a transferência de agência e trabalhava muito próximo a sua casa. A casa estava bem velha e ela se encantou por outra bem grande e extremamente imponente. Então, como o seu genro queria muito o apartamento dela no Rio, ela negociou com ele e vendeu-lhe o apartamento. Vendeu a casa que estava morando para sua colega do banco e comprou aquela casa que tanto a tinha agradado.

Infelizmente tomou uma decisão muito importante, sem competência, somente pela sua atração visual. Vendeu dois imóveis muito bons e agradáveis para comprar uma casa que tinha um problema muito sério, o qual ela só descobriu depois que estava morando.

Nas chuvas fortes a casa enchia. Era muito baixa e qualquer chuvinha mais proeminente causava uma enchente na casa. Na primeira enchente, ela ficou "ilhada" no segundo andar da casa por três dias, com medo de descer e ter cobras na água, cuja altura estava em aproximadamente meio metro.

A segunda enchente aconteceu na véspera de ano-novo, que foi uma das mais tristes virada de ano que Calígena viveu. Tinha trabalhado todo o dia, voltou para casa sozinha, porque a filha Tarena tinha ido para a casa de amigos, e quando chegou começou uma chuva forte. Viu a casa encher aos poucos, ficou olhando tudo aquilo, desiludida, triste e tentando suportar aquele momento, que a estava atingindo com muito sofrimento. Viu o ralo do box transbordando com uma água enlameada e fedorenta. A enchente começou no banheiro para depois continuar por toda a casa. Ela estava tão deprimida, que nem ligou mais para nada ou ficou com medo. Sentou, chorou muito e foi dormir. Pensou que se a água não a cobrisse enquanto dormia, teria um novo dia de um novo ano pela frente.

A construção abençoada

Acordou pela manhã e tudo já tinha passado. A chuva não demorou muito a estiar e a água estava escoada, apesar da casa toda enlameada e fedida. Ficou olhando, decidiu que tinha que vender aquela casa e comprar outra numa área sem aquela "praga".

Foi o que fez. Começou a procurar e achou uma casa na mesma rua da casa que tinha vendido. Era uma casa no esqueleto. O dono começou a construir, mas ficou sem condições financeiras, parou a construção e botou a casa à venda. Calígena conseguiu um adiantamento com seu irmão para comprar a casa e pagar a ele quando vendesse a sua. E, nessa circunstância, aprendeu outra área de atuação em sua vida. Começou a comprar material de construção, contratar pedreiros, cobrar um serviço eficaz, se dedicando um bom tempo pela construção da casa. Foi uma experiência nova, complicada, mas muito prazerosa. Ela curtiu intensamente esse período de sua vida. Terminou a obra, vendeu a casa anterior, quitou todos seus compromissos e foi morar na casa muito "gostosa" que tinha construído. Foi um momento de alta realização e satisfação consigo mesma.

Reflexões

O que é a verdadeira liberdade?

A LIBERDADE é um dos atributos ou valores mais apreciados pelo ser humano. Para alcançar a LIBERDADE já foram feitas manifestações e revoluções, foram travadas guerras, e muito sangue já foi derramado.

Mas a verdadeira liberdade só pode ser experimentada através do derramamento de sangue de uma pessoa: Jesus. O Seu sacrifício perfeito LIBERTA todo aquele que escolhe acreditar. Nenhuma corrente é capaz de resistir ao poder libertador do Salvador.

A Palavra de Deus afirma que se o Filho nos LIBERTAR, seremos verdadeiramente LIVRES. O que a Bíblia revela sobre a verdadeira LIBERDADE?

https://www.bibliaon.com/liberdade/

João 8:31-32 — Jesus dizia, pois, aos judeus que criam Nele: Se vós permanecerdes na minha palavra, verdadeiramente sereis meus discípulos e conhecereis a verdade, e a verdade VOS LIBERTARÁ.

O próprio SENHOR JESUS é a verdade que nos liberta. Ele é a fonte da verdade, o padrão perfeito daquilo que é correto. Ele nos LIBERTA das consequências do pecado, do engano que infligimos a nós mesmos e do erro a que nos induz Satanás. Jesus nos mostra claramente o caminho da vida eterna com Deus. Por isso, Ele não nos dá LIBERDADE para fazermos o que quisermos, mas para seguirmos a Deus. À medida que procuramos servir a Deus, a verdade perfeita de Jesus nos LIBERTA para que sejamos tudo aquilo que Deus deseja que sejamos!

Bíblia de Estudo — Aplicação Pessoal

Romanos 6: 22 — Mas agora, LIBERTADOS do pecado e feitos servos de Deus, tendes o vosso fruto para santificação, e por fim a vida eterna.

É impossível ficar neutro. Todos têm um mestre: Deus ou o pecado. O cristão não é alguém que não possa pecar, mas que não vive mais como um escravo do pecado, porque pertence a Deus.

Você é livre para escolher entre dois mestres: o pecado ou Jesus Cristo. A recompensa do pecado é a morte eterna. Isso é tudo que você pode esperar ou receber de uma vida sem Deus. Mas, ao escolher Cristo seu Mestre, você recebe a dádiva da vida eterna, uma existência com Deus, que começa na Terra e continua pela eternidade. A quem você escolhe?

Bíblia de Estudo — Aplicação Pessoal

Romanos 8:20-21 — Porque a criação ficou sujeita à vaidade, não por sua vontade, mas por causa do que a sujeitou,

Na esperança de que também a mesma criatura será LIBERTADA da servidão da corrupção, para a LIBERDADE da glória dos filhos de Deus.

O pecado fez com que toda a criação perdesse o perfeito estado que tinha quando Deus o criou. Ela se tornou decadente e escrava da morte. Não pode mais cumprir seu propósito original. Mas, um dia, toda a criação será LIBERTA e transformada. Até que esse momento chegue, haverá uma ansiosa expectativa pela ressurreição dos filhos de Deus.

Os cristãos veem o mundo como ele é: fisicamente decadente e espiritualmente contaminado pelo pecado. Mas não precisam ser pessimistas, porque têm a esperança da glória futura. Eles aguardam o novo céu e a nova terra que Deus prometeu; esperam pela nova ordem divina que LIBERTARÁ o mundo do pecado, das enfermidades e do mal. Enquanto isso, os cristãos vivem com Cristo em um mundo onde o corpo e a alma das pessoas podem ser curadas pelo poder do Espírito, que combate os efeitos maléficos do pecado.

Bíblia de Estudo — Aplicação Pessoal

2 CORÍNTIOS 3:17 — Ora, o SENHOR é Espírito; e onde está o Espírito do SENHOR, aí há LIBERDADE.

Aqueles que tentavam ser salvos mantendo a lei do AT estavam presos às regras e formalidades. Mas agora, pelo Espírito Santo, Deus fornece a LIBERDADE do pecado e da condenação. Quando confiamos em Cristo para nos salvar, Ele remove nosso fardo pesado de tentar agradar-lhe e nossa culpa por falhar ao fazê-lo. Por confiar em Cristo, somos amados, aceitos, perdoados e LIVRES para viver para Ele.

Bíblia de Estudo — Aplicação Pessoal

SALMOS 119:45 — E andarei em LIBERDADE, pois busquei os teus preceitos.

O salmista fala a respeito de guardar as leis e permanecer livre. Ao contrário do que frequentemente esperamos, obedecer às leis de Deus não representa proibições e restrições, pois elas no LIBERTAM para sermos o que Deus planejou para nós. Ao buscarmos a salvação e o perdão de Deus, somos libertos do pecado e da culpa opressiva que advém dele. Quando vivemos de acordo com a vontade de Deus, temos LIBERDADE para cumprir seu plano para a nossa vida.

Bíblia de Estudo — Aplicação Pessoal

GÁLATAS 5:1 — Estai, pois, firmes na LIBERDADE com que Cristo nos LIBERTOU e não torneis a meter-vos debaixo do jugo da servidão.

Cristo morreu para nos LIBERTAR do pecado e de uma longa lista de leis e regulamentos. Cristo veio para nos LIBERTAR — e não para nos deixar LIVRES para fazer o que quisermos, pois isso nos levaria de volta à escravidão dos nossos desejos egoístas e iníquos. Ao contrário, graças a Deus, agora somos LIVRES para fazer o que antes era impossível — viver generosamente. Aqueles que apelam para a LIBERDADE, para viver a seu modo ou praticar seus próprios desejos estão retornando ao pecado. Mas também é errado colocar o peso da obediência à lei mosaica sobre os cristãos. Devemos nos opor àqueles que desejam nos escravizar com regras, métodos ou condições especiais para alcançarmos a salvação ou o crescimento em Cristo.

Bíblia de Estudo — Aplicação Pessoal

GÁLATAS 5:13 — Porque vós, irmãos, fostes chamados à LIBERDADE. Não useis, então, da LIBERDADE para dar ocasião à carne, mas servi-vos uns aos outros pela caridade.

Paulo faz a distinção entre o pecado e a LIBERDADE de servir. A LIBERDADE, ou licença para pecar, não é absolutamente LIBERDADE porque escraviza as pessoas a Satanás, aos outros ou a uma natureza pecaminosa. Os cristãos, ao contrário, não devem ser escravos do pecado, porque são livres para fazer o que é certo e para glorificar a Deus por meio de uma carinhosa ajuda aos semelhantes.

Bíblia de Estudo — Aplicação Pessoal

JOÃO 8:36 — Se, pois, o Filho vos LIBERTAR, verdadeiramente sereis LIVRES.

O pecado nos escraviza, controla, domina e dita nossas atitudes. Jesus pode LIBERTAR-NOS desta escravidão que nos impede de tornarmo-nos a pessoa que Ele planejou que fôssemos. Se o pecado o restringe, controla ou escraviza, Jesus pode vencer este poder exercido sobre a sua vida.

Bíblia de Estudo — Aplicação Pessoal

1PEDRO 2:15-16 — Porque assim é a vontade de Deus, que, fazendo o bem, tapeis a boca à ignorância dos homens loucos; como LIVRES e não tendo a LIBERDADE por cobertura da malícia, mas como servos de Deus.

Quando Pedro disse a seus leitores que eles deveriam se submeter às autoridades civis, estava se referindo ao império

Romano sob o comando de Nero, um tirano notoriamente cruel. Obviamente, Pedro não estava ordenando que os crentes comprometessem sua consciência; como havia dito anos antes ao sumo sacerdote, "Mais importa obedecer a Deus do que aos homens". Mas na maioria dos aspectos da vida cotidiana, era possível e desejável que os cristãos vivessem de acordo com a lei de seu país. Hoje, alguns cristãos vivem LIVRES enquanto outros vivem sob governos repressivos. Todos são exortados a cooperar com o governo até onde a consciência lhes permitir. Devemos fazê-lo pelo SENHOR — de forma que suas Boas Novas e seu povo sejam respeitados. Se formos perseguidos, isso deve acontecer por obedecermos a Deus, não por desobedecermos às leis morais ou civis.

Bíblia de Estudo — Aplicação Pessoal

TIAGO 1:25 — Aquele, porém, que atenta bem para a lei perfeita da LIBERDADE, e nisso persevera, não sendo ouvinte esquecido, mas fazedor da obra, este tal será bem-aventurado no seu feito.

É importante ouvir o que a Palavra de Deus diz, mas é muito mais importante obedecê-la e fazer o que ela diz. Podemos medir a eficiência do tempo de nosso estudo bíblico pelo efeito que ele tem em nosso comportamento e atitudes. Você coloca em ação aquilo que estuda?

Parece paradoxal que uma lei possa nos dar a LIBERDADE, mas a lei de Deus aponta o pecado em nós e nos dá a oportunidade de pedirmos o perdão do SENHOR. Como cristãos, somos salvos pela graça de Deus, e a salvação nos LIVRA do controle do pecado; somos LIVRES para viver da maneira que Deus nos criou para viver. É claro que isso não significa que estamos LIVRES para fazer o que bem entendermos. Somos agora LIVRES para obedecer a Deus.

Bíblia de Estudo — Aplicação Pessoal

LUCAS 4:18-19 — O Espírito do SENHOR é sobre mim, pois que me ungiu para evangelizar os pobres. Enviou-me a curar os quebrantados de coração, a apregoar LIBERDADE aos cativos, a dar vista aos cegos, a pôr em LIBERDADE os oprimidos, a anunciar o ano aceitável do SENHOR.

Tem certeza de que você quer ser feliz?

Jesus citou o texto em Isaías 61:1-2. Esse profeta comparou a LIBERTAÇÃO de Israel do exílio na Babilônia com o ano de Jubileu, quando todas as dívidas eram canceladas, todos os escravos LIBERTOS e todas propriedades devolvidas aos primeiros donos. Mas a LIBERTAÇÃO do exílio babilônico não trouxe o que os judeus esperavam; eles ainda eram um povo conquistado e oprimido. Então, com certeza, Isaías se referiu a uma era messiânica futura. Jesus anunciou corajosamente: "Hoje se cumpriu esta Escritura em vossos ouvidos", mas o cumprimento da profecia ocorreu de um modo que o povo ainda não podia compreender.

Bíblia de Estudo — Aplicação Pessoal

Capítulo 9

A NOVA VIDA

Dos 41 aos 50

Quando Calígena se separou do marido, pensou que finalmente era livre para poder viver sua vida e não ter mais problemas. Pura ilusão. Logo, logo, devido a sua carência afetiva, arranjou uma complicação maior ainda: se apaixonou perdidamente de uma forma totalmente errada e viveu um drama por conta disso.

No entanto, teve coragem, e conseguiu também terminar o novo relacionamento. A cada relacionamento em que se envolvia, ficava mais frustrada e descrente de que pudesse existir realmente um relacionamento que fosse verdadeiro, franco, harmonioso e, principalmente, solidificado no amor. Apesar desse estado de espírito, nunca iria desistir do objetivo de conseguir viver uma vida a dois em sua plenitude.

A volta da mãe

Depois que sua mãe tinha ido embora, por causa do conflito relacionado a Tarena, Sejo comprou um apartamento para ela. Financiou uma obra de restauração e autorizou a compra de toda a mobília necessária para lhe dar conforto e prazer. Na verdade, o apartamento ficou realmente muito bonito, parecia uma casa de boneca.

Porém, ele era no último andar e tinha uma infiltração quando chovia que enchia todos os cômodos. Era um transtorno cada vez que começava a chover. Foi feito impermeabilização na laje, foram feitos diversos procedimentos para resolver o problema, mas nada resolveu. Dessa forma, a mãe de Calígena decidiu vender o apartamento e foi morar outra vez com ela.

Novamente Calígena começou a enfrentar um ambiente pesado e desagradável. Às vezes, quando chegava em casa cansada e tarde do trabalho, sua mãe estava de "mal com a vida" e de "cara feia". Calígena detestava essa situação, então, tomava banho, voltava para rua para tomar cerveja até tarde e dormir sem ter que ficar "aturando" o mau humor dela.

Calígena tinha o hábito de falar o que sentia com toda franqueza. Falava as verdades sem o devido cuidado, e as pessoas ficavam com raiva dela. Por isso, seus conflitos inter-relacionais cresciam de todos os lados, principalmente em casa e no trabalho. Por mais que procurasse o motivo de tantos conflitos, não conseguia entender. Não queria saber da vida de qualquer pessoa, não perturbava ninguém, não era fofoqueira, não era invejosa, não ficava pedindo coisa alguma a alguém. No trabalho era extremamente competente e cobrava muito dos subordinados. Gostava de ajudar sempre, era dedicada em tudo que se propunha a fazer, era extremamente comprometida com sua palavra, por que então as pessoas lhe causavam tantos conflitos? Ahhhh! Ela não sabia.

A procura da verdade

Em determinada época, diante de todos esses conflitos, começou a sentir uma vontade imensa de morrer. Não acreditava mais em nada e em ninguém. As pessoas a decepcionavam, frustravam e a machucavam demais. Ela tinha vontade de morrer, mas jamais pensaria em tirar a própria vida. Então, mais uma vez praticou a fé que ainda não conhecia, mas, independente disso, agrada demais a Deus. Fez uma oração profunda de seu coração dizendo a Deus:

— SENHOR, onde está a verdade? Todos me acusam de ser dona da verdade, de ser radical, ao mesmo tempo me acusam de boba. Afinal, o que é isso tudo? Tu sabes, SENHOR, que não quero nada de ninguém. Tu sabes que não quero mandar em ninguém. Por que as pessoas me acusam dessa forma? Eu sei que tenho personalidade e vivo de acordo com minhas crenças, será que isso está errado? Por que as opiniões das pessoas que me acusam estão certas e as minhas opiniões estão erradas, só porque não penso igual a elas? Ahhh! SENHOR, estou cansada, desanimada, triste. O que faço?

Calígena fez essa oração interiormente, num momento de grande tristeza, sem saber que foi a oração mais competente que alguém, leigo da Palavra de Deus, poderia fazer. Deus quer que as pessoas falem com Ele através de seus corações. Para Deus o que tem valor é o que está no coração, e só Ele e o próprio sabem.

Depois desse momento de clamor verdadeiro, Calígena começou a pensar em se aposentar porque já tinha tempo para isso. Seu irmão tinha se aposentado no ano anterior e estava sozinho num grande negócio.

Exatamente estava precisando de alguém de confiança e competente para trabalhar na área financeira.

A aposentadoria

Calígena trabalhou muito tempo em fechamento de balancetes no banco que foi a área que ela mais gostou. Sempre que estava com problemas sérios, desanimada ou angustiada, se jogava nos estudos. Estudando ela esquecia as circunstâncias ao redor e superava qualquer "encrenca". Ela estava morando num município do Rio de Janeiro que tinha muitas micros e pequenas empresas. Então planejou sua vida a partir dessas reflexões: "Vou à cidade do Rio de Janeiro fazer a faculdade de contabilidade, nesse período fico trabalhando com meu irmão e, depois que me formar, volto para cá e abro um escritório contábil para complementar minha aposentadoria".

Entrou com sua aposentadoria, combinou o trabalho com o irmão e já estava se preparando para ir morar temporariamente na capital. Então pensou que antes de cuidar da vida dela, talvez devesse pesquisar se sua filha Caronive precisava de ajuda com o filho. Ligou para Caronive e disse:

— Filha, estou me aposentando e imagino que você talvez precise de ajuda com o Teusham. Ele está pequeno ainda, você poderia deixá-lo aqui comigo durante a semana para eu cuidar dele e levar à escola, enquanto você volta aos estudos. Depois de formada e já trabalhando, ele volta a morar com você. Você quer isso?

— Mamãe, não sei. Vou pensar e te dou a resposta — Caronive respondeu.

Depois de alguns dias, ela ligou para a mãe e disse que não precisava, porque ela já tinha arranjado estrutura para voltar a estudar. Então, Calígena resolveu colocar seus planos pessoais em ação.

Mais trabalho, mais estudo

Foi para a capital, começou a trabalhar com o irmão e, concomitantemente, começou a faculdade de Ciências Contábeis, a qual conseguiu eliminar um semestre em função da faculdade de informática que havia cursado.

Nesse período, Calígena estava sozinha, sem relacionamentos amorosos. Depois de muito se machucar devido a relacionamentos inadequados, se entregou ao trabalho e aos estudos sem precipitações em envolvimentos emocionais destrutivos. No entanto, independentemente dos sofrimentos que já havia vivenciado, não admitia a hipótese de viver sozinha sem um companheiro amigo e leal.

Nessa nova fase, alugou um apartamento perto da filha Caronive, trabalhava com o irmão num bairro um pouco distante e estudava em outro bairro, também distante dos outros dois. Fazia uma verdadeira turnê pelo Rio de Janeiro. Dessa forma, tinha seu tempo e sua mente ocupados 24 horas de cada dia de segunda-feira a sexta-feira. No sábado, ia à sua casa em Saquarema e passava o final de semana. Quando não ia, ficava no seu apartamento se sentindo muito solitária. Morava com a filha mais nova, Tarena, e ela estava na fase de viver a vida com colegas de sua faixa etária.

Calígena não conseguia muito sair sozinha no final de semana porque virou um "bicho do mato", depois que foi morar fora da capital. Apesar de durante a semana rodar três bairros relativamente distantes para poder estudar, trabalhar e descansar, se encontrava num estado de espírito bastante receoso em relação aos perigos da cidade grande. Morou dez anos no interior, e quando voltou à capital, conhecendo a diferença entre os dois lugares, principalmente os perigos da marginalidade, tinha bastante medo de se aventurar em entretenimentos supérfluos.

Normalmente usava o final de semana para estudar para as provas bimestrais. Inclusive se tornou uma das melhores alunas das duas classes de ciências contábeis que existia no seu turno da faculdade. Mas quando estava livre de qualquer responsabilidade, sentia muita solidão.

Relacionamentos virtuais

Sua filha, Tarena, ensinou a Calígena como preencher o tempo se distraindo em um canal de "bate-papo" da UOL. Começou a utilizar e acabou virando sua distração única e favorita, por ser uma forma segura de se distrair. Infelizmente, aqueles que têm um "vazio no peito" tendem a se viciar naquilo que gostam de fazer ou lhes dão muito prazer. Qualquer tempo livre, ela estava lá na sala de "bate-papo" da UOL.

Nesse entretenimento, começou a conhecer pessoas, ficava relaxada, porque estava atrás de uma tela de computador que minimizava a vulnerabilidade emocional e física. Não tinha que encarar o "tête-à-tête". Calígena ainda era tímida, sem a malícia do mundo, apesar da idade e de toda experiência profissional que já possuía. Por isso, lidar com as pessoas pessoalmente era um grande obstáculo para ela. Porém, até se aventurou umas poucas vezes para conhecer pessoalmente alguns internautas.

O sofrimento de Caronive

Nesse relacionamento mais próximo com a filha Caronive, sofreu com ela um momento de grande conflito que ela estava enfrentando. Seu marido a estava traindo, e a amante dele começou a infernizar a vida dela. Calígena, por sua experiência empírica, deu todo o apoio à filha, mas sem influenciar na decisão que ela deveria tomar. A filha estava bastante magoada, conforme era o direito dela, e estava pensando arbitrariamente em se separar dele. Acontece que Calígena percebeu que ela estava perdida entre os sentimentos de paixão e ódio. Fez um longo discurso para a filha mostrando benefícios e prejuízos de cada decisão.

Depois de algum tempo de muita confusão, discussões entre ela e o marido, ele pediu perdão, pediu uma segunda chance, então ela resolveu perdoar e dar a segunda chance que ele pediu.

Coriam viajou para o Canadá. Combinou com Caronive para ela vender tudo que tinha no país e ir se encontrar com ele lá, objetivando irem juntos para a Europa. Depois que Caronive já tinha se desfeito de grande parte dos pertences de casa e pessoais, teve uma grande decepção, porque não conseguiu o visto canadense e não pode ir. Então, depois de alguns meses, Coriam voltou e eles ficaram juntos novamente.

O triste da história de Caronive é que o marido dela não tomou "vergonha na cara". Depois de alguns anos desse episódio, traiu-a novamente e de forma mais terrível que a anterior. Dessa vez, o casamento de fato acabou como era de se esperar.

Coriam era uma pessoa extremamente carismática. Formado em economia e teologia. Bonito fisicamente, com um poder de comunicação fantástico. Ele arranjava as encrencas dele, talvez se achando muito esperto, sem se preocupar com as consequências, de uma forma totalmente irresponsável. Antes do golpe fatal que acabou com o casamento deles e depois da volta do Canadá com ar de arrependido, todos ao redor ainda acreditaram nele e o seguiram na crença bíblica.

Depois que aprendeu a se relacionar através daquele site de relacionamento virtual, aos finais de semana Calígena se distraía batendo papo com pessoas nas salas de sua faixa etária e, intermitentemente, conhecia um ou outro pessoalmente. Num desses encontros, acabou conhecendo um rapaz "legal". Encontraram-se por um pequeno tempo e, nesse período, aconteceu algo bastante interessante em sua vida.

Um infortúnio conveniente

Calígena tinha terminado de pagar as prestações do último carro que tirou no consórcio. Já estava bem usado e ela resolveu tirar outro zero quilômetro. Depois de alguns meses de pagamento da prestação do novo consórcio, resolveu dar um lance para retirar logo o novo. Deu o lance, foi sorteada e colocou para vender o carro atual, no objetivo de poder pagar o lance.

Numa noite que estava voltando de uma festa com esse novo relacionamento, depois que ele a deixou em casa, foi para a casa dele com o carro dela, que devolveria no dia seguinte. No entanto, logo que chegou num cruzamento bem perto da casa dela, sofreu uma batida bastante forte e o carro amassou todo sem causar nele um arranhão que fosse e nem no motorista do outro carro.

Calígena soube do acidente no dia seguinte, mandou colocar o carro na autorizada para avaliação da seguradora. Depois de avaliado, foi dado o laudo de perda total. Mais uma vez, Calígena recebeu um montante acima do valor que receberia com a venda. Foi agraciada com um acontecimento inesperado e extraordinário que só lhe trouxe benefícios sem qualquer prejuízo a todos os envolvidos.

Nesse acontecimento, se pode constatar a Mão de Deus na vida de Calígena por algumas circunstâncias que o mundo diria tratar de sorte, porque não quer admitir as bênçãos vindas do SENHOR na vida daqueles que são tementes a Ele. Primeiramente, além da circunstância do acidente logo após Calígena ser deixada em casa por livramento, o "cara" tinha 1,98 m de altura e, aos olhos humanos, é impossível sair intacto de um carro Fiat Uno todo amassado. Segundo, que quando Calígena foi apresentar sua carteira de motorista à seguradora, constatou que já estava vencida há mais de três meses. Moral, se o acidente acontecesse com ela, a seguradora não pagaria o prêmio porque ela estava irregular, apesar de não saber. Essa ocorrência foi tão hilária, que sua filha Caronive disse para ela:

— Mamãe, tem certeza de que você não namorou esse cara só para ele dar uma perda total no seu carro? Não posso acreditar que isso aconteceu sem um "empurrãozinho seu". — Essas palavras de sua filha foram mais uma evidência para Calígena de o quanto Deus agia em sua vida.

E, ainda, para completar a impressão do mundo e principalmente de sua filha, Calígena acabou esse relacionamento uns dois meses depois do ocorrido. Essa é uma lição para pessoas não ficarem especulando a vida de outras pessoas e "fofocando", porque ninguém sabe o que vai no coração do outro, somente Deus tem esse poder.

A gravidez desastrosa

Desde que sua filha Tarena começou a entrar na adolescência, Calígena a aconselhava constantemente para que ela tivesse cuidado para não ter uma gravidez inconveniente. Ela já tinha muitas experiências negativas em relação a ter um filho de forma precoce. Não cansava de avisar e dar todo suporte necessário para isso não acontecer. No entanto, não teve jeito, com dezenove anos, com um namorado infantil e inconsequente, ela ficou grávida.

Que infortúnio foi para Calígena essa gravidez terrivelmente desastrosa. Ela tinha ficado grávida muito cedo, foi um grande desafio para ela, apesar de estar casada, já com uma situação financeira razoável. A gravidez de Caronive foi outra grande tristeza para ela, apesar, também, de Caronive estar casada e com alguma estrutura para ter um filho. Porém, Tarena era solteira, namorando um "garoto" inconsequente, irresponsável. Tarena também era bastante rebelde e desafiava os padrões morais e éticos. Como ela poderia cuidar de um filho? Que vida teria essa criança? Calígena só pensou que, nesse caso, o aborto seria a solução. Ela não considerava que a fecundação já fosse uma vida.

Com o seu jeito pragmático, ficava pensando: "Quantas crianças jogadas no mundo por mulheres irresponsáveis, por pais desnaturados. Um bebê é totalmente incapaz e dependente de alguém. Quanta maldade acontece por conta de gravidezes amaldiçoadas?" Por mais que pensasse e lutasse com seus valores morais, porque não conhecia os valores cristãos, se convencia que aquela gravidez não podia ir adiante. Por isso, começou a influenciar Tarena para fazer um aborto, apesar de dizer que ela é que deveria decidir.

Por fim, Tarena decidiu fazer o aborto, e Calígena levou-a a um lugar clandestino e muito sinistro. Pagou, marcou o horário e preparou a filha para ir. Nesse horário, Calígena tinha uma prova importantíssima na faculdade e não poderia faltar. Então disse para Tarena:

— No horário, você vai à clínica. Eu vou fazer a prova e virei correndo para estar com você depois de concluído o processo.

Foi o que fez. No entanto, quando chegou em casa, Tarena tinha quebrado muitas coisas, num acesso de raiva e descontrole. Quebrou espelhos, quebrou portas de armários, quebrou peças de decoração. Derrubou muitas coisas e bagunçou tudo. Quando Calígena chegou, estava tudo um caos. Essa circunstância foi algo tremendamente traumático para ambas, mas Tarena pensava que só ela estava sofrendo.

Com o passar dos dias, Calígena desconfiou, pelo estado febril de Tarena, que algo estava errado por conta daquele aborto. Levou-a ao seu ginecologista, ele a mandou imediatamente para o hospital, a fim de realizar uma curetagem. Limpou os resquícios do serviço mal feito e salvou a vida dela. Tarena sofreu por muitos anos acreditando que, talvez, nunca mais pudesse ter um filho. No entanto, aos 33 anos teve um filho, e foi algo realmente esperado e um momento muito especial e de muita alegria.

Para Calígena ficou a dor de ser acusada injustamente por essa situação. Não foi por falta de avisos que Tarena cometeu aquele deslize. E a verdade é que Calígena nunca se arrependeu daquela influência, porque a cada ocorrência escalafobética de Tarena, ela constatava como foi bom interromper aquela gravidez. Mais uma das muitas experiências traumatizantes da vida de Calígena.

Tem certeza de que você quer ser feliz?

Chantagem opressora

Depois desse incidente traumatizante, Tarena começou a dar muito trabalho a Calígena. Quando Calígena não estava em casa, intermitentemente, ela ligava dizendo que estava se sentindo mal, que não queria saber de nada, dizendo muitas coisas desequilibradas. Calígena pegava o carro e saía correndo para casa, largando o que estivesse fazendo ou onde estivesse. Começou a ficar paranoica, com medo de Tarena tentar suicídio e, ainda mais grave, se lembrava que moravam no nono andar de um edifício. Até que um dia, Calígena estava esperando para uma consulta com seu ginecologista, recebeu um telefonema de Tarena naquele estado que estava virando uma obsessão. Dessa vez, Calígena parou, pensou com lógica, entendendo que não adiantava nada ficar naquela corrida para atender seu chamado toda vez que ela ligasse. Se realmente tentasse, quando Calígena chegasse já teria acontecido. Pior ainda, é que ela corria muito com o carro e poderia sofrer um acidente. Então, ligou para Tarena e disse:

— Olha só! Eu vou demorar porque estou esperando o meu médico que ainda tem alguns pacientes antes de mim. É melhor você se acalmar, ir dormir e, quando eu chegar em casa, nós conversaremos. Não irei agora para casa de forma alguma, faça o que você quiser.

Naquela época eram só ameaças mesmo, mas a assertividade na atitude drástica de Calígena foi sua libertação da obsessão em que estava entrando.

A maledicência que pode destruir

No trabalho com o irmão, Calígena estava, a cada dia, assumindo mais responsabilidades. Estava começando a ser totalmente responsável pelo setor financeiro, atuando como diretora financeira de todo o departamento. Não só gerenciava como também executava a parte de conciliação de contas e era responsável por todas as contas bancárias.

Havia um setor, chamado de setor de vidro temperado, que tinha um gerente, que era muito colega de Calígena. Eles se entediam muito bem e trabalhavam em conjunto com respeito, consideração e muita eficácia nos resultados. Porém, também havia outro gerente do setor, chamado de vidro comum, que perseguia e infernizava a vida de Calígena. Esse gerente vivia influenciando negativamente o irmão de Calígena contra ela.

Tudo ia muito bem, apesar das maledicências pelas costas, até que um dia o irmão de Calígena começou a cobrar dela as prestações de contas com muita desconfiança. Agia como se houvesse algum "rombo", e como se Calígena e o gerente do vidro temperado o estivessem roubando. Foi um período terrível na vida dela. Ela passou três meses levando as papeladas para casa a fim de montar relatórios e provar sua inocência.

Por fim, criou algo tão competente que pararam as desconfianças.

Passadas uns seis meses, de repente, uma funcionária perguntou a Calígena se o relacionamento dela com aquele gerente tinha terminado. Calígena não entendeu nada. Nunca teve um relacionamento amoroso com ninguém da empresa. Ela explicou que se referia a Asiasi, e Calígena esclareceu que seu relacionamento com ele era apenas coleguismo e muito respeito. Ela investigou junto à funcionária porque ela estava dizendo aquilo, e a funcionária explicou:

— Ué... rolou um boato por aí... O Leizu estava espalhando que você e o Asiasi estavam tendo um caso e que até poderiam estar roubando a empresa.

Calígena percebeu no ato porque seu irmão tinha tido tantas desconfianças naquela época de cobranças intermináveis e inqualificáveis.

Calígena ficou com muita raiva e tomou um ódio muito grande por aquele gerente nocivo, maledicente e cruel. Porém, não fez nada, porque o time já tinha passado.

A partir daquele dia, toda vez que Calígena chegava à empresa e o encontrava, suas carnes tremiam de ódio. Era uma emoção de ódio muito forte que a estava deixando até doente. Cada vez que imaginava que ia vê-lo, tinha vontade de não ir mais ao trabalho. Não conseguia superar essa emoção tão destrutiva.

Existe um dito muito sábio que explica o ódio da seguinte forma:

O ódio é um veneno que aquele que odeia toma, e quer que o objeto do ódio morra.

Na época, ela não tinha conhecimento desse ensinamento e estava morrendo paulatinamente ao tomar esse veneno. No tempo certo, Deus curou Calígena desse mal emocional que ela estava impondo a si mesma.

Sequela sangrenta

Um mal físico que atacava Calígena de tempos em tempos era um nódulo que crescia em seu seio esquerdo e que ela já tinha operado duas vezes para tirar e fazer exames para saber se era maligno. Das duas vezes foi constatado que não era maligno. Então aconteceu a terceira vez. Ela estava novamente com outro nódulo, e o médico a aconselhou a operar novamente. Ela concordou e pediu para que ele também tirasse um caroço que ela tinha nas nádegas.

A operação foi feita no seio e nas nádegas. O caroço das nádegas estava profundo e por isso ela levou cinco pontos. Depois de alguns dias, retiraram os pontos e ela foi trabalhar. No trabalho, quando fez um esforço e se abaixou, o corte das nádegas abriu e o sangue começou a jorrar abundantemente. Ela ficou desnorteada, porque no setor só tinha homens, e ela não podia pedir ajuda por causa do local. Então, foi ao banheiro, chamou a atendente do setor de vendas para amarrar um lenço sob pressão, fechando o corte provisoriamente, a fim de permitir que ela voltasse ao hospital para dar novos pontos. Foi um verdadeiro desafio para a atendente entender e conseguir fazer o que ela estava pedindo. Por fim, conseguiu fazer algo bem precário, e Asiasi levou Calígena ao hospital. Lá, ela levou pontos novamente e, dessa vez, ficou sem tirar por muito tempo, com medo de sofrer aquele transtorno novamente. Essa última operação foi de total eficácia, porque nunca mais apareceu no seio de Calígena outro nódulo.

Afinal um companheiro

Calígena terminou sua graduação em ciências contábeis com honras. Em sua formatura foi homenageada como o primeiro lugar na média de aproveitamento entre as duas turmas que estavam se formando. Foi um dia de vitória e muito contentamento para ela.

Nesse mesmo período, conheceu alguém, finalmente, que se mostrou como o companheiro ideal que ela tanto desejava. Porém, se fosse rigorosa em seus preconceitos, não iria aproveitar a oportunidade.

Estava em casa em um sábado, sentindo-se bastante solitária, e como de costume foi bater papo na internet. Estava na sala da faixa etária de 40 a 50 anos, conforme a idade dela. Começou a conversar com um rapaz bastante simpático e que escrevia muito bem. Ela gostou do jeito dele imediatamente e foi recíproco. Ficaram conversando por umas duas horas. Até que trocaram informações sobre suas idades. Quando ele disse que era treze anos mais novo que ela, foi um desastre. Calígena tinha um grande preconceito por homens mais novos. Imediatamente após saber a idade, disse que ele estava na sala errada e não quis mais conversar, muito aborrecida.

No entanto, ficaram os dois na mesma sala sem se falar e olhando um ao outro conversar com outras pessoas. Por fim, ele se dirigiu a ela novamente e, como já tinha passado a raiva inicial, ela voltou a conversar com ele, e ficaram batendo papo por mais algum tempo. Por fim, ele a convidou para se conhecerem pessoalmente e ela resolveu aceitar.

Os dois marcaram um encontro naquele mesmo dia e, mais tarde, se encontraram. Foram a um shopping famoso da Barra da Tijuca e ficaram se avaliando reciprocamente por algum tempo. Ela acabou gostando dele mais ainda, porém não aceitava a grande diferença de idade. Ao se despedirem, ela disse que iria ficar aquela semana refletindo sobre a questão e não queria que ele fizesse contato com ela. Precisava pensar bem a respeito e decidir se deveria relacionar-se com ele ou não, sem a interferência dele.

Ficou, realmente, pensando em tudo que conversaram, em como seria se relacionar com uma diferença tão grande de idade. Acabou convencendo a si mesma de que isso era um conceito da sociedade e que talvez não fosse um obstáculo para que ficassem juntos. Então, depois de uma semana, ligou para ele e começaram um relacionamento amoroso bastante alegre e saudável entre os dois.

Dreano era um jovem bonito, carismático, com uma alegria contagiante e muito educado, apesar de impulsivo e descontrolado em determinadas circunstâncias. Estava naquele momento vivendo um drama por causa do fracasso profissional em sua vida. Tinha sido um grande representante da indústria farmacêutica. Depois saiu para entrar num negócio aparentemente muito próspero em relação a vendas, mas que logo faliu. Depois abriu uma empresa de vendas de produtos ortopédicos com seu colega, que também tinha sido da indústria farmacêutica. Quando o negócio estava prosperando, seu sócio começou a negligenciar o trabalho, começou a retirar dinheiro da empresa indiscriminadamente, e Dreano percebeu que não poderia mais continuar com ele no negócio. Então sugeriu que ou ele ficava sozinho no negócio ou ele saía, mas os dois não poderiam mais ficar juntos. O sócio escolheu ficar com o negócio, mas como estava mal financeiramente não ressarciu Dreano do investimento. Ele saiu do negócio sem um tostão sequer, por isso estava sem qualquer renda ou perspectiva de trabalho naquele momento de início do relacionamento com Calígena.

A procura do Deus verdadeiro

Um dia, depois de estarem juntos já a uns dois meses, começaram a desabafar reciprocamente sobre seus problemas, na casa de Calígena em Saquarema. Ele contava os problemas dele e ela os dela. Até que ele falou algo que foi a maior e mais importante sugestão da vida dela. Ele disse:

— Estou sentindo falta de Deus. Não temos uma crença sólida que nos dê um alicerce para suportar tudo isso que enfrentamos na vida.

Ela ouviu aquilo e ficou realmente impactada com a declaração. Ficou pensando por alguns minutos e disse:

— Realmente você tem razão. Eu também estou me sentindo afastada de Deus. Vamos procurar Deus? — Ele concordou e começaram a visitar várias igrejas católicas e evangélicas.

Nas católicas foi uma decepção só. Todas na mesma doutrina, sem conteúdo e vivência na essência da fé, e com muitas idolatrias e práticas pagãs. Nas evangélicas, em várias denominações, constataram muita gritaria e salamaleques que não levam a lugar algum. Muitas denominações evangélicas com doutrinas criadas pelos seus dirigentes que até infringiam a Palavra de Deus. Ficaram nessa procura por alguns meses e, durante esse período, o grande cárcere da vida de Calígena acabou.

Libertação do cárcere do vício

Próximo ao carnaval, ela programou para os dois uma viagem a uma cidade praiana de outro estado. Iam viajar na sexta-feira do carnaval e, no início desse dia, decidiu parar definitivamente de fumar. Jogou fora tudo que tinha em relação a esse vício maldito que a encarcerou por 31 anos. Foi a decisão mais libertadora de sua vida. O vício era físico e emocional. Tinha começado a fumar com quinze anos e jogava todas as suas emoções nele. Dependia dele física e emocionalmente. Que desgraça era esse vício na sua vida! Porém, não foi fácil cumprir essa decisão.

Viajava e já começava a pensar no cigarro todo o tempo. Eram praticamente 24 horas de obsessão pelo desejo de fumar. Nesse período se tornou uma pessoa extremamente introvertida, triste, deprimida e lutando contra o mal tão grande que se envolveu um dia. Na primeira semana quase não dormiu. Tinha uma insônia terrível que aumentava em muito sua depressão. Depois, começou a dormir mal e a sonhar quase que continuamente que estava fumando. Nessa odisseia de muitos dias, teve um sonho determinante que, apesar de não a livrar do sofrimento da abstinência, gerou nela a convicção de que nunca mais iria dar um trago num cigarro. Sonhou que estava em determinado lugar e ofereceram a ela um cigarro, ela aceitou imediatamente e começou a fumar. Depois de alguns tragos, lembrou que tinha prometido nunca mais fumar. Entrou em estado de choque e disse para si mesma:

— Calígena, você não tem vergonha na cara? Desde quando você faz uma promessa e não cumpre? Você agora ficou totalmente desmoralizada.

A credibilidade de Calígena era o seu maior valor. Tinha um compromisso com a verdade, com a transparência e com a palavra. Quando constatou essa desmoralização ficou em total desespero. Então pensou que talvez estivesse sonhando e, se acordasse, constataria que não tinha quebrado sua promessa. Foi o que aconteceu, acordou e ficou muito feliz. Isso foi a maior força que sentiu para realmente nunca mais fumar. Ela não conhecia ainda seu Pai Todo-Poderoso que dava livramentos, proteção, bênçãos e essa coragem que ela teve para se livrar desse grande mal em sua vida, mas ela era grata a Deus, mesmo que de forma ignorante.

Apesar desse sonho que muito a ajudou, ficou um período de quatro anos sofrendo de abstinência. Depois de superado o sofrimento, ainda ficou mais alguns anos lembrando-se do quanto gostava de fumar, mas era uma lembrança sem dor. Ela realmente era diferente. Não agiu como a maioria das pessoas age quando supera o vício. Muitos ficam cheios de restrições, criticam quem fuma, criam preconceitos contra os outros fumantes, esquecendo que quando fumavam detestavam a discriminação. Ela nunca reclamou, não se incomodava quando fumavam diante dela e respeitava o direito de escolha de cada um, lembrando que só parou quando decidiu mudar. Aliás, Calígena era realmente muito diferente de todos ao seu redor. Não reclamava de nada, tinha uma coragem invejável. Tinha uma fé inteligente sem conhecer a Palavra de Deus.

Ela e Dreano continuavam à procura de um lugar onde pudessem se aprofundar numa crença verdadeira e eficaz. O genro de Calígena que acabara de voltar do Canadá, estava frequentando uma igreja evangélica, criada pelo seu amigo do seminário de teologia que cursaram juntos, o qual tinha sido ordenado pastor por uma Igreja Metodista. Ele indicou aos dois aquela igreja e eles começaram a frequentar aquela denominação, apenas por sugestão de Coriam, porque eram incompetentes para escolher com sabedoria.

Independentemente da falta de base sólida da denominação, o amigo pastor de Coriam era bem loquaz, conhecia realmente a Bíblia e, apesar de não ser consistente, trouxe ao casal a oportunidade de conhecer Jesus e desejar cumprir os ensinamentos Dele. Esse desejo de aprender era mais sólido em Calígena do que em Dreano.

Dreano aceitou Jesus como seu Salvador e decidiu se batizar. Calígena se batizou novamente com ele, porque da primeira vez não sabia o que estava fazendo. Foi uma decisão imposta pela circunstância que estava vivendo. Aquele batismo funcionou, na época, como uma corda de salvação do abismo que tinha se metido. Agora, madura e sabendo o que estava fazendo de fato, o batismo tinha valor.

A tentativa do pseudossuicídio

Na Páscoa daquele ano, Calígena enfrentou outra grande provação. Estava passando a Páscoa com Dreano e uns amigos na casa em Saquarema, quando recebeu um telefonema da filha Caronive informando que Tarena tinha tentado o suicídio e estava num hospital. Aquela notícia não assustou muito Calígena porque ela não era de se apavorar com nada e já estava acostumada com os desequilíbrios de Tarena. No telefonema, soube que Caronive tinha levado Tarena para o hospital, que eles tinham feito uma lavagem nela e ela passava bem. Então ela pensou:

Não há um motivo justo para sair daqui agora correndo, enfrentar uma viagem, se tudo já estava resolvido. Quando chegar ao Rio, eu vou tentar mais uma solução para esse tremendo problema.

Disse para Caronive que só voltaria no tempo planejado, e sofreu mais um julgamento e condenação de sua filha e de sua mãe. Era incrível como elas queriam decidir a vida de Calígena e não a respeitavam. Como não conseguiam mandar na vida dela, a rotulavam de forma bastante negativa e até cruel.

Calígena percebeu que sua filha Tarena estava mais rebelde do que em qualquer outra época. Ela estava realmente infernizando a vida da mãe. Com o tempo, foi percebendo que aquilo era devido ao seu novo relacionamento, que estava ficando sério, e os dois já estavam até morando juntos. Tarena não aceitava de forma alguma a vida conjugal de sua mãe e, por isso, começou com aquele inferno.

O início do relacionamento com Deus

Calígena começou realmente a se envolver, com toda sua dedicação, com a crença que estava aprendendo naquela igreja. Uma doutrina dela eram as células em casas de membros que aconteciam em um dia da semana. O mais importante que ela aprendeu dessas células foi acreditar que a devocional era o caminho para ter uma comunhão diária com Deus e aprender quem Ele é, do que é capaz e o quanto ama suas criaturas. Ela via as pessoas falando do tempo que dedicavam à devocional diariamente no primeiro horário do dia e começou a desejar aquilo em seu coração com todo ardor. No entanto, ela saía de casa para trabalhar todo dia por volta das 7h indo para um bairro distante do seu. Trabalhava o dia todo, saía tarde do trabalho e tinha muitos compromissos à noite. Não conseguia saber como iria arranjar tempo para fazer aquela devocional. Começou a orar, pedindo a Deus que lhe mostrasse qual o caminho, porque ela não via condições para isso. Tinha até esquecido da oração tão fervorosa que fez a Deus, muito tempo atrás, quando estava em grande angústia, por estar muito desacreditada do mundo.

Então, em pouco tempo, depois dessa última petição, um dia veio ao seu coração uma inspiração, que com o passar do tempo soube que era o Espírito Santo a orientando. Ouviu aquela voz sem som que lhe dizia:

— A verdade é a Minha Palavra. Leia a Bíblia e a estude todos os dias. Assim, você Me conhecerá, poderá Me obedecer, não dependerá de homens e terá a paz que Eu posso te dar. Também, em relação a devocional, saiba que se Eu quiser, posso parar o tempo.

Na primeira mensagem, quando ela entendeu, lembrou-se de sua petição feita há muito tempo. Da segunda mensagem, custou-lhe entender o que ela significava. Depois, compreendeu que Deus estava dizendo para ela fazer a parte dela, que era realizar a devocional todo dia e, quanto ao tempo, Ele faria o milagre de ela poder administrá-lo, realizando tudo quanto fosse necessário. Aquilo foi um alento para ela e proporcionou um aprendizado decisivo, no sentido de obter mais sucesso em tudo que se propunha a conquistar. Passou a fazer a devocional todos os dias, foi crescendo no conhecimento de Deus, e nunca se atrasou ou perdeu horário por conta dessa atribuição cotidiana.

O verdadeiro casamento

Logo no início da frequência de Calígena e Dreano na igreja, aconteceu um retiro que era chamado de Peniel, o qual mais tarde ela entendeu perfeitamente o significado do nome. Eles foram, e uma das mensagens era com um pastor chamado Jacó, que lhes ensinou sobre o batismo do Espírito Santo. Ele alertou para as práticas contrárias à Palavra de Deus e que eram obstáculos para Deus poder operar na vida do crente. Uma delas era o relacionamento conjugal sem a devida cerimônia: o casamento gera uma aliança de comprometimento e é um sustentáculo no meio dos conflitos. Ao final da mensagem, abençoou em nome de Jesus os participantes e, quando chegou a vez de Calígena, fez uma declaração para ela muito instigante. Disse-lhe com a mão em seu coração:

— Você tem um segredo aí no seu coração guardado a sete chaves. Um dia Deus lhe revelará.

Aquilo deixou Calígena muito intrigada, mas não era de ficar obsessiva por algo e, por isso, esqueceu o assunto.

Por causa da mensagem ensinando que um casal que vive junto e não assumiu o compromisso do casamento estava em pecado, Calígena resolveu não mais ter relações sexuais com Dreano, até se casarem. Ela era apenas separada judicialmente e teria que entrar com um divórcio, para depois poderem entrar com a documentação do casamento. Iria demorar um bom tempo, conforme realmente aconteceu. Passaram dezoito meses até o casamento legal. Calígena nunca se preocupou em se divorciar, porque tinha colocado em seu coração que nunca mais iria casar por conta da experiência traumatizante com o ex-marido.

Quando Calígena disse a Dreano a sua decisão, ele ficou muito "macho" e foi tomar satisfação com o pastor responsável da igreja. Relatou a ele o que sua companheira tinha decidido e que não poderia nunca aceitar aquilo. O pastor ponderou e disse que como eles já estavam naquela situação antes de saberem qual era o certo, poderiam continuar, mas com o compromisso de regularizar o mais rápido possível a situação conjugal deles. Calígena ficou pensando em como o pastor conseguiu "sair pela tangente". Dreano não estava para brincadeiras naquela questão.

Desde quando Calígena começou a viver junto com Dreano, ela sempre estava procurando um meio de ajudá-lo a fim de ele ter uma fonte de renda. Ela sabia que o trabalho é uma das atribuições mais importantes da vida de qualquer adulto. Sem uma renda justa que possa suprir as necessidades básicas do ser, ele será sempre dependente e escravo de quem o sustentar. A primeira liberdade que qualquer adulto deve ter é um trabalho digno que lhe proporcione uma renda justa, capaz de suprir suas necessidades básicas. Dreano estava numa situação de dependência muito desmoralizante. Ele não reconhecia essa situação, porque também era muito soberbo.

O sistema multinível

Numa dessas procuras, ele descobriu uma empresa de marketing multinível americana que vendia produtos naturais para saúde, à base de Aloe Vera. Ele se cadastrou, estudou os produtos e começou a trabalhar. Calígena não conhecia o sistema de multinível e começou a estudar como ele funcionava. Ficou bastante impressionada e motivada com o sistema. Ela tinha feito uma monografia na faculdade sobre a sobrevivência das micros e pequenas empresas e constatou que no Brasil para ter uma receita lucrativa tinha que ser um expert em negócios. A carga tributária do Brasil é uma das mais altas, e o empreendedor tem que ser muito competente para superar tantos obstáculos e prosperar. Já nesse sistema de multinível, o vendedor ganha por seu trabalho individual e em grupo, com toda uma estrutura da empresa. É cada um fazendo um pouquinho e formando uma equipe, com uma empresa estruturada lhe dando suporte.

Calígena comprou vários livros a respeito do tema e começou a estudar, ficou motivada com o sistema e incentivou positivamente Dreano a se envolver totalmente. Acontece que o lado negativo do sistema os livros "de direita" não contam. No cotidiano do trabalho é que vão aparecendo os pontos negativos que levam a maioria dos envolvidos ao fracasso. Nesse sistema existem alguns requisitos preponderantes, os quais devem ser rigorosamente atendidos para atingir o sucesso. Mas esses requisitos são muito complexos e difíceis, acabando por gerar uma meta quase inatingível. Por causa disso, os envolvidos criam estratégias mirabolantes, principalmente de mentiras, para realizar o trabalho, e principalmente conquistar novos adeptos. É uma odisseia de endividamento e fracassos, que gerou uma imagem totalmente maculada do sistema no Brasil.

O sistema é bom, e se os envolvidos trabalhassem com ética, legalidade e competência, ele seria a solução de trabalho para muitas pessoas. No entanto, no Brasil, existem muitos "espertinhos", muitos corruptos, muitos gananciosos que destroem qualquer sistema, por melhor que seja. Dreano e Calígena perceberam todos os "esquemas" dos "bem prósperos", mas não quiseram entrar neles, então, vivenciaram a dor do fracasso. Nessa primeira experiência negativa, acreditaram que o problema fosse da empresa envolvida e não do "esquema" criado pelas pessoas, para atingirem seus objetivos, independentemente de qualquer infração que tivessem que cometer.

Tentaram se manter no sistema, realizaram diversos cursos de vendas, motivação, liderança. Participaram de muitos congressos, seminários e treinamentos em geral. Eles estavam obtendo um conhecimento holístico que muito auxiliou Calígena para seu crescimento emocional e espiritual.

Nessa caminhada de aprendizado, Calígena conheceu a TIM – Teoria da Inteligência Multifocal, do Dr. Augusto Cury. Entregou-se ao estudo e aprendizado dessa área, ficando encantada com o conhecimento da educação emocional. Ela, então, fez treinamento em coaching, pós-graduação em Gestão de Recursos Humanos, pós-graduação em O Saber Pedagógico do Educador Fascinante, também do Dr. Augusto Cury, curso de Escola Bíblica da Formação de Líderes. Acabou com um currículo bastante invejável.

Apesar dessa formação toda, ainda não conseguia superar as dificuldades para conquistar uma receita digna com as vendas que estava tentando realizar diariamente, dentro do sistema multinível. Então, diante do conhecimento que adquiriram, acreditaram que abrir uma empresa de vendas de produtos naturais de vários fabricantes seria o caminho para a realização profissional de Dreano. Cadastraram a empresa e ele começou a trabalhar com o apoio e suporte de Calígena.

Nessa empresa, eles vendiam os produtos, treinavam vendedores e gostavam muito do que estavam fazendo. Trabalhando no sistema de marketing multinível de forma correta, legal, moral e ética. Estavam lutando contra os aspectos negativos e destrutivos que tinham infiltrado dentro de um sistema bastante poderoso.

Enfrentando a rebeldia

Em casa, Tarena, por causa da vida conjugal da mãe com o companheiro, estava cada vez mais rebelde, e a situação estava complicada, eram gritarias e brigas diárias. A mãe percebia que aquilo era por causa de sua situação relacional com Dreano, mas não aceitaria a postura de Tarena, e muito menos terminaria seu relacionamento, que tanto era importante. Então, um dia pela manhã, quando Calígena estava gritando dentro de casa, ela deu uma decisão em Tarena.

— Nessa casa quem pode gritar sou eu, porque sou responsável pela administração, pelas finanças, por tudo, mas não fico gritando nem criando encrencas. A partir de hoje, ou você me respeita e me obedece ou pode ir cuidar de sua vida lá fora — disse isso e foi para o trabalho.

Quando chegou em casa, à noite, a filha tinha ido embora praticamente com a roupa do corpo. Foi morar quase na favela, sem qualquer condição de se manter administrativa, financeira e psicologicamente. Calígena começou a orar para Deus cuidar dela e não deixar que alguma desgraça a atingisse. Sabia que a filha estava dizendo para todo mundo que ela a tinha expulsado de casa, mas Calígena sabia que não era verdade e estava com o coração em paz, porque agira com coragem e sabedoria. Não voltaria atrás por causa da atitude irresponsável e desequilibrada da filha.

Depois de algum tempo, quando Tarena constatou que sua mãe não iria ceder, voltou a falar e visitar a mãe e houve uma harmonia inter-relacional por um tempo. Calígena tirou-a de onde estava, alugou um apartamento decente e perto de sua casa e a ajudou com a organização e despesas.

Um momento sobrenatural

Tarena foi fazer um curso de cura interior em Minas Gerais, e quando voltou narrou para a mãe como foi maravilhoso e importante aquele curso. Calígena ficou interessada nele para Dreano, achando que talvez ele tivesse algum trauma ou algum TOC do passado que o impedia de conseguir prosperar em todos os aspectos de sua vida. Então, pesquisou quando aconteceria o próximo e descobriu que aconteceria em Petrópolis. Cadastrou os dois e se preparam para o final de semana que seria realizado.

No final de semana do evento, foram para Petrópolis e se hospedaram lá. O curso era realizado na sexta-feira à noite, no sábado o dia inteiro e no domingo, até o meio-dia.

Quando os participantes chegavam, recebiam o material respectivo, e eram informados de que fariam parte de um grupo de estudo com mais quatro casais em todo o tempo. Todo o evento era composto de palestra dublada, de aproximadamente quarenta minutos, do criador do treinamento e, logo após, os grupos se reuniam para debater sobre a mensagem que foi apresentada. Assim seriam quatro palestras e quatro reuniões em todo o curso.

Na sexta-feira à noite, quando chegaram para o início, participaram da apresentação geral e de informações sobre todo o curso. No sábado, começou o curso no formato estabelecido. Conforme ia acontecendo as palestras, Calígena ia começando a sentir uma angústia dentro dela inexplicável, ia ficando terrivelmente incomodada e enjoada. O grupo dela era composto de quatro casais e o casal líder. O casal líder gerenciava a reflexão sobre a mensagem dada e ensinava sobre a Palavra de Deus.

No grupo tinha um casal, casados recentemente, que estava planejando ter filhos. Ele falava o tempo todo como ansiava por ser pai e ela ficava muito satisfeita com a performance que ele demonstrava. Calígena começou a observar aquele casal e, a cada comentário, ficava imaginando como o filho deles seria feliz, com atenção, educação, amor dos pais. Ela nunca soube o que era ter um pai e ficou admirada com o que estava vendo e ouvindo. Mas a cada transcorrer do curso, o estado emocional de Calígena piorava muito. Era uma dor no peito que não sabia como definir, como tratar, como extravasar. Ao final do sábado, ela mesma não estava se suportando por causa da dor da angústia. Porém, ela era muito forte emocionalmente em função de tudo que já tinha vivido até aquele momento.

No domingo, assistiram à conclusão da mensagem e, logo após, foram para a reunião do grupo. Calígena sentou e, então, viveu uma circunstância sobrenatural, que foi a mais marcante e impressionante de sua vida. De repente, sem saber explicar, era como se estivesse dentro dela mesma e começou a ouvir aquela voz sem som. A voz dizia para ela:

— Calígena, você foi molestada por seu pai no seu primeiro ano de vida. — Ela escutou aquilo e se voltou para tentar absorver o que estava acontecendo. Novamente, a voz falou: — Você foi molestada por seu pai no seu primeiro ano de vida.

Aí, ela ficou muito assustada, mas como era muito tímida e tinha medo de aparecer, começou a repreender a si mesma, dizendo:

— Qual é, Calígena, está querendo aparecer? Fica na sua que é melhor — ela disse para si mesma de forma inaudível.

— Você não está acreditando, quer uma prova?

Ela gostou disso e disse com toda ênfase:

— Claro que quero.

Imediatamente surgiu na frente de seus olhos aquela cena que tanto a angustiava e a deixava curiosa. Lembrou que desde aproximadamente os quatro anos começou a ver aquela cena que a perseguiu até os vinte. Sentia como se estivesse num local, olhando para uma porta, cuja saída dava para um cômodo que ela sabia ser a cozinha. Na parede dessa porta, dentro da sala onde estava, tinha uma cômoda e o chão era de tacos bem encerados. Ela ficava olhando aquela porta ansiosamente. Sempre teve curiosidade de saber o porquê daquilo. Então, depois que viu a cena, a voz disse para ela:

— Pois é, vou explicar para você o que é essa cena. Quando seu pai estava sozinho em casa, ele pegava você no colo, sentava num sofá em frente àquela porta e ficava molestando você. Você sentia um verdadeiro desespero por isso, mas era completamente impotente. Por algumas vezes, quando entrava alguém por aquela porta, ele parava imediatamente e ficava brincando com você. Você associou inconscientemente que a dor passava quando alguém entrava por aquela porta. Era a porta da sua salvação e, por isso, a angústia de ficar olhando para ela.

Calígena acreditou, entendeu e entrou num estado de desespero. Seu coração disparou, parecia que ia sair pela boca, começou a sentir uma dor no peito e ele iria estourar. Começou a gritar literalmente, sem sair ainda daquele transe que se encontrava. Externamente as pessoas começaram a ouvir os seus gritos e começaram a prestar atenção nela.

A libertação divina do passado

O homem do casal líder, por "coincidência", também se chamava Jacó, igual ao nome do pastor que, a um tempo atrás, tinha dito que ela tinha um segredo guardado no seu coração. Jacó puxou a cadeira, se aproximou dela e segurou suas mãos. Ela não conseguia abrir os olhos e só gritava por causa da dor no peito. Ele, então, começou a orar e a acalmá-la. Pediu que o chamasse de pai e que o perdoasse. Ela realmente começou a se acalmar ao obedecer às instruções dele, porém sem abrir os olhos. Depois de algum tempo, ela ficou totalmente calma, abriu os olhos e foi como se tivesse nascido novamente.

Esse dia marcou a nova vida de Calígena. Nascia livre do trauma que a perseguiu por mais de quarenta anos. Deus a tinha libertado naquele curso de cura interior. Ela era a prova substancial de que Deus opera através de seus filhos verdadeiros e fiéis.

Esse período da vida de Calígena foi o tempo de Deus para ela encontrar o caminho predestinado por Ele. Ela realmente recebeu uma nova vida Dele e, a partir daí, começaram os resultados positivos, consistentes e eficazes para atingir o objetivo da vida plena conforme os planos de Deus para a vida dela.

A oração de fé

Calígena durante toda a sua vida foi uma guerreira, mas sempre foi muito humilde e grata. Nunca se achou superior a qualquer pessoa. Não ficava especulando a vida de quem quer que fosse. Sempre fez oração de fé, mesmo sem conhecer o Pai Todo-Poderoso.

Um dia ela ficou encantada com a história de Salomão. Mas só conhecia a parte em que Deus disse para ele pedir o que quisesse e ele pediu aquilo que mais agradou a Deus, que foi a sabedoria.

Então, sempre em suas orações, Calígena pedia a Deus que lhe desse sabedoria e tudo que fosse a verdade Dele, não a do mundo, que tanto mal traz a todo aquele que está enquadrado nele.

Quando começou a ler a Bíblia, e estudou o livro de 1Reis para conhecer a história de Salomão, ficou terrivelmente decepcionada. Como um homem que se tornou o mais sábio rei de Israel, o mais rico rei de Israel, tinha tudo que seu coração desejasse, poderia ter traído Deus daquela forma que o fez no final da sua vida?

O único mandamento que seu pai Davi e Deus lhe deram foi que nunca deixasse de amar o único Deus de Israel. Porém, por se aventurar com tantas mulheres, acabou se corrompendo como Adão e Eva, que desobedeceram ao único mandamento que tinham.

Antes de conhecer esse Deus Todo-Poderoso ela já tinha fé, depois que se envolveu com dedicação para conhecê-Lo, aí foi se tornando a filha que agrada a Deus.

Reflexão

Por que minha oração não é atendida?

Existem muitas pessoas fazendo essa pergunta. Algumas ficam com raiva de Deus, achando que Ele é injusto. Só que se esquecem de que o erro está nelas e não em Deus. "Pois são os pecados de vocês que os separam do seu Deus, são as suas maldades que fazem com que Ele se esconda de vocês e não atenda às suas orações. O Senhor está longe dos maus, porém ouve a oração de quem é correto."

(Isaías 59:2 / Provérbios 15:29)

Tem certeza de que você quer ser feliz?

Existem vários motivos para sua oração não ser atendida por Deus:

• **A falta de fé:** sem fé ninguém agrada a Deus. Se você não tem fé mostra que não confia (acredita) em Deus. E como Ele pode dar algo a alguém que não confia Nele? Certamente essa pessoa vai se perder por não dar atenção ao que Deus lhe ensinar.

• **As pessoas não acreditam que Deus pode agir diretamente na vida delas.** Por exemplo: se a pessoa deseja alguma coisa (carro, casa, casamento, emprego...) ela vai atrás do que quer, sem esperar pela ação de Deus. Todos pensam que devem correr atrás do que querem, e por isso se precipitam e depois vêm os problemas. As pessoas acham que Deus precisa de uma "ajudinha" para fazer as coisas acontecerem. Estão erradas! O servo de Deus sabe esperar e acreditar que o Todo-Poderoso lhe dará o que for melhor.

• **A falta de amor:** se você não ama a Deus, não será dedicado a Ele nem obedecerá ao que Ele ensinou: ser humilde, misericordioso e amar aos outros. Deus quer que você seja correto para que Ele trabalhe sempre em sua vida, atendendo suas orações.

• **Necessidade de amadurecer espiritualmente:** você deve ter consciência de que não é melhor do que os outros porque Deus te atendeu; nem que é bom e por isso Deus te abençoou e não pode ficar orgulhoso porque Deus te curou ou te libertou de alguma coisa. Deus ajuda, mas espera que Seus filhos sejam humildes e obedientes.

• **Pedido de coisas que não te farão bem:** muitas vezes estamos cegos por causa dos desejos da natureza humana e não paramos para ouvir a voz do Espírito de Deus. Por exemplo: você pede um carro, mas Deus sabe que você não tem calma e sabedoria para dirigir; você quer fazer faculdade, mas Deus sabe que a área que você escolheu não é a que você vai trabalhar... Deus sabe de todas as coisas! Por isso algumas orações não são atendidas, pois Deus estará preparando coisas melhores se a pessoa procurar ser obediente e paciente.

- **A exigência de coisas de Deus:** muitos acham que Deus tem obrigação de dar tudo o que pedem. A falta de humildade e de respeito nos afasta de Deus e por isso muitos não são atendidos.

- **A impaciência:** o ser humano pensa que é só orar e imediatamente Deus atenderá sua oração. Está enganado! Devemos lembrar que tudo tem o seu tempo e que Deus prepara as pessoas para receber um presente Dele, para que depois elas não se desviem do caminho certo e se esqueçam Dele. Não faça nada por conta própria. Seja paciente! Ouça a voz de Deus e Ele cuidará de você.

- **O não merecimento:** se você maltrata as pessoas, xinga, fala mal, faz fofoca, é orgulhoso, invejoso, o que espera de Deus? Corrija-se, pedindo a Deus para te libertar dessas coisas e quando Ele perceber que você está se esforçando e se libertando desses maus costumes, Ele atenderá suas orações.

Você deve aprender a falar com Deus. Deve lembrar que é um pecador e deve se dirigir a Deus com humildade, e não achando que é bom e merecedor. Vá a Ele sempre com humildade e respeito. Muitas vezes vocês não obtêm resposta das suas orações porque oram mal, sem sabedoria dada pelo Espírito Santo. "Vocês querem muitas coisas; mas, como não podem tê-las, estão prontos até a matar para consegui-las. Vocês cobiçam, mas, como não podem conseguir o que querem, brigam e lutam. Não conseguem o que querem porque não pedem a Deus. E, quando pedem, não recebem porque pedem mal. Vocês pedem coisas para usá-las para os seus próprios prazeres."

(Tiago 4:2-3)

As pessoas não sabem pedir nada a Deus, pois pedem futilidades para satisfazerem suas naturezas humanas ou coisas que vão prejudicá-las. Esse é o trabalho do Espírito Santo: conscientizar sobre o que realmente devemos pedir a Deus. Por isso você deve pedir ao Espírito Santo que te ensine a saber o que pedir a Deus e principalmente a compreender porque sua oração não é atendida.

Para ir a Deus em oração você deve pedir ao Espírito Santo para limpar seu coração, orar com humildade reconhecendo seus erros, nunca acusar Deus por situações difíceis que você passa e lembrar que o sofrimento é fruto das suas más ações.

Tem certeza de que você quer ser feliz?

Para que você consiga a resposta de sua oração, precisa ser sincero com Deus, dizendo o porquê do pedido, pois Ele julga as suas intenções.

Nunca peça coisas para exibir aos outros, pois com certeza Ele não te dará. Alguns podem até pensar: "Isso é mentira! Tem tanta gente orgulhosa que pisa e humilha os outros, que conseguem as coisas e dizem que foi Deus quem deu". As pessoas dizem que foi Deus, mas Deus não vai dar nada aos filhos Dele que vá levá-los ao inferno, pois uma pessoa que age desse jeito é para lá que está caminhando. Devemos lembrar que tudo que acontece nesse mundo é permitido por Deus, mas não quer dizer que é da vontade de Deus. Para que um filho de Deus receba algo Dele, primeiro será preparado por Ele para não sair por aí se exibindo nem humilhando os outros, pois se fizer isso será castigado. E não é isso que o nosso Pai quer. Ele quer que seus filhos sejam abençoados e não amaldiçoados.

Uma serva dando seu testemunho disse:

"Quando conheci o Senhor, eu era muito simples, não tinha quase nada. Deus me deu condições de comprar o que precisava para viver com conforto. Mas eu não soube ter o que Ele estava me dando. Comecei a ficar orgulhosa e confiante de que Deus estava comigo; comecei a me achar melhor do que os outros e fiz muitas coisas erradas. Então Deus parou de me ajudar. Meu marido perdeu o emprego e eu voltei ao fundo do poço. Só não passei fome porque Deus é bom e misericordioso.

"Quando as coisas começaram a desabar sobre mim, fiquei com raiva de Deus; orava e não era atendida. Fiquei sem entender porque Deus não respondia as minhas orações. Passei muitos anos amargurada e revoltada com Deus, por causa do meu sofrimento. Foi então que um dia eu cheguei para Deus e disse: "Senhor, perdoa os meus pecados e me faça enxergar o que está acontecendo e o que fiz de errado". Aí veio a resposta: Deus mostrou como eu estava agindo. Fiquei alegre por Ele ter me respondido e lhe disse: "Se o Senhor achar que sou merecedora, me ajude, mas não me deixe ir para o inferno".

"Deus abriu as portas: meu marido arrumou um trabalho e pagamos nossas dívidas. E Deus tem dado o suficiente para vivermos bem. Hoje o meu comportamento é totalmente diferente: quando oro, agradeço e peço perdão todos os dias por ter agido mal com meus irmãos e com Deus."

Sempre que orar reconheça que é um pecador e que Deus é bom e sábio; seja humilde e peça para Deus te ensinar a ter uma vida correta; peça para te libertar da fofoca, da inveja, do ódio, da cobiça, da falsidade, do orgulho, do desejo de ter as coisas que agradam aos olhos... Todas essas coisas te afastam de Deus. Por isso peça ao Espírito Santo sabedoria e discernimento para entender os ensinamentos de Deus e se conformar com o que Deus te der. Se você pedir todos os dias, Deus te ajudará. Quando não temos sabedoria, chegamos a ter a capacidade de achar que Deus é injusto. Por isso, quando orar, peça coisas que vão te aproximar de Deus e não coisas inúteis. Como disse Jesus: o nosso Pai sabe do que precisamos para viver: "O Pai de vocês, que está no céu, sabe que vocês precisam de tudo isso. Portanto, ponham em primeiro lugar na sua vida o Reino de Deus e aquilo que Deus quer, e Ele lhes dará todas essas coisas".

(Mateus 6:32)

"É pecado orar pedindo uma casa ou um carro?" Não. Pecado é você ficar triste ou aborrecido com Deus se não receber o que pediu e deixar que isso te faça ficar revoltado e amargurado.

Se você mora de aluguel, ore ao Pai com humildade e exponha sua situação, fale o porquê de você querer uma casa. Ele verá no teu coração as tuas intenções e responderá. "Não se preocupem com nada, mas em todas as orações peçam a Deus o que vocês precisam e orem sempre com o coração agradecido."

(Filipenses 4:6)

Tem pessoas que nem uma casa nem um carro podem ter, porque senão vão se perder. Por isso, Deus vê o coração e as intenções. Vocês devem lembrar que tem uma natureza humana rebelde e desobediente e por isso Deus dará o que pedirem aos poucos para ver como vão se comportar, se vão se achar melhores que os outros, se vão ficar orgulhosos... "Vocês precisam ter paciência para poder fazer a vontade de Deus e receber o que ele promete."

(Hebreus 10:36)

Tem certeza de que você quer ser feliz?

Um rapaz orava todos os dias e em suas orações dizia: "Senhor, se esta é a Tua vontade e se o Senhor achar que sou merecedor, me dê condições para que eu possa comprar um carro para trabalhar". Deus respondeu sua oração e lhe deu um carro. O rapaz ficou muito alegre.

Quando encontrou um amigo contou o que Deus tinha feito. Aí o amigo disse:

— É mesmo? Quero ver esse carro.

Quando ele mostrou, seu amigo disse:

— Ah! Pensei que era um carro zero.

E o rapaz respondeu:

— Para mim é, pois nunca tive um. Estou muito agradecido a Deus, pois Ele me leva aonde um carro do ano levaria.

Irmãos, Deus se agrada quando recebemos com alegria o que Ele nos dá. Muitos oram e quando não recebem da forma que desejaram ficam aborrecidos. Isso deixa Deus triste. Temos que ser agradecidos por tudo que Deus nos dá, pois Ele sabe o que é bom. Deus dá aos seus filhos coisas que não farão se desviar de seu caminho e observa como cada um age. De acordo com a conformação, satisfação e obediência, Deus dará coisas cada vez melhores.

Temos vários exemplos de servos de Deus na Bíblia que nos trazem inspiração e nos ensina a nos conformar com o que temos e a buscar o que não vemos. "E Deus não se envergonha de ser chamado de o Deus deles, porque Ele mesmo preparou uma cidade para eles. Porque creram, todas essas pessoas foram aprovadas por Deus, mas não receberam o que Ele havia prometido. Pois Deus tinha preparado um plano ainda melhor para nós, isto é, que eles e nós, juntos, nos tornássemos perfeitos."

(Hebreus 11:16,39-40)

Tenha paciência e seja perseverante para que Deus responda suas orações. Agradeça a Deus todos os dias pela bondade e a misericórdia Dele em sua vida. Peça coisas que te aproximem de Deus; o amor, a paciência, a tranquilidade, a fé e ajuda para vencer os ataques do inimigo e vencer os desejos de sua natureza humana. Pois Deus sabe do que você precisa para viver.

Preste atenção nessa oração:

"Eu te peço, ó Deus, que me dês duas coisas antes de eu morrer: não me deixes mentir e não me deixes ficar nem rico nem pobre. Dá-me somente o alimento que preciso para viver. Porque, se eu tiver mais do que o necessário, poderei dizer que não preciso de Ti. E, se eu ficar pobre, poderei roubar e assim envergonharei o Teu nome, ó meu Deus."

(Provérbios 30:7-9)

Muitas vezes pedimos coisas que julgamos ser boas e não recebemos, porque nosso Pai está nos protegendo de algo que vai nos trazer sofrimentos e dores de cabeça. Por isso, irmão, peça sempre que seja feita a vontade de Deus, pois orando dessa forma você dá liberdade para Deus fazer coisas boas em sua vida.

http://eusouquemsou.net.br/por_que_minha_oracao.html

Capítulo 10

A FILHA DE DEUS

Dos 51 aos 60

> **Eu sou
> o que a bíblia
> diz que eu sou**

Finalmente Calígena foi liberta de um trauma terrível do seu primeiro aninho de vida e encontrou o caminho que leva ao objetivo de sua vida predestinado por Deus.

Como sempre, correu atrás da verdade, não tinha preguiça, indolência, omissão, começou a estudar a Palavra de Deus com toda a sede de água viva que estava sentindo.

Mudança de igreja

Calígena e Dreano ficaram algum tempo naquela igreja indicada pelo genro dela. O amigo de Coriam o ordenou pastor e, depois de algum tempo, eles se separaram por causa de discordâncias teológicas. Os dois amigos já estavam num prédio que tinham construído, auxiliados por Calígena, e quando se separaram tudo ficou para Coriam. Calígena e Dreano ficaram frequentando a igreja de Coriam, participavam ativamente de todos os eventos, trabalhavam em tudo com dedicação. Quando começaram a ter algum conhecimento da Palavra de Deus, perceberam que muitas doutrinas ou atitudes estavam infringindo a Palavra e começaram a orar no sentido de Deus dar uma direção. Calígena estava aprendendo a não tomar qualquer decisão sem antes consultar a Deus, fazer o que Ele orientasse e não o que ela gostaria ou desejava. Ela estava aprendendo realmente a ser dependente de Deus.

A situação estava ficando tão insuportável na igreja, que Dreano estava querendo sair imediatamente, sem esperar resposta de Deus. Isso gerou um conflito entre o casal. Ela teve que ter sabedoria para enfrentar esse conflito sem impor, sem brigar, sem praticar atos que pudessem ferir os ensinamentos de Jesus. Então disse para Dreano:

— Estou orando para Deus nos dar uma direção, enquanto isso devemos continuar frequentando a mesma igreja até a resposta Dele. Porém, se você quiser sair à revelia, você pode fazer o que quiser. Só tenha em mente que quando, num casamento, cada um faz o que quer separadamente, o casamento começa a acabar. É preciso cada um ceder um pouco. Nesse caso, não abro mão de esperar a resposta de Deus, porque hoje sei que só posso confiar Nele. — Dreano entendeu e realmente ficou esperando.

Não demorou muito e eles foram para uma igreja da denominação da Nova Vida. Lá realmente encontraram uma igreja temente ao SENHOR. Com toda a competência e excelência na Palavra de Deus que Ele merece e pode nos dar condição de realizar.

Nessa igreja eles cursaram a Escola Bíblica de Formação de Líderes, que hoje tem o nome de Atos e é realizada em dois anos.

Ficavam muito satisfeitos em adorar a Deus e congregar com os irmãos num lugar que realmente era temente ao Senhor e praticava a Palavra de Deus em sua plenitude. Lógico que tinha suas falhas, nada é perfeito, mas não tinha qualquer questão que infringisse a Palavra de Deus.

A quantidade de denominações evangélicas que existe atualmente é algo difícil de mensurar. Porém, a maioria não está imbuída do Espírito Santo de Deus. Nesse tempo, Calígena e Dreano ainda não tinham percebido isso devido ao pouco conhecimento da Bíblia.

Perdão que liberta

Calígena realmente estava aprendendo a se entregar totalmente ao Pai Todo Poderoso. E, quando a criatura Dele realmente começa a obedecê-lo, ela se torna filho ou filha Dele, que agrada a Ele. Ela ainda estava trabalhando na empresa de seu irmão, tinha bastantes conflitos diários por conta de fofocas, da impulsividade de seu irmão e obstinação dela em querer sempre praticar o melhor.

O que mais a deixava desmotivada em voltar para a empresa era ter que encontrar com aquele gerente que inventou algo tão maldoso sobre ela. A cada dia acumulava um ódio dele que fazia muito mal a ela.

Um dia, quando estava fazendo a devocional, sentiu em seu coração que deveria procurar Leizu e dizer a ele que o perdoava por aquilo que tinha feito. Ah! Como ela esperneou com isso. Não, não e não. Eu desejo que ele pague caro pelo que fez e ainda tenho que perdoar ele? Ela ficava discutindo interiormente consigo mesma. Sabia que era uma direção de Deus, mas não queria fazer aquilo de forma alguma. Foi algo muito cruel o que ele fez com ela.

No entanto, ela começou a se acalmar, começou a pensar com a fé inteligente e criou uma estratégia para obedecer dentro de determinada circunstância, pensando que pudesse "fugir pela tangente". A ideia dela era que se não acontecesse o que tinha planejado, então realmente Deus não a estava mandando fazer aquilo.

Leizu trabalhava numa sala dianteira do prédio, junto com o irmão dela. Ele estava sempre rodeado de pessoas porque era bem político, performance que Calígena detestava. Era quase impossível encontrá-lo sozinho. Então ela pensou: Se eu encontrá-lo sozinho digo que o perdoo, mas, se não, eu esqueço a questão.

Foi para o trabalho, toda serelepe, pensando que tinha se "safado dessa". Quebrou a cara! Quando chegou à empresa e foi ver na sala do irmão se o gerente estava presente, não o encontrou. Começou a procurar pela empresa e acabou o descobrindo na sala dos vendedores, que a maior parte das vezes estava vazia. Ele estava SOZINHO lá de cabeça arriada, assim, como se estivesse chorando.

Calígena ficou impressionada. Quando Deus manda, não adianta ficar arranjando desculpas, estratégias, planos e seja lá o que for. É melhor obedecer. Ela encostou-se a uma bancada com o coração disparado e disse:

— Olha aqui, Leizu! Eu estava te procurando porque Deus mandou eu te dizer que te perdoo pelas mentiras que você espalhou por aí sobre mim e o Asiasi.

Ele ficou em pé, olhou para ela com uma cara de "idiota" e deu um sorriso. Perguntou se poderia lhe dar um abraço e ela deixou. Aquele abraço parecia o remédio que estava curando todo o mal do ódio que estava dentro dela e a consumindo. Depois, sem mais palavras, ela saiu da sala "meio que" desequilibrada. Passou aquele dia leve como se tivessem tirado quinhentos quilos das suas costas.

Encontro de casais

Numa Igreja da Nova Vida, que não era a que frequentava, ia acontecer um Encontro de Casais. Imediatamente ao ver o anúncio, Calígena procurou os responsáveis e se inscreveu para participarem. Participaram do encontro, foi muito proveitoso porque estavam em início de casamento, e, inclusive, um dos momentos mais marcantes foi a troca de aliança diante de Deus com a promessa de vivenciarem o amor de Cristo.

Infelizmente, nesses encontros, não existem muitos aprendizados porque a maior parte do tempo é de palestras que não têm quase nada de prática. Calígena aprendeu que numa palestra o aproveitamento é, quando muito, de 7%. Esse percentual de conhecimento é logo esquecido no cotidiano das pessoas. O que realmente traz grande aprendizado é o treinamento prático. Foi isso que aconteceu com o casal, não tiveram um grande aproveitamento, mas ficaram os momentos de alegria, de emoção e, mais marcante, o momento em que confirmaram o casamento diante de Deus, porque somente tinham casado no civil.

A sogrinha

Calígena sempre foi muito dedicada a ajudar as pessoas. Chegava a sofrer muito por isso, porque não tinha a sabedoria de Deus para saber quem estava apenas querendo usá-la para levar vantagem. Sofreu por toda sua vida muitas decepções, frustrações e mágoas por isso. A maior parte das pessoas é ingrata e muito orgulhosa.

Tudo contrário aos ensinamentos de Jesus.

Desde quando conheceu Dreano e a mãe dele, sempre que uma oportunidade aparecia, ela estava lá, ajudando, agradando, levando para passear. Quando seu sogro fez setenta anos, fez uma festa em sua casa com todo o requinte que podia oferecer, sem qualquer restrição de trabalho ou questões financeiras. Sua sogra e seu sogro eram já de idade e aparentavam ser um casal modelo. Era um casal de idosos como referência para as pessoas que não os conhecia amiúde. Sua sogra se mostrava a pessoa mais inocente, pura, boa, idônea, carismática, agradável, apesar de ser uma religiosa beata, carregada de estigmas prejudiciais.

Calígena não conseguia enxergar o lado mau das pessoas. Para ela todo mundo era muito bom até que provasse o contrário. Então, com seu jeito, agradava, ajudava, ponderava aquilo que não achasse correto. Estava sempre tentando provar para si mesma que todas as pessoas são boas. Quando os 70 anos de sua sogra chegaram, como ela não gostava de festa, levou-a para comemorar num cruzeiro com roteiro pelo Nordeste. Ela não tinha limites para agradar. Sua sogra não tinha muito gosto para roupas e ela comprava o que tinha de melhor e de classe. Enfim, o que pudesse agradar e ajudar, ela faria.

Porém, como toda verdade aparece, um dia Calígena já começou a ter que enxergar quem era sua sogra. Em um determinado período, ela ficou uns poucos dias na casa do casal e começou a criar muito conflito entre os cônjuges. Calígena começou a perceber que ela era muito "boazinha" se não fosse contrariada ou se não falassem verdades para ela. O pai de Dreano estava tendo problemas com a mãe, e o casal estava tentando ajudar, mas a mãe dele começou a influenciar Dreano contra Calígena. Usava de uma artimanha que destrói qualquer relacionamento. Na frente dos envolvidos falava aquilo que é correto, mas por trás difamava a vítima. Dreano era uma pessoa totalmente parcial e agia por aquilo que via ou ouvia. Não tinha sabedoria para pesquisar as circunstâncias.

Por conta disso, o conflito entre eles ficou muito grande. Calígena não estava acostumada a aturar qualquer pessoa na vida dela querendo impor algo que não tivesse bases sólidas ou viver um relacionamento de conflitos ou brigas. Então, um dia, quando estava começando a querer agir como sempre agia quando o relacionamento conjugal começava a deteriorar, ela pensou: Se não estamos nos entendendo, vai cada um para o seu lado para vivermos nossas vidas sem maiores complicações. Estava indo para a ginástica e pensando que iria se separar, quando veio uma das repreensões fortes do Espírito Santo:

— Você não deve se separar.

Ela sentiu aquela voz sem som a corrigi-la. Mas retrucou consigo mesma:

— Eu posso, sim. Sei que o casamento diante de Deus não pode ser destruído, mas eu não casei no religioso e sim no civil.

Então, a voz sem som disse:

— Você casou, sim, diante de Deus e fez uma promessa de união em qualquer circunstância lá naquele encontro de casais da qual participou.

— Nossa!... É verdade, eu tinha me esquecido disso.

Então ela "baixou a crista" e pensou que nunca mais iria falar em separação.

A crise governamental

A empresa de venda de produtos naturais que Calígena e Dreano haviam aberto estava em atividade numa rotina bastante difícil para dar algum lucro, mas estava conquistando, muito paulatinamente, clientes dia após dia, com a maior concentração de vendas em um produto específico.

Quando a empresa estava começando a crescer em vendas, surgiu uma norma governamental impedindo a venda no Brasil exatamente do produto que estava gerando a maior receita para a empresa. Essa norma causou à empresa um prejuízo muito grande e praticamente a levou à mortalidade. Calígena e Dreano ficaram pensando como superar essa crise e resolveram ampliar as vendas em um ramo de prestação de serviços.

Abriram uma extensão da marca da empresa de venda de produtos e começaram a dar treinamento empresarial, utilizando a quantidade de treinamentos e cursos que fizeram nessa área. Davam treinamento de vendas, motivação, liderança, educação emocional. Não encerraram as atividades da empresa de vendas de produtos. Assim, ficaram com duas empresas: a marca de venda de produtos e a marca extensiva de treinamento empresarial.

    Calígena tinha bastante atividade, trabalhava na empresa do irmão, liderava e administrava a empresa do casal, era responsável pela administração do lar e sempre realizava alguma pós-graduação em alguma área emocional, empresarial, espiritual. Nunca parava ou diminuía o ritmo, por isso estava um tanto sobrecarregada, tinha mais atividade agora, depois de aposentada, do que quando estava na ativa. Porém, gostava muito de uma vida assim e vivia dizendo: "Vou morrer trabalhando e estudando, porque sei que isso é que dá vida à vida".

    Logicamente quem é muito ativo, faz muitas coisas, enfrenta muitos desafios, também tem uma carga de conflitos muito alta. Calígena vivia sendo atacada por todos os lados. Ela era extremamente obstinada e quando se envolvia em algo era para atingir o objetivo, custasse o que custasse, com sucesso. Dificilmente desistia de algo que tinha se comprometido e primava pelo resultado de excelência. Nessa fase de sua vida tinha aprendido que somente Deus a faria desistir de algo. Também costumava usar sua máxima: Ou faço bem feito ou não faço. E assim ia ela enfrentando muitos desafios, conflitos, invejas, pressões e maledicências da vida.

Mais uma maldade da sogrinha

    Superou com sabedoria outra grande maledicência de sua sogra. Os pais de Dreano estavam hospedados alguns dias na casa de Calígena em Saquarema. Nos períodos em que ficavam juntos, constantemente Calígena relevava as atitudes ou palavras negativas e maledicentes da sogra. É inacreditável como ela falava ou fazia coisas altamente maliciosas. Um dia, quando estava sendo veiculado na mídia que alguns padres estavam praticando a pedofilia, Calígena deu apenas uma opinião.

— Eu acredito que a maioria dos padres é pedófilo. Essa proibição deles não poderem casar e praticar um relacionamento sexual saudável é um absurdo. Eu acredito que o sexo para os homens é como uma necessidade fisiológica, daí não pode ser impedida com o risco de acontecer infrações dessa natureza.

    A sogra ficou uma fera porque "tomou" aquilo como se estivesse atingindo a religião dela. Ficou querendo impor o ponto de vista dela para Calígena, mas como não tinha argumentações racionais, ela perdeu a discussão, por isso ficou com muita raiva, assim como era do feitio dela.

Então, depois que saiu da casa de Calígena, começou a difamá-la, dizendo que acusou os padres de pedófilos. A forma como ela dizia, sem a devida fidelidade ao que foi dito, gerava uma acusação a "todos" os padres. Ela estava espalhando que Calígena dissera que todos os padres eram pedófilos.

Quando Calígena tomou conhecimento dessa fofoca, ficou muito aborrecida, pensando até que poderia sofrer um processo por calúnia e difamação de algum padre vingativo. Ficou pensando como resolver essa questão, achou uma solução legal e muito apropriada, que invertia a situação de um processo contra ela para um processo contra a sogra. Na realidade ela queria dar uma lição na sogra e não prejudicá-la.

Informou Dreano que iria processar a mãe dele por calúnia e difamação. A mãe dele estava espalhando um boato perigoso e ela resolveu ir às "vias de fato". Ele ficou em estado de "calamidade pública". Começou a brigar com Calígena, ameaçando, criticando, afirmando que ela não poderia fazer aquilo. Ela disse que podia sim e iria fazer. Foi um caos.

Depois que ele se acalmou, tentou arranjar um ponto de equilíbrio para a situação e perguntou a ela:

— Se eu for falar com minha mãe e disser a ela para pedir perdão a você e parar de falar isso, você desiste da ideia de abrir um processo contra ela? — Aquilo soou agradável aos ouvidos de Calígena. Ela imediatamente aceitou a sugestão e disse que concordava, desde que ela se retratasse.

Então, Dreano foi falar com a mãe e disse o que Calígena ia fazer se ela não parasse de ficar espalhando aquele sofisma e pedisse perdão a ela. A mãe de Dreano ficou apavorada e disse que iria logo na segunda-feira pedir perdão.

No dia marcado, Calígena preparou o ambiente e pediu que gravassem a conversa para não terem quaisquer dúvidas posteriores a respeito do que fosse falado. A mãe de Dreano era muito perigosa e chegou com aquele ar soberbo que lhe era peculiar, mas dessa vez com medo, sentou e disse:

— Estou pedindo desculpas e afirmando que não vou mais falar sobre isso, mas na verdade você falou que os padres são pedófilos.

— Eu disse que TODOS os padres são pedófilos? –

Ela confirmou que sim. Então Calígena explicou exatamente onde estava o erro. Ela explicou que falou sobre a maioria dos padres e não de todos. Quando ela dizia todos, estava incluindo aqueles que não eram. Daí a sogra entendeu, mas não diminuiu a postura arrogante, apesar de demonstrar que reconhecia a falha e não mais ficaria falando isso da nora.

A realização do sonho

Calígena tinha um sonho. O que ela mais gostava de fazer era viajar. Viajar, viajar e viajar. Ah!!! Como ela gostava. Tinha um sonho de ir de cruzeiro para Veneza e andar de gôndola com o marido.

Em 2009, ela viu a oportunidade de fazer essa viagem no ano seguinte. Planejou detalhadamente toda a viagem, pagou tudo pelo cartão em dez vezes e, quando chegou o dia da viagem, tudo já estava pago e era só obter os euros para suas despesas. Embarcou dois dias antes de seu aniversário, que passou em Salvador, e curtiu demais o cruzeiro. Na Itália, conheceu Veneza, Florença e Roma. Foi sua primeira viagem para a Europa e ficou em êxtase.

O único ponto negativo é que acabou não andando de gôndola. Quando chegou para contratar, constatou que tudo era um comércio muito explorado e não tinha o romantismo que ela tanto desejava. Foi a viagem mais maravilhosa de sua vida. Uma verdadeira bênção de Deus.

O casamento de Tarena

Tarena foi praticamente criada junto com os filhos legítimos e os adotados da amiga de sua mãe do Banco do Brasil. Um deles, filho do companheiro da amiga de sua mãe, costumava sair sempre com Tarena para acompanhá-la e cuidar dela. Calígena até desejava que os dois namorassem para um possível casamento.

Acontece que Tarena desdenhava dele e excluiu totalmente uma esperança a respeito dessa possível união. Porém, depois de muito tempo, Tarena informou que o estava namorando, o Dornas, e que iam se casar em poucos meses. Sua mãe ficou surpresa, mas gostou da novidade. Eles pretendiam casar só no civil e comemorar com um churrasco na casa de Saquarema da Calígena.

Acontece que quando apresentaram a lista dos convidados, Calígena percebeu que eles não tinham noção do que é uma pequena recepção. Tinham mais de cinquenta convidados e a casa dela não comportaria tanta gente. Então, como era a última filha a casar, resolveu fazer uma grande recepção num salão de festa muito famoso do bairro.

Calígena pesquisou tudo, juntou recursos financeiros para pagar a festa, que foi realmente muito especial. Nessa festa só aconteceu o casamento no religioso porque os papéis para o civil ainda não tinham ficado prontos. Independente disso, foi uma festa brilhante, de classe, com todos os requisitos respectivos para uma festa de altíssimo nível. Todos gostaram e se divertiram muito, conforme o que a festa oferecia.

O casamento no civil aconteceu uma semana depois. No entanto, já uma semana depois do casamento no religioso, Tarena estava completamente desequilibrada emocionalmente. Tinha discutido a noite toda com Dornas e foi casar no civil com uma roupa que mais pareia retirada de uma cesta de roupa suja, sem passar, com o cabelo todo desgrenhado e num estado lastimável física e emocionalmente. Ao chegar lá, Calígena teve vontade de ir embora diante da cena que viu. Todas as outras moças, arrumadinhas, cheirosinhas, com vestidos respectivos, e Tarena naquele estado. Ah! Que tristeza e dor foi aquilo. Porém, Calígena não fez nada, e depois do casamento foi embora bem decepcionada.

O desastre relacional

O cotidiano deles era terrível. Brigas intermináveis. Ele tinha um gênio bem impulsivo e radical. Ela estava bem rebelde conforme sempre foi. Era de se esperar que aquilo não fosse dar certo.

Calígena e Dreano costumavam passar os feriados com os amigos na casa de Saquarema. Num carnaval, foram muitos amigos. A casa estava cheia, tinha aproximadamente umas doze pessoas, inclusive Tarena e seu marido.

No domingo de carnaval, às 6h da manhã, Tarena bateu na porta do quarto da mãe completamente descontrolada. Sua mãe, que tinha acordado com as batidas, ficou olhando para ela e tentando ouvir o que estava dizendo, porque ela falava de forma desconexa. Então Calígena disse para ela:

— Tarena, eu vou acordar o Dreano, nós saímos do quarto, você toma um banho no meu banheiro, depois deita na nossa cama para descansar com o ar-condicionado ligado que está muito quente e descansa. Quando você acordar, nós todos nos reunimos e conversaremos. Está bem assim?

Para que Calígena disse isso... Tarena virou um "bicho" com ela. Começou a gritar que ela era uma mãe desnaturada e nunca dava razão para ela. Que era isso, era aquilo, muitos adjetivos pejorativos. Ia gritando e saindo porta afora. Foi para rua e disse que iria voltar para o Rio. Seu marido ia atrás dela, mas Calígena pediu que a deixasse sozinha para ver se ela se acalmava. Não se acalmou e foi para casa da amiga da Calígena, que era na mesma rua, para desabafar contra a mãe.

Nesse mesmo dia, a irmã dela chegou e começou a acalmá-la. Por fim, juntaram-se os quatro que costumavam sair juntos: Coriam, Caronive, Dornas e Tarena. Começaram a apontar para Calígena e falar dela como se fosse uma megera. Calígena viu aquilo e uma tristeza muito grande se abateu em seu coração. Eram suas filhas e seus genros a quem tanto ajudara, que tanto fez por eles, julgando-a e condenando-a. Por fim, eles foram embora juntos e, quando saíram, Calígena chorou como nunca tinha chorado em sua vida. Era uma dor muito grande no peito. Injustiça, incompreensão, desrespeito, desamor, mentiras e muita ingratidão.

Calígena terminou os dias de carnaval na casa sendo consolada pelos hóspedes e, depois, quando voltou ao Rio para seu cotidiano tomou uma decisão.

Calígena pagava empregada para as duas filhas, pagava aluguel de Tarena, pagava internet para o neto, pagava prestação do apartamento de Caronive, pagava plano de saúde de Tarena. Resolveu cortar a maioria dos pagamentos que fazia, a fim de dar uma "sacudida" nelas para que fossem conversar com a mãe. Poderiam dialogar como pessoas racionais e sensatas e se entenderem.

No entanto, elas nunca procuraram a mãe para saber o porquê daquilo, e em vez de procurar a mãe foram procurar a avó para desabafar com ela. Mais uma vez, a mãe de Calígena foi uma algoz na vida da filha. Quando as meninas foram procurá-la, ela deveria mandá-las falar com Calígena para "acertarem os ponteiros", afinal a avó sabia o quanto a mãe era caridosa e tinha muito amor para dar. Mas, pelo contrário, passou a "mão na cabeça" das meninas e disse que a mãe delas era radical e intransigente mesmo.

Foi mais uma circunstância que demonstrou a Calígena que ela deveria aprender a escutar e enxergar ao seu redor, em vez apenas de ouvir e ver sob o ponto de vista de seus valores, sentimentos, crenças.

Calígena ficou ainda mais magoada com a mãe, e o relacionamento familiar se transformou em um caos.

O jantar frustrado

Calígena estava orando por sua família e pedindo a Deus que mostrasse uma solução para o caos existente, afinal, ela gostava tanto de reuniões de família e isso não mais podia acontecer devido às circunstâncias.

Então, veio ao seu coração que convidasse a família toda para um jantar na casa dela e pedisse a todos que dissessem para ela o que tinham contra ela, mas que fosse algo embasado. Sentiu que não poderia abrir a boca para nada e não deveria se justificar de qualquer acusação. Sentiu que Deus, com aquela orientação, estava ensinando-a a ser controlada e não se abalar com acusações, mesmo que injustas.

Fez exatamente como estava em seu coração. Planejou um jantar especial, convidou todos, e no dia estavam presentes: sua mãe, seu irmão e a namorada dele. Seu genro Coriam, Caronive e seu neto Teusham. Tarena foi sozinha porque já estava separada do marido. Estavam presentes também Dreano e o tio de Dreano, que morava com eles.

Todos sentaram à mesa e depois que jantaram e estavam satisfeitos, Calígena tomou a palavra:

— Eu fiz esse jantar porque a família está muito dividida. Existe um conflito entre os membros que precisa acabar e, aparentemente, a causa sou eu. Por isso, quero pedir a cada um de vocês que me diga o que foi que fiz contra vocês ou o que vocês têm contra mim.

A primeira a falar seria Tarena porque estava no final da mesa do lado contrário. Porém, ela foi com um fone de ouvido e não tirou em qualquer momento como num protesto àquilo tudo. Aparentemente queria demonstrar que estava contra aquilo e não queria participar. Então foi dada a palavra para Coriam, o genro de Calígena.

— Não tenho nada a dizer, afinal, não sou da família.

Calígena, quando ouviu aquilo, teve vontade de dizer que quando ele precisou de ajuda financeira ou administrativa em algumas situações, aí então ele era da família. Porém, quando essa resposta estava na "ponta da língua", ela teve que engolir, porque sentiu o Espírito Santo lembrando que ela deveria ficar calada em qualquer hipótese.

Daí foi a vez de Caronive. Nessa hora, o "caldo engrossou".

— Mãe, eu até estou sensibilizada pela sua humildade e interesse em unir a família. E, sinceramente, não tenho nada a dizer contra você agora.

Ela falou isso e, por fim, afirmou algo que atingiu o irmão de Calígena. Calígena não sabia, mas tinha acontecido algum conflito entre o irmão dela e a filha, por causa do neto que sempre saía com o tio-avô.

Os dois começaram a discutir sobre a circunstância ocorrida e a mãe de Calígena logo se manifestou e, como sempre, de forma egocêntrica e irracional, disse:

— Não gosto dessas brigas. Calígena, com essas atitudes idiotas, só causa confusão. — E convidou a namorada do Sejo para ir dar uma volta e sair da reunião.

Com essa atitude, a mãe de Calígena destruiu, mais uma vez, um objetivo tão verdadeiro, amoroso e divino dela.

O jantar gastronômico foi um sucesso, mas o objetivo, que era a reunião, foi um fracasso, altamente decepcionante.

O pedido de perdão

Calígena estava começando a aprender o que era depender e obedecer ao SENHOR. Em todas as circunstâncias Jesus estava ensinando a ela o quanto é presente e quer nos proporcionar uma vida plena, mesmo em meio ao caos desse mundo.

Um dia, quando Calígena estava orando, sentiu em seu coração mais uma inspiração do Espírito Santo. Sentiu que deveria se reunir com suas duas filhas e pedir perdão a elas por não ter sabido lhes ensinar a respeitá-la. Se Calígena estava enfrentando o desrespeito à vida dela pelas filhas, a culpa era dela mesma que não ensinou o que é respeitar o próximo. Ela poderia até dar desculpas para essa falha, e é o que não falta nesse mundo. Tinha diversas desculpas, para não obedecer ao Espírito Santo, conforme muitos fazem:

- Se Calígena fosse orgulhosa ou soberba, poderia dizer que nunca ensinaram a ela essas coisas.
- Poderia dizer que o mundo é intolerante e quer impor tudo uns aos outros.
- Poderia dizer que as pessoas não sabem onde terminam seus direitos e nem sabem o que é o direito de cada um.
- Poderia dizer que as filhas eram ingratas porque ela não teve nada na infância, mas deu tudo que pode e sabia para as filhas.

Nossa! Desculpas é o que não faltam às pessoas para não reconhecerem suas falhas, carências, fraquezas.

No entanto, desculpas não faziam parte da performance dela. Sempre que algo dava errado, ela logo pensava onde foi que errou. Queria acertar na próxima tentativa e tinha que descobrir onde estava o "ponto nevrálgico". Quem procura acha e ela achava. Depois que encontrava a falha, procurava a competência certa daquilo, colocava em prática e o sucesso aparecia.

Então, marcou uma reunião com as filhas na casa de Caronive, e no dia marcado foi com Dreano até lá. Depois que cumpriram os "protocolos" iniciais, se sentaram e Calígena disse:

— Minhas filhas, Deus me mandou pedir perdão a vocês porque não soube ser uma boa mãe. Infelizmente eu não conhecia o Manual de Deus para os atos capitais da vida e, por isso, não pude dar a vocês o que todos os pais deveriam dar, que são os ensinamentos da Bíblia. Não se pode dar o que não se tem, por isso não dei. Hoje conheço a Bíblia, que é a Palavra de Deus, e Ela orienta sobre tudo. Como seria bom se as criaturas de Deus fossem obedientes e seguissem o que está escrito na Palavra Dele. O mundo seria realmente o paraíso que Ele criou, mas que foi maculado.

A inspiração era para pedir perdão porque não soube dar essa educação para elas, mas imaginou que se dissesse isso elas posteriormente diriam que as tinha acusado de não ter educação. Esse cuidado Calígena também aprendeu na prática relacional. Cada palavra, cada gesto, cada atitude, pode se virar contra aquele que diz ou pratica. As pessoas não sabem o que é praticar a empatia e conhecer verdadeiramente quais são as intenções do outro. São as intenções que têm valor para Deus. Vale o que está no coração. Enfim, Calígena obedeceu a inspiração do seu coração com eficácia e não estava preocupada com o resultado.

O importante era cumprir o que deveria e não a reação das pessoas. Sabia, pelo que tinha aprendido na Bíblia, que ela só prestará contas para Deus um dia, apenas de suas palavras e seus atos. Não era responsável por ninguém, só por ela mesma.

O infortúnio que se transformou numa bênção

Durante toda a vida de Calígena, ela teve diversos conflitos, aflições e muita complexidade relacional. Era uma pessoa que muito se destacava por seus resultados, por sua intrepidez, por sua dedicação, pela transparência de seu coração e, principalmente, pela prática do amor.

Tinha conflitos no trabalho porque sempre que sabia qual a forma melhor de decidir ou realizar algo, ela se envolvia com toda a força. Tinha conflitos na família porque era autêntica e muito generosa. Tinha conflitos entre os conhecidos porque estava sempre tentando ajudar, e eles acabavam por querer levar vantagens em cima dela. Tudo muito complicado.

Calígena já estava trabalhando com seu irmão há quase dez anos e não queria mais trabalhar in loco e viver aquele cotidiano carregado de dificuldades, como o trânsito, a pressão do tempo e os conflitos que enfrentava. Porém, seu irmão não a deixava sair da empresa em hipótese alguma. Confiava nela, sabia que era muito competente e dependia dela como apoio pelos laços sanguíneos. Além disso, ela também precisava daquela renda extra porque tinha investido muito nas empresas que ela e Dreano tinham criado. Eram as despesas de logística, de manutenção, de empregados que tinha assumido. A receita da empresa ainda não estava suprindo toda sua necessidade e empréstimos que assumiu.

Tem certeza de que você quer ser feliz?

Ela estava pedindo frequentemente a Deus que desse uma solução para aquilo tudo, porque não estava aguentando a carga pesada que carregava.

Um dia aconteceu algo, que no momento ela não entendeu e até clamou o porquê. Era perto do Natal e Calígena tinha chegado em casa já no final da tarde. Dreano saiu para atender um cliente, e o tio dele estava na rua fazendo entrega de produtos da empresa. Ela ficou sozinha e resolveu montar a árvore de Natal. A casa era de dois andares e tinha uma escada muito bonita, grande e bem segura.

Ela subiu ao quarto para pegar os enfeites e levá-los para a sala, onde seria montada a árvore. Descia a escada, com a "cabeça nas nuvens", porque estava bem angustiada com tantos problemas, e quando chegou ao penúltimo degrau, pulou-o sem querer e caiu sentada em cima das duas pernas.

Foi uma dor tão intensa que ela deu um grito muito alto. Ficou nessa posição por alguns minutos, se recuperou do tombo e começou a testar os pés para se levantar. O pé direito, apesar de doer bastante, ela conseguiu fixar no chão. Porém, quando tentou fixar o pé esquerdo, verificou que tinha quebrado mesmo e não conseguia colocá-lo no chão. Desistiu de levantar, olhou para o alto e perguntou a Deus:

— Senhor, por que isso aconteceu? Estou tão assoberbada de compromissos que preciso cumprir, e o mais importante será na semana seguinte pelo encerramento do estudo bíblico que realizo com um pequeno grupo.

Ficou ali, sentada, pensando no que poderia fazer. Estava sozinha em casa e não conseguia andar. Depois de um tempo, tomou coragem e foi subindo as escadas de gatinho. Quando chegou ao seu quarto, pegou um produto para acidentes ortopédicos, passou no pé e ficou deitada esperando alguém chegar para socorrê-la.

O primeiro a aparecer, algumas horas depois, foi o tio de Dreano. Quando ele chegou em casa e entrou na sala, pensou que seus sobrinhos tinham tido uma briga muito feita, porque tinha enfeites de árvore de Natal espalhados por todo lado. Tinha o sapato de Calígena que também saiu do pé dela e ficou jogado um distante do outro. A sala estava um caos parecendo que tinha acontecido uma guerra. Silgon ligou para seu sobrinho tentando descobrir o que tinha acontecido. O sobrinho não sabia e veio correndo para casa descobrir o que estava acontecendo.

Quando chegou, viu o pé de Calígena torto, com o tornozelo totalmente inchado. Percebeu que tinha que levá-la logo ao hospital e foi o que fez. No hospital, depois de tirarem as devidas radiografias, constataram que o pé direito foi só uma torção, mas que o esquerdo tinha quebrado. Então o médico apresentou o tratamento:

— Conforme a radiografia, seu pé está quebrado. Você tem duas opções: pode operar depois que desinchar, colocar uma placa, ficar de repouso para cicatrizar e vai estar andando em no máximo um mês. Ou você pode ficar engessada por uns dois meses, depois ficar uns três meses fazendo fisioterapia e acredito que esteja bem melhor. O que você decide?

— Doutor, eu vou pensar com calma e depois lhe dou a resposta.

Calígena saiu do hospital com Dreano e os dois foram dialogar para decidir o que fazer.

Dreano era contra a operação, mas Calígena não tinha medo porque já tinha operado muitas vezes e sabia que era um tratamento mais rápido e eficaz, apesar do risco e de um período bem doloroso. Refletiram bastante e ela resolveu que iria operar. Teria que esperar uns dias para o pé desinchar e marcaria a operação.

No dia seguinte ao acidente, Calígena ligou para o irmão informando o ocorrido e ele perguntou como ficaria a questão do serviço que ela realizava, considerando que não tinha ninguém para substituir. Calígena administrava muitas contas bancárias, somente ela sabia as senhas de cada banco. Liquidava, por dia, vários documentos e fazia uma parte da área financeira a que só ela tinha acesso.

Então, pesquisando junto ao pessoal da informática, criou-se um sistema, ao qual ela podia fazer todo seu trabalho em casa, no computador dela, sem ter que ir à empresa. E assim procederam. O pessoal da informática realizou os procedimentos para ela poder trabalhar e, no terceiro dia após o acidente, ela já estava com o pé para cima trabalhando em seu computador.

Nos primeiros dias, ela não percebeu o grande benefício daquela ocorrência fatídica. Mas com o passar dos dias, realizando seu trabalho sem sair de casa, sem enfrentar trânsitos, sem ter que ser "política" com os colegas de trabalho, sem enfrentar a pressão das questões críticas da empresa, ela percebeu que aquilo era a solução de Deus para as suas orações.

Calígena nunca tinha sentido o gostinho de ficar em casa sem ter que trabalhar fora. Por conta do ocorrido, constatou que todos os seus problemas em relação ao trabalho na empresa de seu irmão estavam resolvidos. Não seria mais responsável pelos funcionários do departamento financeiro, não tinha que ser "política" e executava em casa todo o trabalho que só ela podia fazer, como seu irmão acreditava. E, o melhor de tudo, estava livre do trânsito que enfrentava todo dia para chegar à empresa. Confirmou que aquela era a resposta de Deus às suas orações.

Com certeza não foi Deus que lhe causou o acidente. Deus é bom! Ele, com toda sua onisciência e onipotência, usa um mal ocorrido e o transforma em algum benefício. Foi isso que aconteceu. Calígena caiu porque estava distraída e descendo uma escada sem a atenção devida, por isso caiu. Deus livra seus filhos do mal, mas em determinadas circunstâncias, que só Ele sabe por que, Ele deixa acontecer por algum objetivo divino.

Pessoas ficam querendo saber tudo, pessoas querem avaliar Deus, pessoas querem que Deus aja como elas querem, pessoas desafiam a Deus. Pessoas desobedecem a Deus. Pessoas debocham de Deus. Pessoas querem ensinar Deus. Pessoas acusam Deus pelas desgraças que acontecem. Calígena ficava pensando como muitas pessoas podiam acreditar num Deus tão fraco como as pessoas são. Deus é Deus. Será que é tão difícil para as pessoas entenderem os atributos exclusivos Dele. Se Ele fosse limitado como suas criaturas, então não poderia criar as criaturas. Tem que ser o Todo-Poderoso para criar tudo que criou de forma tão divina. Tem que ser muito misericordioso para perdoar toda a soberba, maledicência, maldade, ingratidão, autossuficiência, desobediência que suas criaturas estão cometendo.

Quando Calígena entendeu aquele caminho do SENHOR, ela orou muito agradecendo e concluiu que, mesmo depois de totalmente curada, não iria mais trabalhar na empresa. Foi o que fez. Um mês depois, Calígena estava totalmente boa, seu irmão a chamou para voltar ao trabalho. Ela foi conversar com ele e disse:

— Meu irmão, estou todo esse tempo trabalhando e executando em casa todas as tarefas que somente eu posso executar. Por isso, não quero mais trabalhar aqui na empresa. Se estiver bom para você da forma que está, então estamos acertados. Do contrário, você precisa arranjar alguém para eu treinar na função, e depois eu me desligo totalmente daqui.

Sejo ficou encurralado. Não queria deixar outra pessoa fazer o que ela fazia. Diante disso, a única solução foi aceitar a proposta dela de continuar trabalhando em casa.

A conclusão do acidente é que ela ficou definitivamente trabalhando em casa, no horário que queria, da forma que queria e ganhando o mesmo que ganhava quando estava na empresa. Foi uma bênção divina tão grande que só quem está em profundo relacionamento com Deus pode receber e ser muito grato.

O golpe fatal da mãe

Calígena gostava muito de festas, reuniões, grupos divertidos e descontraídos. Na época em que ainda trabalhava na empresa do irmão, programou, em um determinado ano, um réveillon com toda a equipe de empregados das empresas do casal e alguns amigos. Seria uma passagem de ano inesquecível na sua casa em Saquarema. Planejou tudo detalhadamente, a ceia de ano-novo, muitas gincanas, muita alegria e momentos especiais.

Desde que Calígena foi para a capital fazer faculdade e trabalhar com o irmão, muitos anos antes, sua mãe ficava na casa dela toda semana, e no de final de semana ia para o apartamento do irmão no Rio de janeiro. Assim, dificilmente elas se encontravam. Calígena gostava disso, porque a mãe era muito intransigente, perfeccionista e autoritária. Era quase impossível se relacionar com ela.

Desde que foi para o Rio e levou a filha Tarena para morar com ela, Calígena pouco ia à sua casa em Saquarema. Às vezes, ficava quase dois meses sem aparecer. Por conta disso, sua mãe tomou posse da casa como se fosse dela. Realmente, ela era muito zelosa com as coisas de casa, chegando mesmo a ser muito apegada. As poucas vezes que Calígena aparecia no final de semana, normalmente com alguns amigos, tinha que deixar tudo do jeito da mãe, senão era um "pega pra capar". Até mesmo, muitas vezes, independentemente de estar tudo de acordo com as condições da casa, a mãe dela ligava reclamando de algo. A verdade é que ela não gostava que Calígena fosse lá com os amigos e, por isso, ficava arranjando encrenca. Calígena não ligava muito, porque relevava o desequilíbrio da mãe e realmente era muito desapegada das coisas.

No entanto, quando as pessoas não "botam um freio" nos desequilíbrios das outras, acabam chegando a um clímax insuportável. Foi o que aconteceu depois daquele ano-novo em que Calígena passou com seu grupo em Saquarema.

Depois da festa de réveillon, durante o primeiro dia do ano, todos foram embora porque o dia 2 era dia útil e tinham que trabalhar. Calígena permaneceu todo o feriado com Dreano, sua tia, sua prima, e contratou uma faxineira para deixar tudo bem limpo e arrumado. Quando terminaram, foram todos embora, deixando a casa em perfeitas condições.

No dia seguinte, que era uma segunda-feira, a mãe de Calígena ligou para o trabalho dela dizendo que soube que ela iria estar na casa no próximo final de semana. Então Calígena disse:

— Vou sim, mamãe. Aquele toldo que você contratou está com muitos problemas e eu vou resolver isso com a empresa que colocou.

— Você não pode vir — disse a mãe, dando um susto em Calígena.

— Por que não posso?

— A casa está imunda. Vocês deixaram tudo em "petição de miséria". Tentei chamar a fulana para limpar, mas ela não pode essa semana.

— Mamãe, como pode ser isso, se eu contratei uma faxineira e limpei e arrumei tudo com o Dreano e a titia?

— Vocês não sabem fazer nada, limpam tudo "como a cara de vocês".
— Mamãe, não me interessa o que você acha ou deixa de achar, eu vou semana que vem de qualquer forma.

Calígena falou isso e desligou o telefone. Ficou tão deprimida que foi embora do trabalho e, quando chegou em casa, foi para seu quarto chorar no escuro. Era incrível como sua mãe a desrespeitava e causava transtornos em sua vida. Desde quando ela não poderia ir à própria casa? Ficou pensando a que ponto extremo sua mãe chegou, querendo até proibir de desfrutar do que era dela.

Naquele dia chorou muito e depois dormiu. No dia seguinte, quando estava indo para a ginástica, ainda muito aborrecida e com raiva, ficou pensando naquilo que sua avó tinha ensinado:

— Calígena, mãe é mãe, tem que respeitar sempre, não importa, mesmo que seja uma prostituta.

Nos conflitos com sua mãe, depois de adulta e responsável, ela fazia o que achava certo, mas não respondia ou falava coisas desrespeitosas. Então ficou pensando naquilo que sua avó tinha incutido nela, e veio uma palavra ao seu coração. Ela ouviu aquela voz sem som:

— Deserde sua mãe

Nossa! Quando ela pensou isso, logo veio aquele versículo que diz: "Vós, filhos, sede obedientes a vossos pais no SENHOR, porque isto é justo. Honra a teu pai e tua mãe, que é o primeiro mandamento com promessa, para que te vá bem muito tempo sobre a terra". (Efésios 6:1-3). No entanto, também está escrito: "E vós, pais, não provoqueis a ira a vossos filhos, mas criai-os na doutrina e admoestação do SENHOR". (Efésios 6:4).

Ela ficou pensando sobre isso e entendeu que o que sua avó tinha ensinado desde pequena não era o correto diante da Palavra do Senhor. Em cada questão existe uma condicional que deve ser cumprida para a eficácia do mandamento. Como Calígena poderia, primeiramente, honrar a mãe, se ela foi omissa na vida dela. Segundo, a mãe não sabia e não cumpria o requisito de respeitar o próximo. Era uma radical e intransigente. Constantemente a mãe dela dava ordens arbitrárias para ela e queria que fossem cumpridas imediatamente, sem qualquer lógica ou respeito. Era na verdade um inferno.

Após essa análise, Calígena resolveu dar um fim à opressão de sua mãe em sua vida. Além disso, o Espírito Santo estava preparando o coração dela para uma grande traição que estava acontecendo.

Calígena resolveu ir no final de semana seguinte a Saquarema e ter uma conversa muito séria e racional com a mãe. Durante a semana, ela já ficou sabendo de informações importantes que mostravam o porquê de a mãe querer impedi-la de ir à casa naquele final de semana. Ficou sabendo que sua filha Tarena estava lá com a avó e, pelo que sabia, desde que sua filha saiu daquela casa com raiva dela por causa do marido, ela disse que nunca mais pisaria lá.

Até o dia de viajar, ficou sabendo de tudo que estava acontecendo, juntou o "quebra-cabeça" e entendeu tudo. Sua filha Caronive tinha ido para os Estados Unidos da América a fim de participar de um campeonato de Triatlo que aconteceria por lá. Acontece que a irmã Tarena tinha se separado do marido e estava morando na casa dela. No apartamento dela, então, estavam morando o neto, o marido e a irmã de Caronive. Os três terrivelmente bagunceiros e negligentes com a limpeza da casa. Naturalmente, iria ficar preocupada que quando chegasse a casa estivesse um caos. Então combinou com a avó de levar o filho e a irmã para Saquarema e deixar a casa só com o marido que, sozinho, não iria causar muitos problemas. Para isso acontecer, teriam que impedir Calígena de estar presente.

Como Calígena ficava um a dois meses sem aparecer depois de passar um final de semana com amigos e ter muitos divertimentos, elas acreditaram que os planos ardilosos dariam certo. Isso foi o máximo para Calígena quando descobriu que toda sua família, com exceção de seu irmão, estava conspirando pelas costas dela. Ahh! Que grande sofrimento foi aquilo para ela, jamais "maquinou" algo contra alguém, principalmente sua família. Calígena se preparou para o final de semana. Foi sexta-feira para lá, chegou e sentiu o clima terrivelmente "pesado no ar". Entrou direto e foi procurar a mãe em seu quarto.

— Sabe que você tem razão, a casa está bem suja... — disse debochando.

— Eu não disse? Você não poderia vir. — A mãe não entendeu o deboche dela.

— Puxa!!! Que imundície está isso aqui...

Aí a mãe entendeu e disse:

— Você está debochando de mim?

— É lógico. Cadê a sujeira?

— Está sujo, sim, porque vocês não sabem limpar como eu. — A mãe estava ratificando uma mentira. Calígena virou uma "fera".

— Olha aqui, dona Macerai, a partir de hoje eu não considero você mais minha mãe. Quando quiser vir aqui na minha casa, vai ter que pedir autorização, entendeu bem?

Tem certeza de que você quer ser feliz?

Com essas palavras ela a espetou, e aí a mãe demonstrou toda sua ira e desequilíbrio mental.

— Você está com o diabo no corpo.

Calígena não se intimidou.

— Se estou, você vai ver como ele é mau. Não quero mais papo contigo. Estamos entendidas? A partir de hoje você me deve satisfações de tudo e, principalmente, autorização para pisar aqui — disse isso e foi saindo do quarto, porque não se aguentava mais de raiva, de tristeza, de sofrimento.

Chegou à cozinha, pegou uma mesa, que elas viviam trocando de lugar de acordo com suas preferências e jogou na parede para extravasar a raiva que estava sentindo. Ela nunca tinha sentido uma raiva tão grande como aquela daquele momento. Foi para a piscina, sentou na cadeira de praia e começou a se acalmar.

Sua mãe, seu neto e sua filha Tarena foram embora às 5 horas da manhã do dia seguinte. Alguns dias depois, sua mãe foi a casa pegar seus móveis e suas coisas e foi morar de vez com o filho.

Esse foi um acontecimento terrível, marcante e muito triste da vida de Calígena, e ela precisou ser muito forte para superar as sequelas que ficaram.

O primeiro abandono

Apesar de todo os investimentos de Calígena nas empresas, os negócios não iam bem. Já estava com um custo bem alto e as vendas não estavam atingindo o ponto de equilíbrio. A parte de Dreano nas empresas era vender, era conquistar clientes. No entanto, ele não estava conseguindo nem o mínimo necessário para cobrir as despesas. Ele não era muito disciplinado, perseverante, obstinado e, por isso, começou a se desinteressar pelo negócio e se tornar bastante indolente e irresponsável.

Pelas experiências negativas que eles já tinham tido em relação ao sistema de marketing multinível, o qual estava marginalizado no Brasil, Calígena não queria mais ouvir falar nesse sistema, mesmo conhecendo a teoria extremamente favorável dele.

No entanto, sem Calígena ter conhecimento, Dreano começou a se encantar por outra empresa daquele sistema, ouvindo muita "abobrinha" de alguém que tinha poder da influência conforme era prática desses sistemas, e resolveu que iria se cadastrar e participar. Isso era uma verdadeira sacanagem com Calígena, que tinha investido tanto financeira como intelectualmente nele para o ajudar em sua prosperidade profissional.

Ele precisava que ela se envolvesse naquilo porque conhecia o potencial dela. Quando ela percebeu o quanto ele estava obstinado e possuído por aquilo, ficou muito aborrecida. Ela fez um discurso:

— Nem pensar em contar comigo para isso. Nós já tivemos duas experiências bastantes negativas. Não quero mais saber desse sistema que é rejeitado no Brasil. Quando se tenta vender produtos/serviços de empresas que estão enquadradas nesse sistema, parece que se está xingando as pessoas. Elas se voltam contra nós e acabamos ficando com uma imagem de mau caráter. Além disso, temos responsabilidades e dívidas para cumprir, que assumimos com as empresas que montamos. Você está querendo agir que nem uma criança que perdeu o interesse no brinquedo novo. Pode desistir de minha participação nesse negócio.

— Mas, Calígena, fulano ganhou muito dinheiro, fulano está no auge do negócio, fulano isso e fulano aquilo.

— Não quero saber. Se você quiser se envolver sozinho, vá, você será muito ingrato com tudo que assumimos de responsabilidade, mas eu suporto sozinha.

Dreano era teimoso e mimado. Quando queria algo parecia uma criança grande. Ficou insistindo com ela, porque, na realidade, ele confiava nela e não em si mesmo. Como ela não cedeu, ele começou a arranjar desculpas para infernizar a vida dela. Principalmente, na devocional que eles faziam diariamente, ele, a maioria das vezes, arranjava uma forma de querer rotulá-la de radical, "dona da verdade" e outros adjetivos pejorativos, aproveitando o *bullying* que ela sofria.

Dreano tinha o poder de influenciar as pessoas de forma impressionante. Era muito carismático e com seu jeito divertido fazia com que todas as pessoas ficassem encantadas com ele. Calígena era o oposto, com seu jeito sério, falando alto, muito verdadeira e com sua personalidade forte, quando aconteciam os conflitos, a situação ficava realmente feia e, normalmente, para ela.

Um dia quando estavam fazendo a devocional em grupo, ele a "atacou" com palavras e ela respondeu à altura. Com seu jeito persuasivo, ele convenceu a maioria ao redor que Calígena era insuportável e a situação ficou muito crítica. Ela não ligava para o que os outros pensavam ou achavam dela. Desde o dia que aceitou Jesus como Salvador de sua vida e, realmente, O fazia como SENHOR de sua vida, ela tinha sido libertada de todos os rótulos pejorativos que colocaram nela e, a cada circunstância crítica, ela procurava na Bíblia e em oração se estava certa ou não. Tendo a confirmação de seu Pai Todo-Poderoso de que estava certa, não tinha quem quer que fosse para mudar ou obrigá-la a aceitar o que queriam impor.

Nesse conflito, relativo à empresa enquadrada no sistema de marketing multinível, ela tinha certeza de que não cederia, porque além das experiências negativas que já tinham vivido, também o sistema induzia a prejudicar o próximo com mentiras que infringiam o mandamento de amar o próximo como a si mesmo.

Dreano nunca teve seus desejos negados. Sempre que queria algo, conseguia de alguma forma. Nunca tinha encontrado uma Calígena na vida. Antes de conhecer Jesus, era difícil ela voltar atrás numa decisão, agora então, com a certeza baseada na Palavra de Deus, o mundo poderia desabar na cabeça dela, mas ela não cederia. Depois daquela discussão, Dreano teve certeza de que ela não cederia, por isso resolveu ir embora para a casa dos pais e acabar com o casamento. Aquilo demonstrou para Calígena o quanto ele era infantil e irresponsável. Ela se decepcionou terrivelmente com ele e resolveu que iria enfrentar as empresas sozinha porque tinha que cumprir com os compromissos financeiros assumidos.

A área de vendas sempre foi um ponto fraco de Calígena, exatamente porque ela não sabia ser política e não era muito carismática, mas como Dreano foi embora e deixou a "brasa" na mão dela, resolveu encarar, e já estava começando a ter algum resultado positivo.

Depois de uma semana que Dreno foi embora, ele começou a sentir falta de Calígena e perceber que ela não era igual aos outros que cediam às chantagens emocionais das pessoas. Começou a ficar ligando desesperado para ela, mas ela não queria mais saber dele.

Calígena tinha decidido que o casamento tinha acabado e ela não queria mais a volta dele. Considerava uma pouca-vergonha aqueles relacionamentos que viviam se separando e voltando. No entanto, devido à insistência dele, a promessa de que tinha desistido da ideia de participar da empresa de MMN e o casamento que tinha sido abençoado por Deus, Calígena voltou atrás e resolveu tentar novamente.

O casal conversou, ele prometeu que tinha desistido da empresa e eles recomeçaram. Calígena fez até uma cerimônia de confirmação do casamento para pedir a proteção e bênção de Deus. No entanto, não há como Deus abençoar aquilo que estiver em pecado. O pecado afasta Deus de sua criatura. Dreano estava mentindo e enganando Calígena porque ele não tinha desistido da empresa de MMN e já estava totalmente envolvido.

Ele estava atuando pelas costas dela e tentando ainda cenvencê-la de que aquilo era muito bom, era a solução financeira para ele e até para ela, que não precisava. Ele envolveu todos os empregados das empresas, os amigos e até o tio dele, fazendo-os se cadastrar e tentar atuar no sistema. Calígena nada sabia disso.

A obra do maligno

Quando Deus não está presente por causa do pecado, o maligno atua com todo o seu poder. Em pouquíssimos meses que eles tinham voltado, a situação na casa, que também era a empresa, ficou um caos. Todos conspirando contra Calígena. Ela não sabia o que estava acontecendo e começou a agir desequilibradamente. Repreendia a todo momento Dreano, menosprezava-o, descarregava suas preocupações financeiras nele, e foi ficando sozinha em suas convicções apesar de todos ao redor dependerem dela financeiramente.

Calígena já tinha, nessa época, aprendido muito da Palavra de Deus. Tinha se formado na Escola Bíblica de Formação de Líderes. Tinha feito uma pós-graduação em Teologia geral. Estudava todo dia a Bíblia, através da devocional. Criou a opinião de que religião é coisa de homens. Homens que, autênticos ou não, criam doutrinas para evangelizar, mesmo que infringindo algo da Palavra de Deus. Depois de toda essa formação, ela aprendeu a confiar somente na Bíblia. Nunca deixou de frequentar uma igreja, porque é um mandamento de Deus para haver confraternização entre os irmãos da mesma fé. A denominação evangélica que frequentava era bem fiel à Palavra de Deus, tendo alguns pontos discutíveis, mas nada que infringisse a Palavra.

Depois que se sentiu capacitada para evangelizar, formou um grupo que fazia estudo bíblico uma vez por semana. Em uma dessas reuniões, ela aproveitou para mostrar as heresias e idolatrias de uma religião muito forte. Muitas práticas pagãs e heréticas que não tinham confirmação bíblica. Estava ensinando aos membros do grupo a só aceitarem como verdade aquilo que pudesse ser comprovado com o estudo das Escrituras. Apresentou várias doutrinas dessa religião, que se diz cristã, as quais não tinham comprovação bíblica. Apresentou vídeos esclarecedores. Fez várias explanações para mostrar aos expectadores a verdade. Calígena não estava impondo nada a ninguém, apenas expondo a verdade. Todos os participantes eram adultos para fazer suas escolhas.

O segundo abandono

Depois de toda a apresentação, explanações e ensinamentos, o "bicho pegou geral". Foi um caos total.

O secretário da empresa de Calígena começou a discutir com ela, e ela ainda tentou baixar a raiva que pairava no ar. A maioria dos participantes era de religiosos fanáticos e não queriam refletir entre tudo que acreditavam e aquilo que estava sendo demonstrado. O objetivo dela era apenas mostrar que um dia também foi enganada por muitos falsos mestres, até Deus dar clarividência para ela e aprender que toda atitude tem que estar ensinada na Bíblia para aqueles que dizem acreditar nela. Se o indivíduo crê na Bíblia, então tem que fazer o que ela ensina e não viver uma vida de hipocrisia. Estava mostrando que há muitas heresias e idolatrias praticadas que foram ensinadas por falsos mestres. Calígena constatou em todo o decorrer de sua trajetória de ensinamentos das Escrituras o quanto algumas pessoas são orgulhosas e teimosas se tornando extremamente tolas. Elas, por mais que acreditem em alguém que esteja querendo levar um pouco de fé inteligente para elas, não param para confrontar suas crenças e valores. São obsessivas com aquilo que algumas pessoas incutiram nelas e acabam escravizadas por doutrinas de homens que as querem para seus próprios benefícios.

    A doutrina da religião deles está infringindo em muito as escrituras e escraviza seus adeptos com lavagens cerebrais. Por que será que algumas pessoas não podem raciocinar um pouquinho e colocar alguma interrogação nas suas certezas? A certeza de um sofisma gera o radicalismo imbecil. Calígena constatou que muitas pessoas até acreditavam nas evidências que eram mostradas através das Escrituras ou da falta de comprovação de muitas práticas idólatras ou heréticas. No entanto, o orgulho não as deixava se libertarem do cárcere da religião em que se encontram. Na visão delas negar tudo o que acreditavam, divulgavam, até impunha aos outros, seria uma desmoralização por mudar o que alardearam por tanto tempo, seria uma vergonha, teriam que superar o orgulho e agir com humildade para reconhecer que estiveram cegos por tanto tempo e, assim, obter a sabedoria que vem de Deus. Infelizmente, elas preferem a condenação futura a voltar atrás em suas convicções erradas.

    A confusão estava formada, quase todos contra Calígena, até mesmo Dreano, que vinha mentindo e conspirando contra ela. Na manhã seguinte, parecia que o maligno tinha tomado posse da casa. O secretário começou a desafiar Calígena, e Dreano tomou as dores dele. Ameaçou Calígena até com violência física. Só não praticou essa violência porque tinham muitas mulheres que intervieram contra ele. Por fim, Calígena resolveu terminar com tudo da empresa e a doou ao secretário, que foi o precursor do caos, e sua esposa, que trabalhavam juntos lá.

    Apesar de toda a ingratidão do secretário, o qual ela já tinha ajudado muito, ficou com pena da família e deu tudo da empresa: produtos, equipamentos, clientes para ele montar a empresa na casa dele e dar continuidade, podendo gerar alguma renda. Esse secretário, quando procurou Calígena e Dreano, tinha acabado de falir uma grande empresa de matriz e nove filiais. Foi um caos, porque ele chegara a ter uma receita muito alta e tinha perdido tudo. Calígena pagou algumas dívidas dele, ajudou-o a se recuperar emocionalmente, porque dizia que tinha vontade de se suicidar. Esse secretário foi o maior ingrato que ela já tinha conhecido em toda a sua vida. Calígena não era vingativa, não era retaliadora; pelo contrário, testou a si mesma quando praticou o amor e deu a empresa para ele, apesar de tudo. Dreano foi embora com ele e ainda aprontou diversos males contra ela. E algum tempo depois, ela descobriu que desde quando eles reataram o casamento, ele estava na empresa de MMN, mentindo para ela descaradamente.

Nossa! Como essa história feriu, pisou, maltratou Calígena. Porém, a bênção, proteção, acalento de Deus estava por vir de forma abundante.

Calígena soube de uma caravana que iria acontecer no mês seguinte para Jerusalém. Ela, na realidade, nunca desejou ir a Israel, porque tinha uma visão de lá bastante distorcida. Imaginava muitas guerras, muita decadência, muito terror. No entanto, quando soube da caravana, veio ao seu coração o desejo de participar para aliviar o sofrimento que estava vivenciando.

Então começou a pesquisar como fazer para participar. Descobriu que o grupo estava pagando parceladamente toda a viagem há um ano, mas que todos já tinham terminado de pagar. Descobriu que o número de participantes estava fechado, contudo, de repente, surgiram três vagas de pessoas que tiveram que desistir. Então, começou a se informar e verificar o que precisava fazer para participar. Essas decisões e ações eram um hábito dela. Depois que aceitou Jesus como seu Senhor, e quando Ele aprovava algo importante a ser feito, ela colocava logo em ação. Não era indolente, não era negligente, não era preguiçosa, não era medrosa, enfim tinha uma coragem invejável.

A viagem para Jerusalém era algo proveniente de Deus, por isso, todas as portas foram abertas em alguns dias e, no dia da viagem, lá estava ela no Aeroporto Internacional para ir a Jerusalém. A caravana era composta de sete pastores, e um grupo homogêneo de evangélicos. Calígena não poderia mensurar se todos eram cristãos, mas todos se diziam evangélicos.

Essa viagem tinha que acontecer na vida de Calígena naquele momento. Conforme ela ia visitando os lugares e os pastores iam dando mensagens respectivas, ela foi sentindo em seu coração todos os planos de Deus para sua vida. Começou a sentir a inspiração de qual era o objetivo da vida, de qual era seu dom e qual era sua missão dentro do seu dom. Na viagem foi consolada, inspirada e repreendida por Deus.

Tem certeza de que você quer ser feliz?

Foi inspirada de tal forma, que sentiu a força do poder do Espírito Santo. Aprendeu que as criaturas de Deus estão nesse mundo maldito a fim de escolherem o lugar que querem, depois da morte física, na eternidade. Se no Reino do Céu ou com o maligno. Conheceu que seu dom era o amor ágape e, através desse dom, sua missão era reavivar o amor e mostrar às pessoas o que é ser realmente uma cristã de coração totalmente coadunado com Jesus. É premente os cristãos agirem com atitudes cristãs, e não ficarem falando bonito e decorado conforme a maioria esta.

Deus mostrou a Calígena que Dreano estava muito errado realmente com ela, mas ela também tinha errado. Ela não poderia menosprezá-lo da forma como estava fazendo, independentemente de quantas justificativas tivesse. Mostrou que tudo o que tinha passado em sua vida e, principalmente, nos últimos anos, depois que reconheceu Jesus como Salvador e Senhor da sua vida, tudo que estava acontecendo era para o crescimento emocional, espiritual e a bênção da sabedoria que ela tanto pedira a Ele.

Foi a viagem mais especial, divina e regenerativa que tivera em sua vida. Na viagem, ela teve um verdadeiro encontro com Jesus. Ela sentia a presença Dele em sua vida. Ela pode ver muito dos locais que a Bíblia narra sobre a vida de Jesus. Em cada um, ela pode comprovar a veracidade de tudo aquilo que está nos evangelhos. É um ápice indescritível de emoções, sentimentos, momentos, que se vive numa viagem como essa. Depois da viagem, Calígena pode entender muita coisa que tinha acontecido com ela. Uma das mais marcantes foi que se Dreano não a tivesse deixado naquele tempo, ela nunca iria viajar para Jerusalém. Ele tem bastante receio de avião e uma viagem longa com conexão e tudo seria quase impossível para ele.

Quando se entrega realmente a vida a Jesus e fica sob a proteção, orientação, obediência Dele, tudo, por mais estranho ou terrível que pareça, é pleno, porque Ele ama suas criaturas e está sempre as direcionando para serem os filhos ou filhas Dele na sua plenitude. Muitos O negam, O desafiam, zombam Dele, até dizem impropérios sobre Ele, mas na hora da decadência, fraqueza, desgraça, da fatalidade, ficam perguntando a Ele ou o culpando pela circunstância que estão enfrentando.

É impressionante como o ser humano quer negar a Deus por conta de sua autossuficiência, a qual não possui, porque é totalmente dependente de Deus.

Quando Calígena voltou da viagem, procurou Dreano, pediu perdão pelo erro que estava cometendo e começou a tentar arranjar um meio de eles se entenderem sem ela ter que se envolver naquela "maldita" empresa. Conversaram daqui, conversaram dali, e ele acabou finalmente desistindo de sua obsessão. Resolveram ir morar em Saquarema, na casa dela, para começarem uma nova vida.

A mudança da sogrinha

A mudança para Saquarema foi algo bastante desgastante para Calígena. Ela teve que administrar tudo que tinha na casa em que estavam morando na cidade do Rio de Janeiro e conciliar com a casa de Saquarema, de forma a perder o menor montante possível de reais, considerando que ainda estava pagando as despesas que teve para montar uma das empresas. Como sempre, encarou tudo com a maior competência possível e fizeram uma mudança bastante eficaz.

Dois meses depois, quando ainda estava terminando de se estabelecer na casa de Saquarema, os sogros resolveram ir, também, morar lá. Dreano arranjou uma casa para alugar que ficava cinco casas depois da deles e no mesmo lado. Calígena negociou tudo com os proprietários, fechou o negócio e ainda orientou a sogra sobre a estrutura emocional e espiritual da mudança.

Os sogros mudaram duas semanas antes do Natal e, como a sogra queria estar com tudo preparado para receber a filha e as netas, já na semana do Natal Calígena largou tudo de sua casa e de seus compromissos e foi arrumar a casa da sogra. Planejou a compra de móveis para a sala, cedeu uma geladeira e um fogão que tinha para eles, criou toda uma estrutura para uma morada confortável, agradável e bonita. Terminou tudo exatamente uma semana antes do Natal e deixou os sogros curtirem a casa nova com a irmã de Dreano e as sobrinhas.

No ano seguinte, começaram uma rotina de almoçar em um restaurante de comidas naturais. E, mais uma vez, a sogra de Calígena aprontou com ela. Calígena estava sentada no restaurante com os outros, e ela "soltou a bomba":

— Graças à virgem Maria, eu consegui mudar e estou muito bem.

Calígena ficou branca de raiva. Sabia que a sogra tinha falado aquilo para atingi-la. Por que a sogra tinha que a magoar daquela forma? Calígena fez tudo que ela precisava, e ela diz que foi a virgem Maria? A sogra que era uma beata desequilibrada vivia querendo levar o filho e a nora para a igreja dela e não se conformava com a crença cristã deles. Era como se ela não fosse cristã, só religiosa. A maledicência é que ela ficava espalhando ao contrário, dizendo que a nora é que queria levá-la para a igreja dela. Ela invertia tudo e, como também tinha o poder de persuasão, conseguia convencer todos ao redor. Calígena ficou com aquilo remoendo e ainda ficou com mais raiva, porque aquilo a pegou de surpresa e ela não respondeu nada.

Aquela atitude da sogra fez com que ela se afastasse dela por um período. Calígena não sabia se relacionar com qualquer pessoa sem ajudar naquilo que elas precisassem ou deixar de falar sempre verdades. A sogra era o oposto, uma pessoa extremamente hipócrita. Falava pela frente aquilo que iria deixá-la "bem na fita" e depois, por trás, difamava a pessoa com ar de vítima ou com chantagens emocionais. Para poder se consolar com a grande ingratidão e maledicência da sogra, Calígena falou para o marido:

— Quando sua mãe precisar novamente de alguém para ajudar na mudança, mande-a pedir para a virgem Maria fazer a mudança dela, porque eu não "movo mais uma palha".

O pastor enigmático

Depois que Calígena mudou para Saquarema, ela começou a procurar uma igreja evangélica para frequentar. Lá existiam duas igrejas da mesma denominação que ela frequentava na cidade do Rio de Janeiro. Sendo que essa denominação já tinha sofrido uma divisão e cada uma das igrejas que existia lá era de um determinado lado da divisão. Calígena acabou ficando do lado contrário ao que frequentava no Rio. O pastor dessa igreja era conhecido dela, porque há dezenove anos atrás, quando ele foi assumir a igreja, a mãe de Calígena frequentava essa igreja.

Calígena tinha sido fiadora do aluguel daquele pastor na época em que ele chegou lá, mas nem sabia, porque sua mãe dava os papéis para ela assinar, e ela muitas vezes nem olhava o que estava assinando. O pastor declarou de púlpito que a pessoa que o ajudou na sua chegada a Saquarema estava agora frequentando a igreja.

O casal começou a frequentar a igreja e também começou um relacionamento de amizade. O pastor e sua esposa começaram a frequentar a casa deles e foram aprofundando o relacionamento.

Desde que Calígena começou a praticar a fé inteligente, orando sempre para Deus dar direção do que fosse melhor para ela, começaram a aparecer sinais dos conhecimentos que ela precisava ter para se desenvolver dentro da sua missão. Ela aprendeu a teoria do Dr. Augusto Cury, através do livro 12 semanas para mudar uma vida. Ela, inclusive, formou um grupo para treinar tudo que aquele livro ensinava. Depois, foram os cursos, treinamentos, estudos da Bíblia para criar competência na Palavra de Deus. Também teve acesso aos treinamentos, cursos, aprendizado sobre os relacionamentos inter e intrapessoais. Enfim, criou competência nos três pilares da formação do ser.

Em todos os aprendizados, ela sempre formava grupos para treinamentos daquele tema com o objetivo de propagar as informações e os meios seguros de aprendizado. Também estava sendo moldada pelo caráter de Cristo. A cada nova aflição, sempre perguntava a Jesus o porquê daquilo e logo entendia que precisava aprender algo daquela experiência que estava vivenciando.

Com toda essa comunhão e relacionamento íntimo com Jesus, recebeu uma graça muito grande. O Espírito Santo a inspirou e ela criou um projeto, ao qual denominou Projeto Vida Plena.

No ano seguinte à mudança do casal para Saquarema, Calígena resolveu construir um salão de tamanho razoável para dar continuidade à empresa de treinamentos empresariais e poder aplicar seu Projeto Vida Plena no local. Calígena, que já possuía alguns empréstimos por conta dos investimentos no Rio de Janeiro, aumentou consideravelmente sua dívida em função da construção do salão e obras gerais de manutenção da casa. Porém, ela não se preocupava, sempre foi muito abençoada financeiramente. Antes mesmo de ser cristã competente, já mandava o dízimo pela mãe para a igreja que ela frequentava. Era obediente à Palavra sem mesmo a conhecer. Nunca ficou sem pagar um compromisso que fosse. Tinha seu nome, seu caráter, sua palavra como os valores mais importantes de sua vida. Era tão rigorosa nisso que as pessoas ao redor ficavam impressionadas com a correção dela.

Quando foi inaugurar o salão, pediu ao pastor para abençoar e passar uma mensagem aos presentes que participariam do evento. Também tentou, junto ao pastor, divulgar na igreja de responsabilidade dele o Projeto, porém ele não se envolveu, não se interessou ou deu alguma guarida a ela. Por isso, o começo da aplicação do Projeto foi um fracasso, apesar de, com o tempo, ter uma participação de umas dez pessoas realmente interessadas em aprender.

Começou também a vender os treinamentos empresariais e chegou a realizar alguns que foram um sucesso, mas na parte financeira foi um fracasso. Cada treinamento até superava alguma coisa do ponto de equilíbrio financeiro, mas não dava o lucro mínimo necessário.

Dreano e Calígena tentaram de tudo para ter um relacionamento verdadeiro e amigo com o pastor e sua esposa. Fizeram uma viagem grande juntos. O pastor e sua família passaram na casa do casal um Natal, que Calígena realizou naquele ano para toda a família dela, porém, nada foi frutífero. O pastor era muito desconfiado, arredio e não sabia ter um inter-relacionamento saudável e competente.

Cada vez mais Calígena se decepcionava com homens que estavam numa função tão divina e essencial. Através de seu projeto, ela estava bastante capacitada para avaliar a competência de muitos profissionais e, principalmente, de muitos pastores. Pastores imbuídos da plenitude de seu ministério tinham que ter uma gama de conhecimento holístico a fim de poder atender uma demanda tão grande de pessoas perdidas, enganadas, ignorantes, carentes da consistência verdadeira das Escrituras.

Esse pastor, dentre muitos, mais uma vez decepcionou Calígena no básico do relacionamento. Um relacionamento interpessoal precisa obrigatoriamente que ambos os membros tenham humildade e gratidão confirmado com o temor do SENHOR. Talvez esse pastor fosse grato, mas não era humilde.

O caso do homossexual

Desde quando Calígena se mudou para Saquarema, Deus mandava pessoas que precisavam de ajuda emocional e espiritual para ela auxiliar. Um dia liderou um evento da Igreja Metodista no ministério das mulheres, e quando encerrou uma mãe veio lhe falar sobre a necessidade de ajuda para o filho, que estava jogado numa cama com depressão há algum tempo.

Calígena pediu para que ele a procurasse, e ela faria um trabalho de coaching emocional e espiritual com ele. Era um rapaz muito fechado, extremamente calado, jovem, bonito e bem inteligente. Ela começou as sessões com ele semanalmente e o ia estudando com o objetivo de compreender por que ele estava naquele estado. Ela soube que ele estava cursando uma faculdade federal de informática e, de repente, sem mais nem menos, largou tudo, voltou para a casa da mãe, jogou-se numa cama e entrou em depressão profunda.

Com o decorrer das sessões, ele começou a melhorar, mas tinha algo no ar que Calígena desconfiava. Achava estranho ele nunca falar de namoradas, não se interessar por meninas, mas ele não tinha qualquer trejeito de gay.

Um dia, depois de alguns meses de tratamento, Calígena conversou com o pai do rapaz, que trabalhava na casa dela, e ele acabou contando que o filho teve um caso homossexual, mas o pai não aceitava aquilo de forma alguma. Então, ela confirmou suas suspeitas e reclamou com a mãe porque não tinha sido sincera dizendo toda a verdade e atrapalhando por muitos meses um tratamento que poderia ter dado mais resultados.

Depois que Calígena soube do problema do rapaz, começou a pressioná-lo para que ele mesmo lhe contasse toda a verdade. Finalmente, depois de algum tempo, ele contou porque estava naquele estado. Quando foi para a faculdade, conheceu um rapaz homossexual que o seduziu e ele se apaixonou. Teve um relacionamento com ele durante todos os períodos que cursara, até que o outro rapaz o deixou por outra pessoa. Ele não conseguiu resistir a essa separação, fugiu da faculdade e não quis mais saber de nada.

Calígena, agora, conhecedora de toda a verdadeira história, começou a fazer um trabalho competente com ele. Começou a falar de Cristo para ele, começou a mostrar a ele o quanto aquela preferência sexual era ruim para ele. Mostrou que ele seria discriminado por toda a vida, apesar da liberalidade que as pessoas diziam ter. Ensinou, pelas Escrituras, que ele estava pecando contra Deus e o ajudou a se interessar novamente pelos estudos e a esquecer a lado sexual dele até mudar sua preferência.

Tudo isso deu certo e, um tempo depois, ele voltou a estudar. Foi fazer um novo curso pré-vestibular para tentar novamente uma faculdade e se formar. Ele gostava de estudar e, por isso, Calígena o influenciou a se dedicar totalmente aos estudos. Esse caso a marcou muito, porque ela se afeiçoou muito ao rapaz e desejou de todo o coração que ele tivesse a salvação, que é objetivo da vida de todas as pessoas.

Uma mudança radical

Como Calígena tinha assumido muitos empréstimos, e o país estava vivendo uma crise muito forte e a empresa de treinamento empresarial não estava dando o retorno esperado, ela e Dreano começaram a orar para ter uma direção de Deus sobre a situação que estavam enfrentando. Todo mês tinham que pagar os empréstimos e as despesas da casa, que eram muito dispendiosos, causando uma angústia muito grande neles.

Numa viagem à região serrana do circuito hidromineral de Minas Gerais, eles foram passear em Caxambu, e Dreano sentiu um desejo de se mudar para lá. Calígena gostou muito disso, porque além de gostar mais de cidades serranas do que praianas, ela sempre frequentou aquela área e gostaria imensamente de morar lá. Continuaram orando e as portas começaram a se abrir para eles se mudarem para lá.

Foi o que aconteceu, encontraram um apartamento de primeira locação muito bonito, agradável, amplo, arejado, tudo que eles gostavam e ficaram deslumbrados com ele. O aluguel era bastante razoável e estava dentro das condições deles. Fizeram planos para se mudar e colocar a casa de Saquarema à venda. Liquidariam todos os empréstimos, comprariam o próprio apartamento e viveriam uma vida tranquila com a renda que tinham. Seus planos foram abençoados. Mais uma vez, estava sendo provado que quando Deus está no comando e seus filhos estão no centro da vontade Dele, todas as portas se abrem e tudo se realiza da melhor forma possível.

Mudaram e se estabeleceram muito bem e, a cada dia, se sentiam melhor emocional, física e espiritualmente. Estavam começando a vivenciar uma vida plena na total dependência de Deus. A única questão que ainda os deixava um "tantinho" ansiosos era a necessidade de vender a casa o mais breve possível, pois gerava muitas despesas a cada mês.

Antes mesmo de se mudarem para Caxambu, uma cidade de outro estado, já procuraram uma igreja para frequentarem, porque Calígena não poderia deixar de confraternizar com os irmãos cristãos, conforme os ensinamentos de Jesus. Nessa cidade, não existia a denominação que frequentavam em Saquarema, mas na mesma rua onde iriam morar existia uma Igreja Adventista do Sétimo Dia. Essa igreja tem fama de ser uma seita, mas Calígena começou a frequentar assim mesmo para constatar o porquê daquela mácula.

Gostou muito do ambiente, achou os responsáveis muito verdadeiros na fé e não encontrou nenhuma doutrina que justificasse a fama de seita. Apenas constatou que os adventistas são muito doutrinados em relação ao dia do sábado, e isso esvaziava muito a igreja, porque não se pode trabalhar nesse dia. Apesar de gostar da igreja e dos irmãos, ela é liderada em cada unidade por três anciãos que não têm muita formação das Escrituras e, por isso, os louvores e mensagens eram muito fracos e não poderiam proporcionar o aproveitamento mínimo necessário para afastar as pessoas da linha de conversão e aprofundá-las na fé, além de impedir as pessoas de trabalharem no sábado.

Calígena frequentou essa igreja por alguns meses, mas começou a se sentir mal alimentada espiritualmente e, além disso, não sentia a presença do Espírito Santo atuando, por acreditar que a causa eram os louvores bastante ineficazes. Tentou ajudar os responsáveis e o pastor, que pastoreava seis unidades da região, mas não teve muito sucesso. Eles estão presos à liderança mor que dita as normas. Então, resolveu mudar de denominação.

Mudança de denominação

Informou-se sobre a doutrina de outra denominação que havia na região e constatou que a maioria das doutrinas praticadas por ela eram muito semelhantes à da denominação que frequentava anteriormente no Rio de Janeiro. O casal começou, então, a frequentar essa denominação.

Por ocasião da frequência naquela denominação, Calígena já era bem conhecedora das Escrituras e, inclusive, estava prestes a se formar em Teóloga, graduação que tinha começado três anos antes. Realmente, logo se formou com mérito, apresentando uma tese sobre seu Projeto Vida Plena.

Calígena ficou naquela denominação por um bom tempo e lutou tempestivamente para poder oferecer suas competências aos responsáveis, tendo a oportunidade de poder cumprir plenamente sua missão na Terra.

Essa denominação está bem enquadrada nas Escrituras. Porém, como todas, têm seus pontos doutrinários discutíveis, mas nada que infrinja a Palavra de Deus. No entanto, Calígena constatou um grande conflito inter-relacional existente na convivência dos irmãos. Existe naquela unidade o que se pode chamar de "panelinhas" tampadas que se conflitam até entre elas mesmas. Algo que exclui os novos frequentadores e também os impossibilita de entender o que acontece. Essa circunstância configura uma grande infração aos ensinamentos de Cristo relativos à prática do amor ao próximo.

Depois de algum tempo frequentando, Calígena entendeu que os líderes responsáveis estavam completamente fechados para reconhecerem os fatos evidentes e darem um choque em suas convicções, objetivando sempre o caminho da assertividade e justiça de Deus. Então, ela teve que se desligar novamente de mais uma denominação.

Começou a testar as denominações da região. Visitou por algum tempo mais algumas denominações e constatou que todas as que conheceu estavam equivocadas em algum ponto importante de acordo com as escrituras. Acabou ficando desiludida e tendo que reconhecer o resultado de uma pesquisa que mostra a atual situação de muitas criaturas que aceitaram Jesus como Salvador, porém estão fora do ambiente de Deus porque muitos falsos mestres, ou pastores incompetentes, estão deteriorando os ensinamentos de Cristo.

A mudança dos sogros

Na época em que Dreano e Calígena resolveram mudar para uma cidade distante de outro estado, Dreano tentou de todas as formas persuadir os pais, que estão com idade avançada e precisam do apoio dele, a seguirem o casal e se estabelecerem no mesmo prédio deles. Não teve argumento que os convencesse. A mãe de Dreano ficou com raiva porque eles se mudaram e até ficou dizendo que eles os tinham abandonado num lugar longe sem muitos recursos.

Dreano não se dava por vencido e constantemente ligava para eles tentando convencê-los a os seguir. Depois de muitos meses de tentativa, Calígena sentiu no seu coração que deveria intervir e ajudar Dreano naquela empreitada. Então ela fez uma oração com ele, pedindo a Deus que se estivesse de acordo com os planos Dele, Calígena conseguisse persuadir os sogros. Ligou e conseguiu fazer com que a sogra refletisse sobre a oferta deles e pensasse a respeito. Uns dias depois, ela concordou em recebê-los para conhecer a opção que eles estavam oferecendo.

No dia marcado, eles foram a Saquarema, pegaram os sogros, fizeram uma viagem se hospedando em vários lugares para diminuir o impacto da distância e proporcionaram os melhores entretenimentos para eles. Diante da viagem planejada, foi impossível que eles não sentissem prazer e ficassem muito felizes. Quando chegaram ao apartamento, eles ficaram tão deslumbrados que se sentiram mais felizes ainda. Realmente era tudo muito impactante.

Nos dias seguintes, Calígena e Dreano mostraram para eles o nível de vida que teriam, estando estabelecidos no centro da cidade, podendo usufruir de toda a estrutura necessária a pé. Uma cidade com baixíssimo percentual de violência. Uma cidade com pessoas ainda solidárias, bem diferente da cidade grande. Uma cidade que possui um complexo de águas minerais consideradas curativas. Enfim, o verdadeiro paraíso em relação ao lugar onde moravam, ou antes, na cidade do Rio de Janeiro.

Tinha um apartamento vago no último andar, na mesma coluna do apartamento de Dreano e Calígena. A sogra ficou muito motivada e resolveu mudar para esse apartamento. Calígena percebia durante todo o tempo de conhecimento que o sogro nada "apitava", era a sogra que decidia tudo, mas sempre dizendo que ele concordou ou que foi ele que decidiu. Impressionante como ela manipulava as informações ou os fatos. Enfim, a sogra decidiu, Calígena e Dreano se comprometeram a resolver tudo. Prometeram deixar o apartamento em Caxambu todo preparado para quando eles chegassem. Calígena se comprometeu a ir a Saquarema, embalar toda a mudança, administrar o carregamento do caminhão, voltar juntos para receber a mudança e deixar tudo arrumado para eles. Eles não precisariam "mover um dedo", porque ela providenciaria e deixaria tudo prontinho para eles.

Calígena ficou lembrando que tinha pensado em nunca mais ajudar a ingrata da sogra, principalmente em relação à mudança, pois ela tinha dito que foi a virgem Maria que fez. No entanto, Calígena mais uma vez provou que não era vingativa, retaliadora ou guardava raiva. Quando Deus mandava ela obedecia plenamente. Simplesmente passou por cima de tudo aquilo e fez muito mais dessa vez.

Fez tudo exatamente como tinha prometido. Foi para Saquarema, embalou tudo, sendo até provada em seu caráter. A sogra tinha muitas imagens idólatras em casa. Calígena estava embalando tudo quebrável com todo o zelo para não estragar nada na viagem. Na hora de embalar as imagens, todo tipo de pensamento pernicioso veio à mente dela. Pensava:

Eu posso deixar cair para quebrar e dizer que foi sem querer. Eu posso fazer uma embalagem frágil e quando chegar lá estará tudo quebrado. Eu posso deixar de lado e não embalar. Eu posso muitas coisas, mas não devo fazer isso porque é desrespeito à crença dela.

Então embalou as imagens com mais eficácia ainda para se testar até a última instância. Foi vitoriosa, fez o que não gostaria ou concordava em fazer, mas cumpriu o que era certo. As imagens chegaram intactas na nova residência e, aliás, não quebrou nada e não estragou nada. Calígena fez muito mais do que poderia. A sogra não tinha geladeira de dois andares e desejava uma. Calígena tinha uma na casa que estava vendendo e deu para ela. Calígena tinha uma estante de madeira maciça, tinha um armário de seis portas também de madeira maciça, tinha alguns móveis pequenos, tudo na casa que ela estava vendendo, mas ela deu tudo para a sogra. Retirou, através dos pontos de prêmios de seu cartão de crédito, vários utensílios de cozinha que a sogra estava precisando. Quando recebeu a mudança no apartamento novo, administrou todo o descarregamento do caminhão, colocou todos os móveis bem ordenados na casa, esvaziou todas as caixas e colocou tudo nos seus devidos lugares, primando pela agilidade, organização e aplicabilidade. Levou em torno de nove dias exclusivamente para a mudança deles e, ao final, ficou muito satisfeita com o resultado de extremo sucesso. Calígena tinha esses tipos de atitudes para qualquer pessoa que necessitasse e estivesse disposta a aceitar a ajuda dela de acordo com o que era a coisa certa, na hora certa e da forma certa. Ela não fazia acepção de pessoas, de raça, de idade, de nível de instrução, de situação financeira. Ajudava a todos, dentro da direção de Deus, sem qualquer discriminação.

Recomeçaram o relacionamento, e Calígena estava sempre tentando apaziguar, relevar e ajudar a sogra. Conhecia a forma como agia com muita hipocrisia, muita soberba, muita infantilidade. Sua sogra precisava, urgente, reconhecer sua incompetência e ineficácia para viver. Intermitentemente estava fazendo algo errado ou dizendo alguma coisa ilógica.

Era muito difícil se relacionar com ela. Nunca se sabia o que viria pela frente. Uns dois dias depois que Calígena tinha dado por encerrado o comprometimento com o apartamento deles, a sogra começou a querer demonstrar que Calígena tinha escondido os livros da religião dela para prejudicar. Ah! Como Calígena tinha que ter paciência. O ponto favorável da situação é que Calígena estava aprendendo a ser muito paciente e ter uma resiliência acima da média. Tinha que praticar a empatia a cada instante que estava com ela, para não ficar carregada de raiva pela ingratidão, tolices e injustiças que ela cometia.

A venda da casa

Deus faz tudo no tempo certo Dele, da forma certa Dele. Alguns meses depois que o casal tinha colocado a casa à venda, um interessado fez uma proposta, que na época eles acharam uma "proposta indecorosa". O marido ofereceu para comprar a casa pagando um valor irrisório mensalmente até completar o montante do preço da casa e sem qualquer sinal. Ora, Calígena e Dreano estavam precisando de um bom sinal para quitar seus empréstimos e aparece uma proposta que não tinha qualquer valor de sinal... aquilo soou bastante negativo. No entanto, Calígena nunca descarta nada de algo que possa vir ao interesse da necessidade. Deram a resposta que não tinham interesse e o tempo passou.

Um tempo depois, surgiu uma oportunidade de aquele interessado pegar um financiamento imobiliário na Caixa Econômica Federal por um daqueles agentes que se dizem cadastrados pela Caixa. Calígena fez contato com o interessado e apresentou-lhe a pessoa que se propôs a arranjar o financiamento. Com o decorrer das negociações, ambos, Calígena e o interessado na casa, constataram que aquela pessoa não era séria e, talvez, fosse até um "171" da vida. Eles desistiram daquele negócio, mas o interessado na casa ficou com o prejuízo em relação à comissão paga àquele "dito agente da CEF".

Calígena ficou incomodada com aquele prejuízo do interessado, imaginando até que ele pudesse achar que ela deu "um golpe" nele. Logo que teve um dinheiro extra, ressarciu o interessado, depositando o valor na conta dele e ficando tranquila com aquela situação.

Nesse ponto da história é que se pode constatar o quanto as criaturas realmente tementes ao Senhor têm um caráter idôneo e estão imbuídas do verdadeiro amor de Cristo. O interessado ficou impressionado com a preocupação e correção de Calígena e, logo ao tomar conhecimento do crédito na conta dele, devolveu a metade alegando que o prejuízo deveria ser dividido. E, dessa forma, cada um ficou apenas com a metade do prejuízo do valor da comissão paga. Ambos os lados acabaram se respeitando, se admirando mutuamente, e ficando ligados pelo amor de Cristo. É interessante destacar que esse grupo tinha pontos divergentes na fé cristã. O comprador tinha uma crença religiosa a qual crê com toda sua fé, e Calígena é essencialmente cristã sem se prender à religiosidade.

Um tempo depois, Calígena sentiu no seu coração a inspiração para fazer uma proposta para eles, não muito de acordo com a capacidade de pagamento deles, mas que poderia atender às necessidades de ambos os lados. Fez a proposta, o interessado gostou e tentou de todas as formas atender exatamente a tudo que ela tinha pedido. No entanto, não conseguiu dispor de tudo, apenas a metade do sinal que ela havia pedido.

Calígena orou, fez as contas em relação à situação financeira do casal e chegou a um "denominador comum" bem favorável à negociação. Concordaram em fechar negócio e a casa finalmente foi vendida, exatamente de acordo com os planos de Deus.

Dessa negociação, ficou a certeza de que até em negócios que envolvem muito dinheiro, as pessoas podem ter caráter, podem ter consideração para negociar de forma favorável bilateralmente e, em consequência, gerar satisfação plena a todos os envolvidos.

Toda vez que Deus for O mentor para atender às necessidades de seus filhos, O protetor para impedir e livrar de insucessos, ser O centro das atitudes, qualquer questão será um sucesso divino, por mais estranhas e ininteligíveis que as veredas se apresentem.

A gota d'água que transbordou

Alguns dias depois que seus sogros já estavam morando no apartamento, a sogra de Calígena mandou para a empregada dela umas revistas de virgem Maria e de rosários. Ah! Aí foi demais... A empregada já tinha ido embora naquele dia e as revistas foram recebidas por Calígena. Ela refletiu, ficou segurando aquelas heresias todas e pensou o que fazer. Por fim, resolveu rasgar tudo e colocar no lixo. Depois conversou com o marido e disse que iria ter uma conversa com a mãe dele para ensinar a ela até onde iam os direitos dela. Calígena considerava o maior valor do relacionamento interpessoal, exatamente, cada um reconhecer até onde vão seus direitos. Um dia aprendeu que o direito de um termina onde começa o do outro. Atualmente, muitas pessoas não sabem nem o que são direitos/obrigações, quais são os direitos de cada um, como, então, vão poder saber se respeitar mutuamente?

Uns dias depois, Calígena foi ao apartamento dos sogros e pediu para conversar. Começou explicando o que é o direito de cada um e como devem ser respeitados. Ela falou isso com todo o melindre que a situação exigia, explicou que a sogra não tinha direito de ficar mandando coisas da crença dela para a empregada de Calígena, e o caos foi formado. A sogra começou com as chantagens emocionais dela dizendo:

— Eu vou ficar doente com essas suas conversas. Eu não fiz nada demais e você vem com seus discursos absurdos.

Falou isso e começou a virar a cabeça como se estivesse realmente passando mal. O sogro, que tem um medo terrível da morte da esposa, começou a gritar também, dizendo que não queria ir para lá, que não aguentava mais aquilo. Enfim, fizeram de Calígena uma algoz e insuportável pessoa.

Tem certeza de que você quer ser feliz?

Calígena ficou olhando para aquilo sem qualquer reação. Ficou se acalmando pensando que não iria se igualar a eles em hipótese alguma. Deixou-os ficarem gritando até passar o "ataque de loucura" que eles estavam apresentando. Então, depois que o sogro começou a se acalmar, Dreano levou-o para o quarto, teve uma conversa racional com ele e o convenceu, através de fatos passados, como sua mãe nunca se dera com qualquer pessoa e era impossível se relacionar com ela. Além das características já conhecidas, ela era muito egoísta e "mão fechada". O pai dele concordou, porque contra fatos não há argumentos, e se acalmou de vez.

Ao mesmo tempo, na sala, Calígena realizou sua última façanha de "paparico" e paciência com a sogra. Abraçou-a, disse que não queria causar-lhe problemas, lembrou que ela tinha uma consulta com uma acupunturista naquela hora, a qual Calígena iria levá-la. Ela não queria mais ir, mas Calígena a convenceu e a levou no lugar e na hora marcados.

Depois desse episódio, Calígena resolveu evitar ao máximo se encontrar com eles. Não queria mais saber de tantas mazelas, tantas hipocrisias, tantas ingratidões, tanto orgulho como sua sogra praticava. O interessante é que dois dias depois que ela disse que ficaria doente, a pressão dela, que era baixa, subiu de forma absurda e ela ficou muito mal. Calígena entendeu que ela deu autorização ao maligno para causar mal a ela.

Por conta dessa decisão de não mais tentar ajudar a sogra, Dreano começou a brigar com Calígena, ficando ao lado da mãe, porque também era oprimido por ela. Tinha começado o inferno dentro de sua própria casa. Calígena tinha horror de chantagens emocionais, enfrentou-as muito tempo com sua mãe e não deixava que mais ninguém fizesse isso com ela. Dreano estava com medo de realmente sua mãe morrer e começou a atacar a própria esposa por conta disso. Foram dias de inferno e Calígena só suportava porque se consolava em suas orações com Jesus. A cada encrenca, ela ia correndo para o quarto chorar suas dores com Jesus e, impressionantemente, saía do quarto calminha e consolada.

A situação foi ficando muito crítica até que Calígena resolveu enfrentar a situação. Disse para Dreano:

— Se você quer ficar defendendo o mal, se você quer ficar oprimido pelas chantagens de sua mãe, vá agora morar com ela e me deixe em paz. Agora, tem uma coisa muito importante, se sair porta afora, nunca mais volte. Você teve duas chances, as quais eu nunca dei a ninguém. Agora não tem mais, saiu, não volte mais. Meu maior consolo é que você vai sofrer muito, por conta de sua imaturidade, ao morar com sua mãe, considerando que você não consegue ficar muito tempo perto dela sem perder a paciência com as atitudes ou palavras dela.

Dreano ficou assustado e viu que, dessa vez, a situação era muito crítica. Pediu desculpas a Calígena e realmente começou a ter um pouco de bom senso.

Por algumas vezes, pensou porque Deus tinha autorizado a vinda dos sogros para perto deles, a qual estava causando tanto sofrimento. O melhor de tudo é que sempre que questionava Deus em seu coração, a resposta vinha quase que imediata, devido ao nível de relacionamento com Deus que ela tinha atingido. Veio ao seu coração que os sogros precisavam vir morar perto deles, porque precisavam de uma oportunidade para conhecer Jesus e, também, era necessário que seu marido se libertasse da opressão que sofria da mãe, amadurecesse e se quebrantasse diante Dele.

Mesmo afastada e sem contato com a sogra, a sogra ainda conseguia arranjar um jeito de prejudicar a vida de Calígena, só que não conseguia. Calígena aprendeu a olhar para Seu Pai Todo-Poderoso e nada mais no mundo poderia prejudicá-la ou destruí-la.

Depois de algum tempo vendo a obsessão de seu marido em relação aos pais, Calígena resolveu ajudá-lo no intuito de tentar levar alguma racionalidade ou maturidade para a mãe dele. Eles foram à casa dela e sentaram para conversar. Calígena disse:

— Dona Nealhe, nós viemos aqui para tentar ajudar a senhora. Mostrar alguns fatos, algumas circunstâncias, algumas necessidades que a senhora precisa saber e praticar.

Porém, ela foi falando logo com o jeito soberbo dela:

— Eu não preciso de nada e não quero ajuda.

— Mamãe, eu e o papai também queremos te ajudar — Dreano disse.

— Não quero ajuda de ninguém. Sou do jeito que sou e não quero ajuda — disse novamente, com muita impetuosidade.

Então Calígena chamou Dreano para irem embora, e ela lavou as mãos definitivamente. Acabou de presenciar como o orgulho leva à teimosia e a teimosia leva à tolice extrema.

Depois de muitos transtornos, os sogros resolveram voltar para o apartamento deles na cidade do Rio de Janeiro e Calígena acreditou que, com essa decisão deles, a missão dela de ajudá-los estava encerrada e o objetivo de Deus tinha se cumprido.

A constatação da soberba humana

Assim como sua sogra, Calígena, que estava vivendo agora para cumprir sua missão de reavivar o amor e ajudar o próximo, pode constatar muitas pessoas agirem da mesma forma. Escolhem seus orgulhos, suas autossuficiências, seus ódios e muitos sentimentos que destroem. Essas escolhas podem ser fatalistas consigo mesmas. As Escrituras são a Palavra de Deus, DEFINITIVA, ÚNICA, VERDADEIRA E ETERNA e seria muito bom que essas pessoas não "brincassem" com ela.

Calígena atingiu um nível de cumprimento de sua missão tão elevado, que seu marido vivia dizendo que ela não era desse mundo. Ajudava pessoas imparcialmente, conforme a orientação do Espírito Santo em seu coração. Tinha atitudes que Dreano dizia nunca imaginar que alguém pudesse fazer sem qualquer interesse. Ajudava mesmo quando tinha que se sacrificar para praticar ações que levassem ao objetivo. Quando se comprometia em ajudar alguém, ia até as últimas consequências para cumprir, custasse o que custasse. Era totalmente livre, física, emocional e espiritualmente para poder obedecer ao Seu Pai Todo-Poderoso.

Muitos que ela tentou ajudar lhe causaram bastante decepção, porque constatava o orgulho enganoso da autossuficiência que só lhes trazia resultados desastrosos. Alguns escolheram a morte ao invés da vida. Como é frustrante, triste e sofrido ver uma criatura de Deus, que tem toda uma vida terrena para escolher a vida eterna junto ao criador, decidir pela morte eterna.

A quantidade de pessoas que ela ajudou naquilo de que precisavam foi um montante bastante considerável. No entanto, quando ela negava algo, mesmo depois de dar muito, muitas ficavam com raiva e ainda a difamavam. Ela aprendeu que só Jesus Cristo tem o poder de dar a paz interior, que todo ser tem necessidade, com total estabilidade e que traz a consequente felicidade. Então, diante disso, sempre, em algum tempo, tentava ensinar a pessoa que ela precisava se voltar para Cristo, senão nada adiantaria a ajuda que estava dando. Mas a maioria, quase que absoluta, só queria aquilo que achavam importante para elas. Muitas acabavam se aproveitando do lado caridoso de Calígena.

Em sua caminhada de amor, pôde constatar três desses casos que foram fatais. Ela tentou dar ajuda e levar essas pessoas a conhecerem Jesus, que é o único que pode proporcionar a paz e felicidade, mas elas não quiseram e, pouco tempo depois, sofreram a morte física. Que sentimento de impotência ela sofreu diante desse infortúnio. Seu sentimento de dor foi grande ao pensar que as oportunidades de salvação para a vida eterna dessas três pessoas tinham acabado e não teria mais qualquer volta.

O caso do atendente com câncer

Dreano e Calígena tomavam café da manhã todos os dias em uma padaria perto da casa deles, quando estavam na cidade do Rio de Janeiro. Havia um atendente bastante competente que os servia exatamente da forma de que eles gostavam, por isso eles ficavam bastante satisfeitos. Um dia, esse atendente sumiu e, ao pesquisar o que tinha acontecido, descobriram que ele estava com câncer na garganta em estágio bastante avançado. O casal gostava muito dele, então resolveu que iria lhe fazer uma visita.

Na empresa do casal era vendido um produto à base de Aloe Vera que estava sendo muito indicado para tratamento do câncer, apesar de ser um produto natural e não era reconhecido pela ANVISA como remédio. Em um domingo, depois que sairiam do culto da igreja e sentiram compaixão em seus corações, eles resolveram levar quatro litros do suco, de graça, para o atendente e, caso ele realmente melhorasse, iriam fornecer gratuitamente pelo resto da vida dele a quantidade necessária.

Procuraram a casa dele, quando estavam chegando perto, ficaram receosos porque era no alto do morro e eles estavam muito bem arrumados e com um carro que chamava muita atenção. Independentemente disso, continuaram no caminho e chegaram ao destino.

Quando entraram, conheceram a família dele e, quando ele apareceu, Calígena disse:

— Nós viemos aqui para fazer uma oração por você e lhe dar gratuitamente um suco que está sendo muito eficaz contra o câncer. Queremos ajudar porque nos afeiçoamos a você nesse tempo que fomos atendidos.

Quando ele deu a resposta dele, Calígena não acreditou no que estava ouvindo. Ele disse:

— Eu não quero oração, não quero suco nenhum. Estou muito bem e não quero qualquer ajuda.

Diante disso, o casal foi embora, ainda impressionado com o que viram e ouviram. O atendente estava muito magro, devia ter perdido mais de vinte quilos, estava com uma aparência bem doente e pelo visto completamente revoltado pela doença. Um mês depois, eles receberam a notícia do falecimento do atendente. Calígena experimentou uma grande tristeza ao pensar que talvez ele pudesse ter sido curado e, ainda, mais importante, aceitar Jesus na vida dele como Salvador e Senhor.

O caso do ex-cunhado alcoólatra

Dreano tinha um ex-cunhado de que gostava muito, independentemente de ter se separado de sua irmã. Esse homem foi um grande executivo um dia. Era muito culto e poliglota. Teve muito dinheiro e atingiu cargos altíssimos de responsabilidade. Porém era muito impulsivo, agressivo e com tendência ao alcoolismo. Perdeu tudo na vida por conta dessas características e realmente se tornou alcoólatra.

Próximo a um determinado Natal, o casal foi visitá-lo e levou de presente uma cesta de produtos importados que ele tanto apreciava. Conversaram amigavelmente e, por fim, Calígena falou o porquê da visita.

— Labros, nós sabemos que você há algum tempo, principalmente desde quando se separou, não está muito bem de vida em todos os aspectos. Nós viemos aqui para oferecer nossa ajuda e saber o que podemos fazer por você.

Da mesma forma que o atendente, ele disse que estava muito bem e não precisava e não queria nada. Calígena sabia que ele tinha um preconceito enorme com os evangélicos, e a resposta dele deveria ser por causa disso. Ele era um católico nominativo, preconceituoso, que não sabia o que era fé, o que era a Palavra de Deus, e como as Escrituras levam esperança àqueles que se abrem ao evangelho.

Também Labros pouco tempo depois veio a falecer com um infarto fulminante. Mais uma vez, Calígena sentiu imensamente uma grande tristeza pela sua impotência e ao constatar a teimosia do ser humano.

O amigo do peito

Mais um caso que teve seu fim definitivo ocorreu com um grande amigo do casal. Ele era uma pessoa muito alegre, muito carismática, muito amigo, mas estava encarcerado pela sua crença religiosa, a qual demonstrava que não trazia nenhuma fé inteligente, consistente e eficaz na vida dele.

Calígena vivia dizendo que aquela vida desregrada que ele estava levando o destruiria. Estava vivendo uma vida de acordo com todo o padrão e crenças do mundo e, por isso, não poderia encontrar a paz que vem de Cristo. Mas, como todo religioso encarcerado, não quis ouvi-la. O legal é que ele nunca a atacou verbalmente ou menosprezou os ensinamentos dela, como muitos fazem. Ele a admirava muito, apesar de não conseguir se abrir para as mudanças que precisava fazer em sua vida. Muito novo, com 56 anos, teve um AVC e morreu em uma semana.

Esse caso deixou Dreano e Calígena muito tristes, não porque ele tinha morrido, considerando que todos vão morrer, mas porque sabiam que ele não quis receber a vida eterna que Jesus Cristo deu gratuitamente a todos aqueles que Nele acreditarem e se entregarem.

Depois que conheceu sua missão, Calígena passou a ajudar pessoas de forma mais sábia, em conformidade com a direção de Deus. Antes ela ajudava indiscriminadamente, sem a sabedoria de Deus. Muitas pessoas se aproveitam de outras que possuem uma alma caridosa. Porém, quando Deus está no comando, Ele orienta aqueles que têm o coração realmente desejoso de acertar, de se restaurar, de ter um encontro verdadeiro com Jesus, para viver uma vida plena.

Muitas pessoas, talvez a maioria, querem a ajuda. Vivem "dando murro em ponta de faca", mas não querem saber de mudar. Não querem saber de procurar novos caminhos. Para encontrar o caminho certo é preciso, primordialmente, reconhecer que até aquele momento da vida, a pessoa decidiu conforme seu limitado poder de escolha, que muito se desiludiu, muito se decepcionou, muito falhou. É preciso reconhecer a própria pequenez, desejar e ter coragem para mudar, ser humilde e se submeter Àquele que tudo sabe e tudo pode.

Quantas pessoas, verdadeiramente, estão dispostas a jogar seus orgulhos, soberbas e autossuficiências fora, se arrepender de todos os pecados cometidos e viver sob a obediência a Deus? Com certeza pode se "contar nos dedos". Acredito que todas querem a felicidade, mas muitas não têm coragem para conquistá-la.

A boa notícia é que enquanto houver vida, haverá oportunidade de conquistar o paraíso eterno que as Escrituras prometem. Sempre há tempo de escolher Jesus e ter uma eternidade de paz, tranquilidade e felicidade.

E a má notícia é que ninguém pode prever até quando terá vida. Diante dessa constatação, é melhor aprender com o exemplo da vida de Calígena e obedecer a Palavra de Deus imediatamente, enquanto pode e tem oportunidade. A única certeza que se tem nessa vida é que todos sofrerão a morte física e ninguém sabe o que acontecerá no próximo minuto de sua vida

Uma vida plena e feliz

A vida de Calígena é uma novela, criada por Deus, escrita por Deus, revisada por Deus, dirigida por Deus e com um plano perfeito e feliz conforme Deus planejou.

Ela levou anos para conhecer esse Deus que a criou, a protegeu, a livrou de vários desastres fatais, a acalentou presentemente de forma sobrenatural, corrigiu rota, até ela entrar na vereda certa da vida.

Depois que ela aceitou Jesus como Seu Salvador e Senhor da sua vida, de todo o seu coração e mente, ela viveu dramas tão intensos quanto antes, mas a diferença era que tinha um Pai Todo-Poderoso que dava proteção, sabedoria, força, e a certeza de que ela estava no caminho da verdade e da vida. Ela entendeu que por toda a vida sofreria aflições, porque estava nesse mundo mau. Deus permitia que ela vivesse aflições por algum motivo, como ser restaurada, aperfeiçoada, santificada, para atingir a plenitude do relacionamento com Deus. A cada circunstância sofrida, ela aprendia uma lição, crescia em mente e coração. Estava começando a usufruir de sua nova vida. Estava reavendo a vida que Deus planejou para ela e sobrepondo tudo que aprendeu e praticou do mundo.

Tem certeza de que você quer ser feliz?

No momento de sua vida, que aprendeu a estar no centro da vontade de Deus, pode usufruir de hábitos que lhe fazia sentir a presença viva de Deus. Um desses hábitos é quando faz caminhadas num parque que é uma das obras de arte Dele. Nesse parque que possui doze fontes de águas minerais curativas, em meio às árvores, sob o azul do céu e o som dos pássaros, ela sente a presença viva de Jesus Cristo. Em alguns momentos o êxtase é tão intenso, que ela começa a chorar incondicionalmente. Parece "doida", chorando numa caminhada, sozinha, e sem qualquer motivo aparente.

Ah! Como é extasiante estar em um total relacionamento pleno com Deus. A felicidade transborda no coração.

Ela sente como se estivesse fora do mundo, num estágio superior à matéria, mesmo estando no corpo ainda, sente que o espírito está voando, totalmente livre num estágio pleno. As hipocrisias, maledicências, maldades, preconceitos, discriminações, padrões, dúvidas, mazelas do mundo, não podem mais atingi-la. Ela se sente nos braços de Deus, completamente envolta e protegida por um Ser Onisciente, Onipotente, Imutável, Superior, Soberano e Todo-Poderoso, além de tudo que possa existir.

É a verdadeira plenitude do ser, dependente desse Ser Todo-Poderoso, que não falha, não tem fraquezas, não é vulnerável, não muda nunca, sabe tudo e pode tudo. Sua Palavra é única e soberana. É definitiva e eterna. Ah! Como é bom obedecer e ser dependente Dele, que apesar de sua supremacia possui um amor tão sublime, que perdoa tantas vezes quantas forem necessárias, que abençoa aqueles que Nele confiam e dependem, que pode livrar de qualquer situação e que deu a vida por suas criaturas, incondicionalmente.

A impotência do ser humano pode ser o seu maior castigo ou a sua maior glória. Se quiser viver pela sua pseudoautossuficiência, passará uma vida errando, sofrendo, fracassando, porém, se escolher ter Jesus como Salvador e SENHOR da sua vida, superará a impotência através do poder Dele na sua vida e viverá com a Glória Dele. Calígena aprendeu tudo isso, foi aprendendo paulatinamente a depender de Jesus, foi aprendendo a se relacionar com ele literalmente no sobrenatural, foi crescendo espiritual e emocionalmente, amadurecendo na fé e atingindo a vida plena. Atingiu o ápice da felicidade do seu espírito conforme os planos de Deus.

O propósito da existência de todas as criaturas de Deus nessa Terra é desenvolver características que produzam frutos do espírito.

Mas o fruto do Espírito é amor, alegria, paz, paciência, generosidade, bondade, fidelidade, tolerância e domínio próprio.
Contra essas coisas não há lei.
Os que pertencem a Cristo Jesus crucificaram a carne, com as suas paixões e os seus desejos.
Se vivemos pelo Espírito, andemos também pelo Espírito.
Não sejamos presunçosos, provocando uns aos outros e tendo inveja uns dos outros.

(Gálatas 5:22-26)

Calígena sabe que até o final de sua vida será provada em cada um desses frutos. Independentemente de sua idade, independentemente do nível de espiritualidade que alcançou, ainda enfrenta e enfrentará momentos de raiva, impotência diante de muitas injustiças, tristezas, mas aprendeu a se autoeducar lembrando a si mesma que ninguém sofreu mais do que Jesus injustamente na cruz pelos pecados também dela. Qual dor, qual injustiça, qual maldade, qual mazela, qual mal, alguém enfrentou mais do que Jesus? Esse conhecimento traz a Calígena constantemente aprovação na produção do fruto do espírito quando é confrontada habitualmente nesse mundo com as circunstâncias negativas e destrutivas dele.

Calígena atingiu a plenitude de sua vida, vem vivendo cada dia na intensidade do Senhor. Aproveita intensamente cada dia, cada momento, para realizar algo que a ajude a crescer e realmente tenha valor divino. Vive a cada dia sabendo que está mais próxima do paraíso prometido por Jesus. Sabe que viverá a eternidade ao lado de Seu Pai Todo-Poderoso, que a amou primeiro e ensinou-a a amá-Lo de todo o seu coração e **mente**

Epílogo

A SABEDORIA
O sexagenário

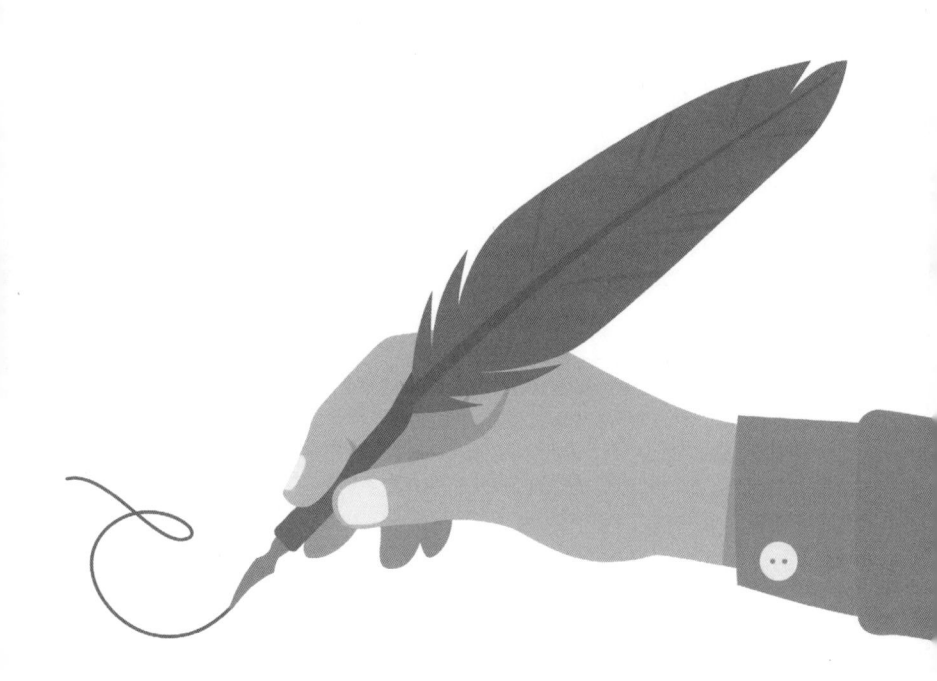

> **Se algum de vocês tem falta
> de sabedoria, peça-a a Deus,
> que a todos dá livremente, de boa vontade;
> e lhe será concedida.**
> (Tiago 1:5)

Se alguém acredita em felicidade e realmente quer obtê-la, precisa aprender com os exemplos da vida de Calígena. Ela teve fé a vida toda, mesmo sem conhecer o Deus Verdadeiro por muito tempo, e conquistou uma vida plena que leva à consequente felicidade.

Calígena está obtendo a sabedoria que somente Deus pode proporcionar. Calígena, até o último dia da vida terrena dela, irá ter aflições, irá enfrentar dificuldades, viverá como qualquer mortal. O grande diferencial é que ela atualmente está em corpo no mundo e em alma e espírito já no seu país de origem. Podem mexer o quanto quiser com o corpo dela, mas não podem mexer com a alma e o espírito dela. Ela já está em outra dimensão, apesar de bastante adaptada ao meio. É uma imposição saber se relacionar intra e interpessoalmente, é uma necessidade ter objetivos e planejar para atingi-los, não importando a idade que se tenha.

Calígena atualmente vive para dividir com aqueles que quiserem toda a competência que adquiriu na vereda de sua vida. No encerramento deste livro, ela oferta de todo o seu coração ensinamentos básicos que todos deveriam saber para poder conquistar uma vida plena.

Felicidade — uma perspectiva cristã

"Bem-aventurados os humildes de espírito, porque deles é o reino dos céus."
(Matheus 5:3)

O que é Felicidade?
Por que todos buscam a Felicidade?
É possível ser Feliz?
O que traz Felicidade ao ser humano?

Tem certeza de que você quer ser feliz?

Se considerar o significado de felicidade do Wikipédia, vai encontrar que é:

"A felicidade é um estado durável de plenitude, satisfação e equilíbrio físico e psíquico, em que o sofrimento e a inquietude são transformados em emoções ou sentimentos que vão desde o contentamento até a alegria intensa ou júbilo. A felicidade tem, ainda, o significado de bem-estar espiritual ou paz interior. Existem diferentes abordagens ao estudo da felicidade — pela filosofia, pelas religiões ou pela psicologia. O homem sempre procurou a felicidade. Filósofos e religiosos sempre se dedicaram a definir sua natureza e que tipo de comportamento ou estilo de vida levaria à felicidade plena."

Se considerar a visão do poeta Vinicius de Moraes, vai se maravilhar com esse poema:

"Felicidade é como a pluma
Que o vento vai levando pelo ar
Voa tão leve,
Mas tem a vida breve,
Precisa que haja vento sem parar.
A felicidade do pobre parece
A grande ilusão do carnaval
A gente trabalha o ano inteiro
Por um momento de sonho
Para fazer a fantasia
De rei ou de pirata ou da jardineira
Pra tudo se acabar na quarta-feira.
Tristeza não tem fim,
Felicidade sim...
A felicidade é como a gota
De orvalho numa pétala de flor
Brilha tranquila
Depois de leve oscila
E cai como uma lágrima de amor.
A felicidade é uma coisa louca,
Mas tão delicada, também
Tem flores e amores de todas as cores,
Tem ninhos de passarinhos

Tudo isso ela tem
E é por ela ser assim tão delicada
Que eu trato sempre dela muito bem.
Tristeza não tem fim,
Felicidade sim..."

Se considerar a visão de Charles Chaplin no seu poema "Tudo depende de mim", vai constatar o que é fazer escolhas conscientes:

"Hoje levantei cedo pensando no que tenho
a fazer antes que o relógio marque meia-noite.
É minha função escolher que tipo de vida vou ter hoje.
Posso reclamar porque está chovendo...
ou agradecer as águas por lavarem a poluição.
Posso ficar triste por não ter dinheiro...
ou me sentir encorajado para administrar
minhas finanças, evitando o desperdício.
Posso reclamar sobre minha saúde...
ou dar graças por estar vivo.
Posso me queixar dos meus pais
por não terem me dado tudo o que eu queria...
ou posso ser grato por ter nascido.
Posso reclamar por ter que ir trabalhar...
ou agradecer por ter trabalho.
Posso sentir tédio com as tarefas de casa...
ou agradecer a Deus por ter um teto para morar.
Posso lamentar decepções com amigos...
ou me entusiasmar com a
possibilidade de fazer novas amizades.
Se as coisas não saíram como planejei,
posso ficar feliz por ter hoje para recomeçar.
O dia está na minha frente
esperando para ser o que eu quiser.
E aqui estou eu o escultor que pode dar forma."

Se considerar a visão do Dalai Lama, pode-se perceber o principal fator da felicidade:

"A felicidade é um estado de espírito. Se a sua mente ainda estiver num estado de confusão e agitação, os bens materiais não vão lhe proporcionar felicidade. Felicidade significa paz de espírito."

Tem certeza de que você quer ser feliz?

Esses são alguns significados para felicidade de alguns famosos, porém, o que importa, e realmente é a base e perfeição, é o que está na Palavra de Deus, a Bíblia.

Baseada na própria experiência de vida, posso afirmar que felicidade é primeiramente a convicção pessoal da Vida Eterna no Paraíso de Jesus. Digo isso, porque a única certeza, por vistas, que se tem nesse mundo é que todo ser que tem vida morrerá. Essa é uma verdade universal que ninguém pode duvidar ou criar algum modismo. Em função disso, o ser humano vive sobressaltado, pensando quando irá morrer. Quando seus entes queridos vão morrer e deixá-los. A morte traz a todos um sentimento de medo com o qual, só por isso, é impossível ser feliz.

Partindo do ponto em que o indivíduo aceitou Jesus de coração, como Salvador e Senhor da sua vida, a morte não terá mais importância, porque esse cristão verdadeiro conhece as promessas de Jesus e até anseia pelo Reino dos Céus. Também, em função de conhecer a Palavra de Deus, o cristão verdadeiro entende que viver é uma obrigação, e, já que é obrigatório viver, é melhor viver da melhor forma possível. Se a morte já não é mais o maior temor, então, todo o resto, como doenças, finanças, sentimentos negativos, relacionamentos interpessoais ruins, enfim, as mazelas desse mundo, principalmente nas aflições que Jesus afirmou que se viveria, não tem mais qualquer valor. Foi criado um antídoto. Jesus é o antídoto de todo o mal que o mundo contém.

Se o cristão verdadeiro aprende o que está no versículo 7, do capítulo 1, do livro de Provérbios: "O princípio da sabedoria é o temor do Senhor", ele se tornou livre no Senhor Jesus Cristo. Quando ele entende e pratica esse conhecimento em sua vida passa a viver na dependência de Deus e, então, terá vida plena. Terá vida plena porque suplantou suas limitações carnais e se tornou forte no Senhor Jesus.

Pode-se concluir então que felicidade é ler, estudar e praticar a Palavra de Deus, conhecer Jesus, O Cristo, para poder amá-lo intensamente, mesmo que aquém do que Ele nos amou.

Com relação ao questionamento do porquê todos buscam a felicidade, acredito que é porque Deus, quando criou o seu filho, colocou no coração dele esse sentimento, que é possível somente no Amor Ágape Dele.

Se na criação, Deus fez Adão e Eva a Sua imagem e semelhança, e os colocou no Paraíso, pode-se entender perfeitamente que a felicidade faz parte de toda criatura de Deus, como é O Próprio Deus. Essa condição foi perdida quando o pecado entrou no mundo através da desobediência de Adão e Eva. Desde então, o homem vem procurando a felicidade, quando ela é tão simples e objetiva na essência da criação e, na redenção de Jesus.

Logicamente, diante dessas argumentações feitas, pode-se concluir que é possível ser feliz, mesmo aqui nesse mundo maldito. O mundo é maldito por causa do pecado, mas a criatura de Deus tem a opção de se livrar dessa maldição quando Jesus afirmou que Ele é a verdade, o caminho, a vida.

(João 14:6)

Disse-lhe Jesus: Eu

sou o caminho, a verdade e a vida. "Ninguém vem ao Pai senão por mim".

Como já foi citado, se o ser entrega sua vida nas mãos de Jesus Cristo, tudo desse mundo perde o valor, e o indivíduo sabe que tem um Pai Todo-Poderoso que tudo sabe, tudo pode, sempre está com ele e o ama incondicionalmente. Isso comprova que é possível ser feliz, independentemente de todas as aflições, mazelas, tentações, horrores, que se vivencia no dia a dia da vida.

Quanto à questão do que traz felicidade ao ser humano, deve-se atentar para muitas passagens na Bíblia, que nos ensina como ser feliz.

É importante refletir sobre algumas delas.

Salmo 128:1 — Bem-aventurado (feliz) aquele que teme ao Senhor e anda nos seus caminhos!

Aqui, confirmando o que já foi citado, a felicidade depende de andar nos caminhos de Deus.

Gálatas 5:22 — Mas o fruto do Espírito é: amor, alegria, paz, longanimidade, benignidade, bondade, fidelidade, mansidão, domínio próprio.

Esses atributos são parte do que contém a felicidade.

Tem certeza de que você quer ser feliz?

Romanos 14:17 — Porque o Reino de Deus não é comida nem bebida, mas justiça, paz e alegria no Espírito Santo.

Essa justiça, paz e alegria são proporcionadas pela obediência naquilo que o Espírito Santo disciplina interiormente o indivíduo.

2Coríntios 8:2 — ... porque, no meio de muita prova de tribulação, manifestaram abundância de alegria, e a profunda tristeza deles superabundou em grande riqueza da sua generosidade.

Na prática do cristianismo, até a tristeza se torna alegria e traz paz, satisfação e felicidade.

Tiago 1:2 — Meus irmãos, tende por motivo de toda alegria o passardes por várias provações...

Esse versículo ratifica o versículo acima citado.

No cristianismo, a felicidade, assim como o sucesso, deve ser consequência, e não o objetivo maior da existência.

Essa citação é confirmada por Viktor Frankl em:

"Não busque o sucesso. Quanto mais o procurar e o transformar num alvo, mais você vai errar. Porque o sucesso, como a felicidade, não pode ser perseguido; ele deve acontecer, e só tem lugar como efeito colateral e uma dedicação pessoal a uma causa maior que a pessoa, ou como subproduto da rendição pessoal a outro ser."

Segundo Kivitz, a busca da felicidade como um objetivo maior por um ser humano egoísta, que só visa o seu bem-estar pessoal, resultará necessariamente em infelicidade. O amor que traz felicidade é exatamente o oposto do egoísmo. O egoísmo quer tudo para si objetivando a felicidade, o amor quer realizar a felicidade do próximo. O amor quer dar tanto quanto for possível para fazer a felicidade do outro.

Jesus, que era o próprio amor, foi o maior exemplo de um ser que não considera a felicidade baseada em fatores externos. Ele deixou os céus em glória e majestade, veio a este mundo cheio de dificuldades. Nasceu em uma família pobre, viveu em um lugar humilde, trabalhou e lutou muito para sobreviver. Será que Jesus foi infeliz por isso? Não! Jesus viveu feliz aqui porque realizou o propósito do Pai para sua vinda.

Jesus, no Sermão do Monte, ensinou um conceito próprio Dele para o que é ser feliz. As bem-aventuranças (que significam ser feliz). Bem-aventurança é ter "boa aventura", viver bem cada momento, se realizar, apesar das desventuras a que somos humanamente suscetíveis.

Jesus ensinou, com suas Palavras nas Bem-aventuranças, o que é ser feliz em três condições que se pode definir para vida plena:

1. TEMPERAMENTO

O temperamento de uma pessoa pode direcionar sua vida para a felicidade ou afastar dela. Cada um tem um temperamento próprio e é preciso definir o temperamento ideal para conviver com as pessoas. O temperamento demonstra a disposição da pessoa em viver bem. Por isso, Jesus falou algumas características de temperamento que ajudam a se moldar no cristianismo.

Jesus enumerou três características de temperamento que ajudam a ser feliz:

1.1. Humildade (Mateus 5:3) — "Bem-aventurados os humildes de espírito, porque deles é o reino dos céus."

A humildade promove a felicidade porque a pessoa aprende a se contentar com o que tem. A humildade tem a coragem de reconhecer erros e pecados. Como testemunhou o apóstolo Paulo sobre sua felicidade dizendo: "Tanto sei estar humilhado como também ser honrado: de tudo e em todas as circunstâncias, já tenho experiência, tanto de fatura como de fome; assim de abundância como de escassez" (Filipenses 4.12). O apóstolo sabia viver bem em qualquer situação e, o que acontecesse de bom ou ruim, não interferia na sua condição de felicidade, porque era humilde.

Quando a pessoa constrói um padrão de felicidade muito elevado, exigindo muitas condições, difícil se tornar um ser feliz. Porém, quando é humilde, aprende a aceitar o que vem e, aprende a se contentar. A riqueza de quem é humilde consiste no Reino dos Céus.

1.2. Sensibilidade (Mateus 5:4) — "Bem-aventurados os que choram, porque serão consolados".

Tem certeza de que você quer ser feliz?

Esta afirmação parece contraditória à felicidade. A tristeza e o choro podem fazer parte da felicidade? Uma pessoa feliz pode chorar e se entristecer? Sim. A prova maior disso é que Jesus chorou. O choro mostra um temperamento sensível.

Chorar é muito importante. Chorar para desabafar toda tristeza que houver no coração. O choro é um escape para a angústia. A felicidade vem quando se é consolado por Deus e, por isso, não precisa temer o choro que "pode durar uma noite, mas a alegria vem ao amanhecer". (Salmos 30:5).

1.3. Mansidão (Mateus 5:5) — "Bem-aventurados os mansos, porque herdarão a terra".

Mansidão é uma virtude que faz a pessoa ser feliz. Ser manso não significa comportamento apático, mas sim saber controlar seus sentimentos e impulsos nas horas de nervosismo.

Jesus disse que é preciso aprender com Ele sobre mansidão (Mateus 11:29), que é um fruto do Espírito Santo (Gálatas 5:22) para a vida do crente.

Uma pessoa que se irrita facilmente perde muitas oportunidades que podem vir com o tempo. Já quem é manso tem condições de esperar, negociar e combinar com pessoas difíceis, e sai sempre ganhando, porque espera a sua vez. É isso que Jesus quis dizer ao declarar que os mansos herdarão a terra.

2. SENTIMENTOS

A vida é cheia de sentimentos. O sentimento orienta o ser desde o dia em que nasce e sente o ar entrar pelas vias respiratórias pela primeira vez, causando tamanha dor, que provoca o choro, abre mais ainda a respiração e exercita o pulmão. Esse é o primeiro sentimento ao nascer. Jesus enumerou três sentimentos que fazem os seres felizes por mais contraditório que pareça.

2.1. Justiça (Mateus 5:6) — "Bem-aventurados os que têm fome e sede de justiça, porque serão fartos."

Sentimento de justiça é algo que não deve ser sentido em tom de arrogância e sim como inspiração em cada atitude da vida. Tudo o que fizer deve ter como alvo o que é correto e bom para todas as pessoas. Por isso, Jesus ensinou que "Tudo quanto, pois, quereis que os homens vos façam, assim fazei-o vós também a eles; porque esta é a Lei e os Profetas" (Mateus 7:12).

Cumprir o que é justo faz a pessoa ser feliz, porque quem é correto com seus afazeres não tem de que se arrepender ou envergonhar. Jesus prometeu que os misericordiosos serão fartos, principalmente porque tudo o que faz vai dar certo e receberá a justa recompensa do que semeou. (Gálatas 6:7).

2.2. Misericórdia (Mateus 5:7) — "Bem-aventurados os misericordiosos, porque alcançarão misericórdia."

Misericórdia tem a ver com colocar seu coração na miséria do próximo. Ou seja, colocar-se em lugar de alguém. Quando vir pessoas que estão sofrendo verdadeiramente com problemas graves como doenças, por exemplo, deve-se reconhecer a felicidade própria.

A misericórdia equilibra a justiça. Uma completa a outra. Justiça sem misericórdia se torna rigidez excessiva. Misericórdia sem justiça pode ser assistencialismo sem propósito.

Jesus prometeu que àquele que se colocar no lugar dos outros para ajudar, do mesmo modo também vai alcançar misericórdia. Quem não tem dó do seu próximo não consegue ser feliz, porque é egoísta demais para isso. A felicidade é um dom que precisa ser compartilhado com quem sofre. Então, quem é misericordioso, é feliz por receber igual retribuição.

2.3. Pureza (Mateus 5:8) — "Bem-aventurados os limpos de coração, porque verão a Deus."

A pureza está na intenção boa daquilo que é dito e feito para o próximo. Está em não absorver coisas ruins ou interpretar mal as pessoas. A malícia é um veneno que destrói muitos relacionamentos.

Jesus prometeu que os limpos de coração "verão a Deus", ou seja, entrarão no Reino dos Céus. A pureza de coração em vez de ver coisas negativas, contempla a beleza da presença de Deus em sua vida. Pessoas maliciosas não conseguem ver coisas boas, mas são ávidas em perceber um defeito por menor que seja.

Ter sentimentos felizes para Jesus é praticar a justiça, misericórdia e pureza.

3. RELACIONAMENTOS

Jesus ensinou sobre felicidade nos relacionamentos, além de sentimentos e temperamento. O ser humano é relacional e precisa conviver com as pessoas à sua volta. Isso é um desafio que se constrói a cada dia no viver com o próximo. É preciso estar sempre aprendendo a compartilhar. O ser é moldável e, na convivência um com o outro, é transformado. Dependendo da disposição pessoal de cada um, pode melhorar ou piorar.

Jesus citou alguns desafios para construir relacionamentos saudáveis.

3.1. Pacífico (Mateus 5:9) — "Bem-aventurados os pacificadores, porque serão chamados filhos de Deus."

Ser pacífico é ser um promotor da paz. Uma pessoa pacífica tenta apaziguar situações de conflito. Serve como um elo que une as pessoas, ao invés de separar. Como os dias atuais estão carentes de pessoas conciliadoras!

Uma coisa que é preciso aprender para ser pacificador é não se deixar levar pelos problemas dos outros, e só ajudar ou edificar sempre que tiver a oportunidade de as pessoas pedirem de coração ou Deus inspirar.

Jesus prometeu que os pacificadores serão conhecidos como filhos de Deus. Esta é a maior felicidade que alguém pode ter. Como filhos do Rei devem servir ao próximo, apagando incêndios e acalmando tempestades.

3.2. Perseguido (Mateus 5:10) — "Bem-aventurados os perseguidos por causa da justiça, porque deles é o reino dos céus."

Embora isso também pareça contraditório, Jesus considera a perseguição como um sinal de felicidade. Como se diz no ditado, "ninguém atira pedras numa árvore que não dá frutos". Uma pessoa em destaque por sua felicidade certamente também atrai inveja e indisposição de pessoas que não se realizam e não se conformam com o sucesso alheio.

Jesus prometeu aos perseguidos que quando não conseguissem reconhecimento das pessoas teriam o reconhecimento de Deus. A promessa de felicidade para quem sofre perseguição é ter o Reino dos Céus.

3.3. Injuriados (Mateus 5:11-12) — "Bem-aventurados sois quando, por minha causa, vos injuriarem, e vos perseguirem, e, mentindo, disserem todo mal contra vós. Regozijai-vos e exultai, porque é grande o vosso galardão nos céus; pois assim perseguiram aos profetas que viveram antes de vós".

Ser injuriado também não impede a felicidade, segundo o pensamento de Jesus. Injúria é uma acusação injusta e mentirosa, quando falam que a pessoa fez ou falou algo que não é verdade.

Muitas vezes, na vida, as pessoas passam por isso e ficam realmente injuriadas.

Jesus deixa uma promessa, lembrando-se dos profetas que tiveram a felicidade de ser usados por Deus, num tempo que o Espírito Santo era privado da maioria, por causa da lei. Jesus manda se alegrar mesmo assim. Para Jesus, o ser injuriado é motivo de alegria, porque a pessoa tem a honra de se assemelhar aos grandes homens de Deus e ao próprio Mestre.

Quem crê em Jesus como seu Advogado sabe que não precisa temer a injúria ou a mentira, porque no juízo final Deus julgará cada criatura e fará justiça.

Jesus ensina a não deixar que os problemas dos outros, nem mesmo perseguições ou injúrias, impeçam a felicidade.

1 Coríntios 15:19 — "Se a nossa esperança em Cristo se limita apenas a esta vida, somos os mais infelizes de todos os homens."

Jesus não disse que a vida feliz seria livre de problemas. Porém, prometeu que os obstáculos seriam vencidos e, finalmente, não impediria a felicidade.

Será que Jesus foi feliz aqui na Terra? Com certeza! Contudo, Ele foi uma pessoa de temperamento humilde, manso e até chorou. Teve sentimentos de justiça, misericórdia e pureza acima de todas as injustiças, individualismo e pecado ao Seu redor. Relacionou-se com pessoas e foi o tempo todo pacificador, suportando perseguições e injúrias. Mesmo assim, Ele foi feliz, porque não estava focado na circunstância ao seu redor e, sim, na promessa de Deus.

Resumindo, ser feliz para Jesus é:

1. Ter um temperamento feliz.
– Ser humilde, buscando recompensa de Deus e não dos homens.
– Ser sensível, chorar confiando no consolo de Deus.
– Ser manso, com paciência para conseguir no tempo certo.

2. Ter sentimentos felizes.
– Justiça, não se conformando com o que está errado.
– Misericórdia, colocando-se na situação do próximo.
– Pureza, não se deixando contaminar.

3. Ter relacionamentos felizes.
– Como pacificador diante de conflitos, amenizando problemas.
– Vencer a perseguição, sabendo que Deus está vendo tudo.
– Suportar injúria, confiando de que isso leva à semelhança de Jesus.

Logo, a felicidade é possível de ser vivenciada já aqui na Terra, quando existir a fidelidade em Cristo Jesus.

Tudo isso que foi explanado sobre a felicidade está no âmbito da teoria que não traz resultados efetivos. Para conquistar tudo isso, é preciso ensinar como praticar tudo isso, ir além do conhecimento. Somente tem consistência aquele que pratica o que aprende, dessa forma obtém competência para gerir a própria vida.

O AMOR

... Amai a vossos inimigos, bendizei os que vos maldizem, fazei bem aos que vos odeiam, e orai pelos que vos maltratam e vos perseguem...

(Mateus 5:44)

A humildade se constitui no bem que é o próprio Deus, e a soberba se constitui no mal que é o próprio satanás. Quem manda nesse mundo é satanás, que induz a criatura de Deus a desejar e viver por conta de uma felicidade ilusória em que ser feliz baseia-se no que a pessoa tem, faz ou aparenta exteriormente, como citado. Desde a queda de Adão, o mundo vem passando de pai para filho a necessidade de possuir coisas e ter poder para ter felicidade. Na ânsia do poder, no auge da soberba, o homem vem enganando a si próprio e ao próximo, escravizando os menos privilegiados, explorando os ignorantes, e se igualando ao pecado de satanás, ao se achar autossuficiente e muito poderoso.

Muitos daqueles que tiveram o privilégio de atingir um nível de instrução superior a maioria tem uma imagem de si mesmos como alguém muito poderoso e vem oprimindo o mundo em todos os tempos.

Essa postura é exatamente contrária aos ensinamentos de Cristo, que, além de ensinar o verdadeiro Reino dos Céus, deu exemplo de humildade ao abrir mão de sua Majestade e vir pagar pelos nossos pecados.

Conhecendo a história desde a queda de Adão, constata-se que a prática do amor é algo quase inexistente nesse tempo. Os poucos homens que conseguiram ser fiéis a Deus, em toda a história desde Noé, e cumpriram sua missão na terra de realizar os propósitos de Deus em suas vidas, não puderam solidificar o amor nesse mundo e impedir que se chegasse ao auge do desamor que se apresenta nesse tempo.

O amor de Deus limita os homens em suas ações maléficas, orienta para a prática do bem, protege do mal que está ao derredor e oferece uma vida de paz, alegrias e felicidade.

Nessa questão do desamor, pode-se constatar mais uma prova da impotência da maioria dos brasileiros, na necessidade de obter competência para estudar a Bíblia, praticar ações dentro do amor de Cristo e se libertar da opressão do mundo, que é causada pelo mal e, especificamente nesse caso, pelo pecado de alguns indivíduos soberbos que já estão condenados por suas escolhas. Esses são os falsos profetas e mestres que Judas descreve na sua epístola à Igreja de Cristo.

Todo indivíduo que atinge a maioridade, diante da lei,

é responsável por seus atos. O primeiro requisito para praticar essa responsabilidade é ser independente financeiramente através da conquista de uma renda própria justa que supra as necessidades básicas afetas a cada vida. Vivemos num país em que a renda está concentrada nas mãos de 5% da população que explora os outros 95% e os impede do crescimento intelectual. Essa situação gera uma dificuldade enorme no objetivo de ajudar as pessoas a se libertarem do mundo e viver pela salvação que leva à vida eterna.

Deus é o Próprio Amor! Quando se conhece, através de cada história da Bíblia, as decisões, atitudes, justiça, obediência, sabedoria de Deus, inicia-se um processo de sentimentos extasiantes como admiração, respeito, confiança, subserviência que se transforma no verdadeiro amor puro assemelhando-se ao Amor Ágape de Deus.

Muitos têm apresentado um deus distante, um deus que cobra e castiga à revelia, um deus que não ouve, um deus inatingível. Porém, Deus é amor, o amor descrito por Paulo em 1Coríntios 13:

"Ainda que eu falasse as línguas dos homens e dos anjos, e não tivesse amor, seria como o metal que soa ou como o sino que tine.

E ainda que tivesse o dom de profecia, e conhecesse todos os mistérios e toda a ciência, e ainda que tivesse toda a fé, de maneira tal que transportasse os montes, e não tivesse amor, nada seria.

E ainda que distribuísse toda a minha fortuna para sustento dos pobres, e ainda que entregasse o meu corpo para ser queimado, e não tivesse amor, nada disso me aproveitaria.

O amor é sofredor, é benigno; o amor não é invejoso; o amor não trata com leviandade, não se ensoberbece.

Não se porta com indecência, não busca os seus interesses, não se irrita, não suspeita mal;

Não folga com a injustiça, mas folga com a verdade; Tudo sofre, tudo crê, tudo espera, tudo suporta.

O amor nunca falha; mas havendo profecias, serão aniquiladas; havendo línguas, cessarão; havendo ciência, desaparecerá;

Porque, em parte, conhecemos, e em parte profetizamos; Mas, quando vier o que é perfeito, então o que o é em parte será aniquilado.

Quando eu era menino, falava como menino, sentia como menino, discorria como menino, mas, logo que cheguei a ser homem, acabei com as coisas de menino.

Porque agora vemos por espelho em enigma, mas então veremos face a face; agora conheço em parte, mas então conhecerei como também sou conhecido.

Agora, pois, permanecem a fé, a esperança e o amor, estes três, mas o maior destes é amor."

(1Coríntios 13:1-13)

Por tudo isso, vemos atualmente tantas igrejas levando as pessoas a aceitarem Jesus como seu Salvador, mas num curtíssimo prazo, elas abandonam ou esquecem o voto que fizeram, voltando ao mundo com maior dependência do que antes. Agrava-se, ainda, que essa hipotética escolha de Jesus, em muitos casos, é movida pela emoção momentânea sem a devida consciência da escolha que está declarando.

ONDE COMEÇA O CRISTIANISMO

"Bem-aventurados os pacificadores, porque serão chamados filhos de Deus."

(Matheus 5:9)

Por que Deus criou o homem? Acredito que tudo começa por essa questão. Crendo no criacionismo, pode-se entender que Deus criou o homem à Sua imagem e semelhança. (Gênesis 1:27). Logo, se constata a base sólida para afirmar que Deus criou o homem. No entanto, a questão do porquê o homem foi criado existem muitas exegeses pessoais baseadas em alguns versículos tais como:

1. Apocalipse 4:11 — "... porque todas as coisas Tu criastes, sim, por causa da tua VONTADE vieram a existir e foram criadas."

— De acordo com esse versículo, pode-se constatar que Deus criou o homem porque quis, pela vontade Dele. E sendo Deus o Todo-Poderoso, deve-se simplesmente aceitar e ser grato por isso.

2. Isaías 43:7 — "... a todos que são chamados pelo meu nome, e os que criei para minha glória; eu os formei, sim, eu os fiz."

— Nesse versículo pode-se constatar que Deus criou o

homem para glória Dele. Ao se analisar o que é essa glória, pode-se entender que é a total obediência à Palavra de Deus. Através dessa obediência, o homem se torna filho reconhecido de Deus e, dessa forma, Deus realiza sua obra aqui na Terra, de paz, de misericórdia, amor, justiça e felicidade.

3. Gênesis 2:17 — "... mas da árvore da ciência do bem e do mal, dela não comerás; porque, no dia em que dela comeres, certamente morrerás." E João 14:15 — "Se me amardes, guardareis os meus mandamentos."

– Creio que os dois entendimentos dos itens 1 e 2 estão corretos. No entanto, nesse item 3, é que me firmo na crença de que Deus criou o homem para se relacionar em amor, e esse amor é praticado através da obediência ao Criador. Deus é amor, e o amor é melhor expressado em direção a algo ou alguém. O que se pode constatar, também, que alguns pontos estão em harmonia com os dois primeiros itens. Acredito, ainda, que Deus colocou a árvore, da ciência do bem e do mal, no centro do Jardim do Éden, como uma simples prova de amor e lealdade. Através da fidelidade do homem, Deus poderia manter um relacionamento em glória com ele, proporcionando toda a paz, alegrias e felicidade conforme sua criação.

Infelizmente o homem fez a escolha errada ao desobedecer ao único mandamento existente no Paraíso. O homem falhou, e levou sua descendência a ter uma natureza caída. E, o pior de tudo, fez perder essa vida plena de paz, alegrias e felicidade.

As criaturas de Deus têm um Criador tão magnânimo, tão perfeito, tão misericordioso que deu o perdão ao pecado através da morte de Seu Próprio Filho. Cristo, que significa O Redentor, morreu pelos nossos pecados e está ao dispor daqueles que quiserem conhecê-Lo e O escolherem para recebê-Lo como Senhor de suas vidas.

Aqui começa o cristianismo, que ao aprender paulatinamente a obedecer aos Ensinamentos de Jesus, a criatura de Deus será transformada no filho criado por Deus e conquistará, mesmo aqui nessa terra, a vida plena idealizada por Deus para cada uma de suas criaturas.

O cristianismo é tão simples e exequível quanto é o Amor Ágape de Deus.

A terrível condenação é constituída quando o homem escolhe dar vazão a sua natureza pecaminosa e segue praticando o egoísmo, que é o contrário do amor, a soberba ou vaidade, que é o contrário da humildade, a ganância, que é o contrário da caridade, a reclamação, a insatisfação e o ressentimento contra o mundo, contra Deus e contra os outros, que são o contrário da gratidão.

A criatura de Deus está nesse mundo para escolher se crê em Jesus como o Cristo e quer Jesus como Senhor de sua vida ou se prefere outros senhores. O objetivo da vida é receber Jesus Cristo como Salvador e Senhor dela. A criatura de Deus tem a prerrogativa de escolher, porém, só pode escolher quando tem opções e, por isso, muitos que se dizem cristãos evangelizadores estão gritando o evangelho da forma como lhes favorece.

Nunca se viu a divulgação do evangelho tão ruidosamente como no tempo atual.

Marcos 16:15 — "E disse-lhes: Ide por todo mundo, pregai o evangelho a toda criatura."

Aqueles que escolhem aceitar Jesus como Salvador de suas vidas devem cumprir o mandamento descrito nesse versículo. Realmente, a missão primordial de todos aqueles que se dizem cristãos é pregar as Boas Novas.

A grande questão é como as pessoas estão cumprindo esse mandamento. De que forma estão cumprindo a missão cristã. Quais os resultados que estão obtendo.

O cristianismo começa exatamente no cumprimento desse ensinamento de Jesus para divulgação das Boas Novas quando o cristão não só divulga ou ensina, mas, primordialmente, pratica e dá exemplo de vida cristã.

De acordo com https://gotquestions.org/Portugues/segunda-chance-salvação.html

Embora a ideia de uma segunda chance para a salvação seja atraente, a Bíblia é clara de que a morte é o fim de todas as chances.

Hebreus 9:27 — "E, como aos homens está ordenado morrerem uma vez, vindo depois disso o juízo."

Todas as pessoas morrem fisicamente, mas Cristo morreu para que não tivéssemos que morrer espiritualmente. Podemos ter uma confiança maravilhosa em sua obra salvadora por nós, que extingue o pecado — passado, presente e futuro. Ele perdoou o nosso pecado passado — quando morreu na cruz, sacrificou-se a si mesmo de uma vez por todas, nos deu o Espírito Santo para nos ajudar a lidar com o pecado presente; apresenta-se por nós agora no céu como nosso Advogado; e promete voltar e nos ressuscitar para a vida eterna em um mundo onde o pecado será banido.

Bíblia de Estudo — Aplicação Pessoal

Esse versículo nos diz que morremos e temos então que enfrentar o julgamento. Assim, enquanto uma pessoa estiver viva, ela tem uma segunda, terceira, quarta, quinta etc. chances para aceitar a Cristo e ser salva.

João 3:16 — "Porque Deus amou o mundo de tal maneira que deu o seu Filho unigênito, para que todo aquele que nele crê não pereça, mas tenha a vida eterna."

As Boas Novas são o foco deste versículo. O amor de Deus não é estático ou egoísta; alcança e atrai os outros. Aqui, percebemos que Deus estabeleceu o exemplo do verdadeiro amor, a base para todos os relacionamentos amorosos: quem ama alguém carinhosamente está disposto a dar-se gratuitamente, a ponto de sacrificar a si mesmo. O amor de Deus o levou a pagar o preço da redenção do homem; a vida de seu Filho; o mais alto preço que Ele poderia pagar. Jesus aceitou nossa punição, pagou o preço por nossos pecados, e nos ofereceu uma nova vida, que comprou para nós. Quando partilhamos as Boas Novas com os outros, nosso amor deve ser como o de Jesus, devemos prontamente desistir de nosso conforto e segurança, caso seja necessário, para que outros possam unir-se a nós e receber o amor de Deus!

Algumas pessoas rejeitam a ideia da vida eterna, porque a atual é miserável. Mas a vida eterna não é uma extensão da vida terrena, miserável e mortal; a vida eterna é a vida de Deus, personificada em Cristo, que foi dada a todos os crentes como uma garantia de que viverão para sempre. Na vida eterna, não há morte, doença, inimigos, mal ou pecado. Quando não conhecemos a Cristo, fazemos escolhas como se esta vida fosse tudo o que temos, mas na verdade esta vida é somente uma ponte para a eternidade. Receba esta nova vida pela fé, e comece a avaliar todos os acontecimentos a partir de uma perspectiva eterna!

"Crer" é muito mais do que chegar a um entendimento intelectual de que Jesus é Deus. Significa colocar a nossa confiança e segurança Nele, o único que nos pode salvar. É confiar nossa vida presente e nosso destino eterno a Cristo. Crer é ter o poder de transformar-nos em alguém muito melhor. Se você nunca confiou em Cristo, receba esta promessa da vida eterna e creia.

Bíblia de Estudo — Aplicação Pessoal

Quando uma pessoa morre, não há mais chances. A ideia de purgatório, um lugar onde as pessoas vão depois da morte para pagar por seus pecados, não tem qualquer base bíblica e é apenas uma tradição criada por homens de uma religião.

Para entender o que acontece com os descrentes depois que morrem, vamos ler:

Apocalipse 20:11-12 — "E vi um grande trono branco e o que estava assentado sobre ele, de cuja presença fugiu a terra e o céu, e não se achou lugar para eles.

E vi os mortos, grandes e pequenos, que estavam diante do trono, e abriram-se os livros. E abriu-se outro livro, que é o da vida. E os mortos foram julgados pelas coisas que estavam escritas nos livros, segundo as suas obras.

E deu o mar os mortos que nele havia; e a morte e o inferno deram os mortos que neles havia; e foram julgados cada um segundo as suas obras.

E a morte e o inferno foram lançados no lago de fogo. Esta é a segunda morte.

E aquele que não foi achado escrito no livro da vida foi lançado no lago de fogo."

No Juízo Final, os livros serão abertos. Eles representam o julgamento de Deus e neles foram registrados os atos bons e maus praticados por todas as pessoas. Não somos salvos pelas nossas obras, mas estas serão consideradas como evidências do verdadeiro relacionamento de uma pessoa com Deus. O livro da vida contém os nomes daqueles que colocaram sua fé em Cristo para a salvação.

A morte e o inferno são lançados no lago de fogo. O juízo de Deus chega ao fim. O lago de fogo é o destino derradeiro de tudo aquilo que nos é pernicioso — Satanás, a besta, o falso profeta, os demônios, a morte, o inferno e todos aqueles cujos nomes não foram registrados no livro da vida, porque não colocaram sua fé em Jesus Cristo. A visão de João não permite áreas duvidosas no julgamento divino. Se, através da fé, não nos identificarmos com Cristo e não o confessarmos como o Senhor, não haverá qualquer esperança, nenhuma segunda chance e nenhum outro apelo.

Bíblia de Estudo — Aplicação Pessoal

Esse versículo descreve o julgamento do Grande Trono Branco. Aqui acontece a abertura dos livros e "os mortos foram julgados de acordo com o que tinham feito, segundo o que estava registrado nos livros". Esses livros contêm todos os pensamentos e ações daqueles que estão sendo julgados, e sabemos de Romanos 3:20 que "ninguém será declarado justo diante dele, baseando-se na obediência à lei." Portanto, todos os que são julgados por suas obras e pensamentos são condenados ao inferno. Os crentes em Cristo, por outro lado, não são julgados pelos livros de obras, mas seus nomes são encontrados em outro livro — o "Livro da Vida do Cordeiro".

Apocalipse 21:27 — "E não entrará nela coisa alguma que contamine e cometa abominação e mentira, mas só os que estão inscritos no livro da vida do Cordeiro".

Nem todas as pessoas terão permissão para entrar na nova Jerusalém, mas somente "os que estão inscritos no livro da vida do Cordeiro". Não pense que você será admitido por causa de seus antepassados, personalidade ou bom comportamento. A vida eterna estará disponível a você somente pelo que Jesus, o Cordeiro de Deus, fez. Confie Nele hoje para assegurar a sua cidadania nesta nova criação.

Bíblia de Estudo — Aplicação Pessoal

Estes são os que creram no Senhor Jesus e somente eles terão permissão para entrar no céu.

Qualquer pessoa cujo nome esteja escrito no Livro da Vida do Cordeiro foi salva "antes da criação do mundo".

Efésios 1:4 — "... como também nos elegeu Nele antes da fundação do mundo, para que fôssemos santos e irrepreensíveis diante dele em caridade".

Paulo menciona que Deus "nos elegeu" para intencionalmente enfatizar que a salvação depende totalmente Dele. Não somos salvos porque mereçamos, mas porque Deus é bondoso e graciosamente nos oferece a salvação. Não podemos influenciar sua decisão de nos salvar; Ele nos salva de acordo com o seu plano. Portanto, não existe nenhuma maneira de recebermos crédito pela nossa salvação ou de nos orgulharmos dela. Esse plano se originou da mente atemporal de Deus, muito antes de existirmos. É difícil compreender como Deus poderia nos aceitar, mas, por causa de Cristo, tornamo-nos santos e irrepreensíveis aos olhos divinos. Deus nos escolheu. Por pertencermos a Ele por intermédio de Cristo, somos considerados como se nunca houvéssemos pecado. Tudo que podemos fazer é expressar nosso agradecimento por esse maravilhoso amor.

Pela soberana e salvadora graça de Deus para fazer parte da noiva de seu Filho, a Igreja de Jesus Cristo. Essas pessoas não precisam de uma "segunda chance" para salvação porque a sua salvação tem sido assegurada por Cristo. Ele os escolheu, salvou e irá mantê-los salvos.

Romanos 8:39 — "...nem a altura, nem a profundidade, nem alguma outra criatura nos poderá separar do amor de Deus, que está em Cristo Jesus, nosso Senhor!".

Esses versículos contêm uma das promessas mais confortadoras da Bíblia para os cristãos, que sempre tiveram de enfrentar diversas formas de adversidades (perseguições, enfermidades, prisões, morte) e, muitas vezes, temeram que Cristo os tivesse abandonado. Paulo afirmou que é impossível ser separado de Cristo. A morte Dele por nós é a prova de seu invencível amor. Nada pode nos separar da presença de Deus. Ele nos falou sobre a grandeza de seu amor, para que nos sintamos totalmente seguros. Não teremos qualquer temor se crermos nessa garantia tão maravilhosa.

Nada pode separá-los de Cristo. Aqueles por quem Ele morreu serão salvos porque Jesus cumprirá a sua promessa.

João 6:37 — "Tudo o que o Pai me dá virá a mim; e o que vem a mim de maneira nenhuma o lançarei fora".

Jesus não opera independentemente de Deus Pai, mas em união com Ele. Isso certamente nos dá mais segurança de sermos bem-vindos à presença de Deus e de sermos protegidos por Ele. O propósito de Jesus foi fazer a vontade de Deus, e não satisfazer seus desejos humanos. Ao seguirmos Jesus, devemos ter o mesmo propósito.

Ele declarou que "Todo o que o Pai me der virá a mim, e quem vier a mim eu jamais rejeitarei".

João 10:28 — "... e dou-lhes a vida eterna, e nunca há de perecer, e ninguém as arrebatará das minhas mãos".

Assim como um pastor protege suas ovelhas, Jesus protege seu povo da condenação eterna. Embora os cristãos possam enfrentar sofrimentos na terra, Satanás não pode prejudicar-lhes a alma ou tirar-lhes a vida eterna que os aguarda com Deus. Há muitas razões para sentir medo aqui na Terra, porque Satanás está em plena atividade, mas se você seguir a Jesus, Ele lhe dará segurança eterna.

"Eu lhes dou a vida eterna, e elas jamais perecerão, ninguém as poderá arrancar da minha mão". Para os crentes, não há necessidade de uma segunda chance porque a primeira chance é suficiente.

O que dizer daqueles que não acreditam? Não iriam se arrepender e crer se recebessem uma segunda chance? A resposta é não, não iriam, porque seus corações não são alterados simplesmente porque morrem. Seus corações e mentes "estão em inimizades" contra Deus e não vão aceitá-Lo mesmo quando O virem face a face.

Lucas 16:19-31 — "Ora, havia um homem rico, e vestia-se de púrpura e de linho finíssimo, e vivia todos os dias regalada e esplendidamente.

Havia também um certo mendigo, chamado Lázaro, que jazia cheio de chagas à porta daquele.

E desejava alimentar-se com as migalhas que caíam da mesa do rico; e os próprios cães vinham lamber-lhe as chagas.

E aconteceu que o mendigo morreu e foi levado pelos anjos para o seio de Abraão; e morreu também o rico e foi sepultado.

E, no Hades, ergueu os olhos, estando em tormentos, e viu ao longe Abraão e Lázaro, no seu seio.

E, clamando, disse: Abraão, meu pai, tem misericórdia de mim e manda a Lázaro que molhe na água a ponta de seu dedo e me refresque a língua, porque estou atormentado nesta chama.

Disse, porém, Abraão: Filho, lembra-te de que recebeste os teus bens em tua vida, e Lázaro, somente males; e, agora, este é consolado, e tu, atormentado.

E, além disso, está posto um grande abismo entre nós e vós, de sorte que os que quisessem passar daqui para vós não poderiam, nem tampouco os de lá, passar para cá. E disse ele: Rogo-te, pois, ó pai, que mandes à casa de meu pai, pois tenho cinco irmãos, para que lhes dê testemunho, a fim de que não venham também para este lugar de tormento.

Disse-lhe Abraão: Eles têm Moisés e os profetas; ouçam-nos.

E disse ele: Não, Abraão, meu pai; mas, se algum dos mortos fosse ter com eles, arrepender-se-iam.

Porém, Abraão lhe disse: Se não ouvem a Moisés e aos profetas, tampouco acreditarão, ainda que algum dos mortos ressuscite."

Os fariseus consideravam a riqueza uma prova da justiça de uma pessoa. Jesus os surpreendeu ao contar a história em que o mendigo doente foi recompensado após a morte, indo para o seio de Abraão, e um homem rico foi castigado. Este não foi para o inferno por causa de sua riqueza, mas porque era egoísta e recusou-se a alimentar Lázaro, recolhê-lo ou cuidar dele. O homem rico, apesar de suas grandes bênçãos materiais, era duro de coração. O quanto temos não é importante como o modo como usamos nossas posses. Qual é a sua atitude em relação ao seu dinheiro e aos bens materiais? Você os guarda de forma egoísta ou utiliza o que tem para ajudar aos outros?

Este Lázaro não deve ser confundido com o Lázaro a quem Jesus ressuscitou, cuja história está em João 11.

O homem rico pensou que seus cinco irmãos seguramente creriam em um mensageiro que tivesse ressuscitado. Mas Jesus disse que se não creram em Moisés e nos Profetas, que falaram constantemente sobre cuidar dos pobres, uma ressurreição não os convenceria. Atente para esta declaração de Jesus. A caminho de Jerusalém para morrer, Ele estava completamente ciente de que, mesmo após a sua ressurreição, a maioria dos líderes religiosos não o aceitaria. Eles eram tão obstinados, que nem as Escrituras nem o próprio Filho de Deus os demoveriam do legalismo.

Se alguma vez houve alguém que devia ter se arrependido quando lhe foi oferecida uma segunda chance de ver claramente a verdade, essa pessoa era o homem rico. Entretanto, embora estivesse em tormento no inferno, ele só pediu que Abraão enviasse Lázaro de volta à Terra para advertir seus irmãos para que não tivesse de sofrer o mesmo destino. Não houve arrependimento em seu coração, só lamento por onde se encontrava. A resposta de Abraão diz tudo: "Se não ouvem a Moisés e aos profetas, tampouco se deixarão convencer, ainda que ressuscite alguém dentre os mortos" (Lucas 16:31). Aqui vemos que o testemunho da Escritura é suficiente para a salvação daqueles que nela acreditam, e nenhuma outra revelação trará a salvação para aqueles que não o fazem. Nenhuma segunda, terceira ou quarta chances seriam suficientes para transformar um coração de pedra em um coração de carne.

Filipenses 2:10-11 — "... para que ao nome de Jesus se dobre todo joelho dos que estão nos céus, e na terra, e debaixo da terra, e toda língua confesse que Jesus Cristo é o SENHOR, para glória de Deus Pai."

Por ocasião do Juízo Final, até aqueles que foram condenados reconhecerão a autoridade de Jesus e seu direito de reinar. Atualmente as pessoas podem escolher entre dedicar sua vida a Jesus como seu Senhor ou ser forçadas a reconhecê-Lo como Senhor quando Ele voltar. Cristo poderá retornar a qualquer momento. Será que você está preparado para encontrá-Lo?

Um dia, todo mundo vai se curvar diante de Jesus e reconhecer que Ele é o Senhor e Salvador. Nesse ponto, porém, será tarde demais para a salvação.

Após a morte, tudo o que resta para o incrédulo é o julgamento (Apocalipse 20:14-15). É por isso que devemos confiar em Jesus nesta vida.

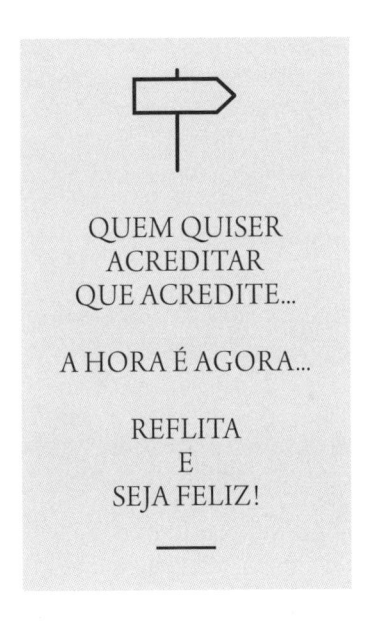

QUEM QUISER
ACREDITAR
QUE ACREDITE...

A HORA É AGORA...

REFLITA
E
SEJA FELIZ!

BIBLIOGRAFIA

BÍBLIA da Liderança Cristã, 2ª ed. Barueri, SP. Sociedade Bíblica do Brasil, 2013.
CURY, Augusto. *12 semanas para mudar uma vida*. 20ª ed. São Paulo: Editora Planeta do Brasil, 2007;
CURY, Augusto. *Inteligência Multifocal: analise da construção dos pensamentos e da formação de pensadores*. 8.ed.rev. São Paulo: Cultrix, 2006;
CARTER-SCOTT, Chéri., *Se o amor é um jogo, estas são as regras: dez regras para encontrar o amor e criar relacionamentos autênticos e duradouros;* [tradução de Ana Deiró]. – Rio de Janeiro: Rocco, 2003;
CARTER-SCOTT, Chérie. *Se a vida é um jogo, estas são as regras: dez regras para sermos humanos como foram apresentadas em Canja de galinha para a alma;* [tradução de Ana Deiró]. – Rio de Janeiro : Rocco, 2000;
MANDINO, Og. *O maior vendedor do mundo*. [tradução de P.V.Damasio]. – 72ªed. – Rio de Janeiro: Record, 2015;
FELICIDADE-UMA PERSPECTIVA CRISTÃ – eletrônicos. Disponível em: igrejaplenadagraca.com/index.php?;
BÍBLIA DE ESTUDO – APLICAÇÃO PESSOAL - Versão Almeida Revista e Corrigida – Ed. CPAD, 1995;
BIBLIA King James Atualizada. *Freemind-mente livre, emoções saudáveis.* – [tradução Comitê internacional e permanente de tradução revisão de Bíblia King James Atualizada para a língua portuguesa (KJA), coordenado pela Sociedade Bíblica libero-Americana e Abba Press -Editora no Brasil]. Câmara Brasileira do Livro – SP. 2012;
CONCEITO DE FELICIDADE – eletrônicos. Wikipédia, a enciclopédia livre – Disponível em: https://pt.wikipedia.org/wiki/Felicidade;
CHAPLIN, Charles. *Tudo depende de mim*. Poema. Disponível: http://pacarai.blogspot.com.br/2009/06/charles-chaplin-tudo-depende-de-mim.html;
FRASES E PENSAMENTOS DE DALAI LAMA – eletrônicos Kdfrases – Disponível em: http://kdfrases.com/autor/dalai-lama;

MAIS DE 50% DA POPULAÇÃO BRASILEIRA SEMIANALFABETA E 38% É ANALFABETA. – eletrônicos – Disponível em: (https://achetudoeregiao.com.br/noticias/educacao449.html;

O COMEÇO DE TODAS AS COISAS. E DEUS os Criou Homem e Mulher - 4º trimestre de 2015 – Lição 3. *Estudos sobre O Livro de Gênesis* - Comentarista da CPAD: Pr. Claudionor Correa de Andrade Complementos, ilustrações, questionários e vídeos: Ev. Luiz Henrique de Almeida Silva – Disponível em: http://www.apazdosenhor.org.br/profhenrique/licao3;

BÍBLIA ON LINE – Disponível em: https://www.bibliaonline.com.br;

Faculdade de Teologia Saber e Fé – Apostila - Doutrinas das Escritura - Prof. Paulo Ribeiro;

JOINER, Eduardo – *manual prático de teologia* – Editora Central Gospel - Rio de Janeiro – 2004.